완성된 웹사이트로 배우는

자바스크립트

완성된 웹사이트로 배우는 자바스크립트

하나의 웹사이트를 구현하며 익히는 자바스크립트 입문

초판 1쇄 발행 2024년 4월 3일

지은이 Mana / **옮긴이** 신은화 / **펴낸이** 전태호
펴낸곳 한빛미디어(주) / **주소** 서울시 서대문구 연희로2길 62 한빛미디어(주) IT출판2부
전화 02-325-5544 / **팩스** 02-336-7124
등록 1999년 6월 24일 제25100-2017-000058호 / **ISBN** 979-11-6921-220-5 93000

총괄 송경석 / **책임편집** 홍성신 / **기획·편집** 이윤지 / **교정** 김희성
디자인 최연희 / **전산편집** 북아이
영업 김형진, 장경환, 조유미 / **마케팅** 박상용, 한종진, 이행은, 김선아, 고광일, 성화정, 김한솔 / **제작** 박성우, 김정우

이 책에 대한 의견이나 오탈자 및 잘못된 내용은 출판사 홈페이지나 아래 이메일로 알려주십시오.
파본은 구매처에서 교환하실 수 있습니다. 책값은 뒤표지에 표시되어 있습니다.

한빛미디어 홈페이지 www.hanbit.co.kr / **이메일** ask@hanbit.co.kr

1冊ですべて身につくJavaScript入門講座
<1 Satsu de Subete Mi ni Tsuku JavaScript Nyumon Koza>
Copyright © 2023 Mana
First published in Japan in 2023 by SB Creative Corp.
Korean translation rights arranged with SB Creative Corp.
through JM Contents Agency Co.
Korean edition copyright © 2024 by Hanbit Media, Inc

지금 하지 않으면 할 수 없는 일이 있습니다.
책으로 펴내고 싶은 아이디어나 원고를 메일(**writer@hanbit.co.kr**)로 보내주세요.
한빛미디어(주)는 여러분의 소중한 경험과 지식을 기다리고 있습니다.

완성된 웹사이트로 배우는

자바스크립트

Mana 지음

신은화 옮김

HB 한빛미디어
Hanbit Media, Inc.

지은이·옮긴이 소개

지은이 Mana

일본에서 2년간 그래픽 디자이너로 일한 뒤 캐나다 벤쿠버에 있는 웹 제작 학교를 졸업했다. 캐나다, 호주, 영국 회사에서 웹 디자이너로 근무했으며 현재는 웹 사이트 제작에 대해 강의하고 있다. 블로그 'Webクリエイターボックス(웹 크리에이터 박스)'는 2010년 일본 알파 블로거 어워드를 수상했다. 저서인 『러닝스쿨! 한 권으로 끝내는 HTML+CSS 웹 디자인 입문』『완성된 웹사이트로 배우는 HTML&CSS 웹 디자인』으로 각각 2019년, 2021년 CPU 대상 서적 부문 대상을 수상했다.

옮긴이 신은화

이화여자대학교에서 컴퓨터학을 전공했으며 일본 미에대학교에서 교환학생으로 정보공학을 공부했다. LG CNS에서 15년째 근무하며 프로그램 개발, 기획, 사업 개발 등 다양한 업무를 거쳐 현재는 클라우드 빌링 업무를 담당하고 있다. 옮긴 책으로는 『가장 쉬운 네트워크 가상화 입문 책』『인프라 디자인 패턴』『완벽한 IT 인프라 구축을 위한 Docker』『완성된 웹사이트로 배우는 HTML&CSS 웹 디자인』이 있다.

지은이의 말

자바스크립트 책을 집필하기로 했을 때 가장 먼저 떠오른 생각은 '웹 디자이너를 위한 책을 만들고 싶다'라는 것이었습니다. 기존 자바스크립트 책은 대부분 간단한 게임이나 도구를 만드는 내용이었기 때문에 웹 디자이너에게 친숙한 내용이 아니었습니다. '천천히 움직이는 사진', '스르륵 사라지는 문자' 등 웹사이트에서 자주 볼 수 있는 애니메이션을 만들 수 있다면 웹사이트를 다양하게 표현할 수 있을 것이라고 생각했습니다. 그래서 이 책에서는 자바스크립트 기초 프로그래밍을 중심으로 웹 디자이너도 재밌게 볼 수 있도록 구성했습니다.

예를 들어 자바스크립트의 기본 기능을 배우는 3장에서는 글로 배우는 데에서 그치지 않고 '컬러 피커'를 직접 만들어봅니다. 색을 지정하는 컬러 피커는 디자이너에게 필수 도구죠. 그리고 4장에서는 클릭할 때 변화를 주거나 입력란 안에 기록된 문자를 세는 기능 등 사용자의 액션에 따라 변하는 '기능이 있는 웹사이트'에 대해 배웁니다.

5장에서는 과일 주스 웹 페이지를 제작해보며 상품명이나 사진 파일명, 가격 등의 데이터를 어떻게 다루어야 하는지 알아봅니다. 데이터 관련 내용은 웹사이트 제작뿐 아니라 프로그래밍에서도 중요한 필수 지식입니다. 6장에서는 드디어 자바스크립트를 사용하여 애니메이션을 추가 및 배치하는 방법 등에 대해 배웁니다. 여러 가지 요소를 움직이면서 그 즐거움을 느껴보세요!

그리고 지금까지 배운 것을 바탕으로 7장에서는 웹 페이지 하나를 제작해봅니다. 웹 페이지의 바탕이 되는 HTML, CSS 파일은 이미 준비되어 있습니다. 여러분은 자바스크립트 코드를 수정하는 것만으로 조금씩 웹 페이지에 생명을 불어넣을 수 있습니다. 마지막으로 8장에서는 흔히 발생하는 오류와 대처 방법을 소개합니다. 모든 것이 항상 순조롭게 진행되지 않을 수 있고 잘 풀리지 않을 때도 있을 것입니다. 하지만 실수는 성장의 어머니입니다. 안심하고 실패해봅시다!

이 책을 집필할 때 어떻게 하면 독자들이 '성공했다!' '재미있다!'라고 느낄 수 있을지만 생각했습니다. 처음 자바스크립트를 접하는 분도, 이전에 공부하다가 포기했던 분도 이 책을 통해 새로운 자바스크립트 라이프를 시작할 수 있게 되기를 바랍니다.

웹 크리에이터 박스
Mana

옮긴이의 말

자바스크립트는 이제 웹사이트를 디자인하고 개발하는 데 필수불가결한 존재가 되었습니다. 아무리 디자인을 잘해도 자바스크립트를 제대로 활용하지 못하면 본인이 표현하고자 하는 웹사이트를 만들기 어렵습니다. 웹사이트를 제작할 때 누구를 대상으로 하는가, 무엇을 전달하고자 하는가에 따라 그에 맞는 디자인, 움직임, 효과를 더해야 하며 이때 필요한 것이 바로 자바스크립트입니다. 과거에는 포토샵 등 그래픽 도구를 활용하거나 별도로 영상을 만들어야 했던 부분을 이제는 코딩 몇 줄로 간단하게 구현할 수 있습니다.

하지만 자바스크립트를 단순하게 이론부터 배우기 시작한다면 이해하기 어렵고 막막할 수도 있습니다. 게다가 내가 표현하고자 하는 웹 디자인에 맞는 자바스크립트 기술을 찾기도 어려울 것입니다.

이 책에서는 이미 완성된 웹사이트를 기반으로 그곳에 적용된 기술을 차근차근 설명합니다. 그러므로 디자인 측면에서 어떤 기술을 활용하면 좋을지 쉽게 이해할 수 있으며 추후 약간의 수정을 거쳐 나만의 웹사이트를 만드는 데 활용할 수도 있습니다. 책 속에 준비된 샘플 코드를 하나씩 따라가다 보면 어느새 자바스크립트에 익숙해져 있는 나를 발견하게 될 것입니다.

저 역시 이 책을 번역하면서 그동안 막연하게 느껴왔던 자바스크립트를 다시 정리하는 시간을 가질 수 있었습니다. 독자 여러분도 이 책을 통해 본인이 원하는 웹사이트를 만들면서 어떤 기술을 어떻게 사용해야 하는지에 대한 감을 익히고 무궁무진하게 활용할 수 있는 기반을 마련할 수 있었으면 좋겠습니다.

마지막으로 좋은 책을 번역할 기회를 마련해주신 한빛미디어 관계자 분들을 비롯하여 이번 번역 작업에 많은 도움을 주고 응원해주신 사랑하는 가족과 주변 분들에게도 지면을 빌려 감사한 마음을 전합니다.

신은화

이 책에 대하여

자바스크립트 기본

프로그래밍 기초 지식

웹 페이지 구성 방법

1장~3장에서는 자바스크립트 기본을 배웁니다. 4장~6장에서는 이벤트, 여러 데이터를 다루는 법, 애니메이션 등 자바스크립트로 할 수 있는 것을 하나하나 살펴봅니다. 7장에서는 이제까지 배운 것을 집대성하여 자바스크립트를 사용해 여러 기능을 가진 웹 페이지 하나를 만들어봅니다.

이 책에서 자바스크립트를 사용하여 만들 수 있는 웹 페이지(7장)

7장에서 활용하기 위해 기능이나 움직임이 없는 미완성 상태의 샘플 페이지를 준비해두었습니다. 해설을 읽으면서 자바스크립트 코드를 추가하여 움직이는 웹 페이지를 완성해봅시다.

로딩 화면

페이지나 콘텐츠가 로딩되는 동안 사용하는 로딩 화면을 만드는 방법에 대해 배웁니다. 자바스크립트 이벤트, 애니메이션 타이밍 조절을 이용하여 사용자의 기대감을 높일 수 있는 화면을 만듭니다.

이미지 갤러리

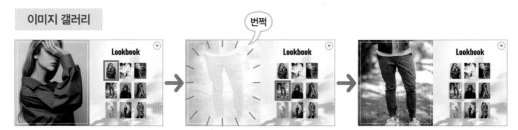

작은 섬네일 이미지에 커서를 대면 번쩍 빛나는 애니메이션과 함께 왼쪽에 큰 이미지를 표시하는 구조를 만듭니다. 여기서는 여러 HTML 요소를 가져와서 재사용하는 방법을 배울 수 있습니다.

슬라이드 메뉴

햄버거 아이콘을 클릭하면 오른쪽 끝에서 메뉴 패널이 나타났다가 다시 들어가는 구조를 만듭니다. 자바스크립트를 사용하여 슬라이드를 화면 밖에 두고 보이지 않게 하거나 메뉴를 위에서부터 순서대로 나타나게 하는 구조를 만듭니다.

스크롤로 요소 나타내기

스크롤을 인식하여 애니메이션을 실행하는 구조를 알아봅니다. 페이지를 스크롤하면 요소가 밑에서부터 부드럽게 나타나는 화면을 만듭니다. 반복 실행되지 않도록 프로그래밍하여 제어하는 법도 배웁니다.

예제 소스 사용법

이 책은 공부하는 데 도움이 될 수 있도록 예제 소스를 제공합니다. 예제 소스는 다음 URL에서 다운로드할 수 있습니다.

- https://www.hanbit.co.kr/src/11220

예제 코드는 개인용, 상업용에 관계없이 자유롭게 사용할 수 있습니다. 다만 문구와 이미지는 이 책의 학습을 위한 목적 외에는 사용할 수 없습니다. 문구와 이미지를 바꾸면 단독 사이트로 사용해도 좋습니다.

일러두기

- 이 책에서 소개하는 내용은 집필 당시의 최신 버전인 구글 크롬Google Chrome, 마이크로소프트 에지Microsoft Edge, 비주얼 스튜디오 코드Visual Studio Code, 맥MacOS, 윈도우Windows 환경에서 동작합니다.

- 이 책은 아파치 라이선스Apache License 2.0 기반으로 작성되었습니다.

- 웹사이트 화면은 시간이 지남에 따라 책과 달라질 수 있으며 링크 또한 삭제되거나 변경될 수 있습니다.

CONTENTS

CONTENTS

CHAPTER 5

여러 데이터 사용해보기

CHAPTER 6

애니메이션 추가하기

CONTENTS

CHAPTER 7

웹 페이지 만들기

CHAPTER 8

오류와 해결 방법

자바스크립트로 할 수 있는 것

자바스크립트 세상에 오신 것을 환영합니다! 본격적인 공부를 시작하기에
앞서 자바스크립트로 할 수 있는 것, 사용할 수 있는 곳에 대해 전반적으
로 알아봅시다.

CHAPTER

01

JavaScript

1.1 자바스크립트란

웹사이트 제작에 대해 공부할 때 반드시 접하는 것이 자바스크립트[JavaScript]입니다. 그렇다면 자바스크립트란 무엇일까요? 우선 간단하게 파악해봅시다.

■ 자바스크립트란 프로그램 언어 중 하나

자바스크립트는 웹 페이지에 기능을 추가할 수 있는 프로그래밍 언어입니다. 브라우저에서 동작하는 언어로 1995년에 탄생했습니다. 이제는 자바스크립트를 이용하지 않는 웹사이트를 찾기 어려울 정도로 전 세계에서 널리 사용되고 있습니다. 지금 이 책을 손에 들고 있는 여러분도 웹사이트에서 매일 자바스크립트를 접하고 있을 것입니다.

웹사이트는 콘텐츠를 표시하는 문서 구조를 위한 'HTML', 겉모습을 바꾸는 'CSS', 웹사이트에서 움직이는 부분을 만드는 '자바스크립트'로 이루어져 있습니다. 차로 비유하자면 차체의 뼈대를 만드는 것이 HTML, 색상 등 외관을 만드는 것이 CSS, 액셀·브레이크·라이트 등 기능적인 부분을 만드는 것이 자바스크립트입니다.

HTML   CSS   JavaScript

웹사이트의 뼈대를 만드는 HTML   겉모습을 바꾸는 CSS   액셀을 밟으면 전진하는 등 기능을 담당하는 자바스크립트

■ HTML과 CSS만으로는 불가능한 것을 실현시키는 자바스크립트

HTML과 CSS만으로도 웹사이트를 만들 수 있습니다. CSS로 애니메이션을 더하거나 화면 폭에 맞춰 표현 방식을 바꿀 수도 있습니다.

HTML과 CSS는 브라우저에서 한 번 로딩하면 처음 작성된 코드에서 바뀌지 않습니다. 그러나 자바스크립트는 HTML이나 CSS를 실시간으로 변경하거나 사용자의 조작에 맞춰 움직임 또는 기능을 더할 수 있습니다. HTML이나 CSS만으로는 표현하기 어려운 것을 자바스크립트로 더 풍부하게 나타낼 수 있습니다.

■ 프로그래밍 초보에게도 추천하는 자바스크립트

'프로그래밍'이라고 하면 어렵다고 느끼는 사람도 있을 것입니다. 하지만 괜찮습니다! 앞서 설명한 것처럼 자바스크립트는 웹 페이지를 조작하기 위한 언어이므로 여러분이 항상 이용하는 웹 브라우저에서 작동합니다. 특별한 장치나 환경도 필요 없습니다.

또한 자바스크립트는 세계적으로 인기 있는 언어이므로 모르는 것이 있어도 검색하면 바로 해결 방법을 찾을 수 있습니다. 자바스크립트 학습 사이트나 스터디 그룹, 커뮤니티가 많아 프로그래밍 초보자도 부담 없이 시작할 수 있습니다.

COLUMN

자바스크립트와 자바는 다른 언어!

멜론은
자바?

멜론빵은
자바스크립트?

가끔 자바스크립트를 그냥 '자바'라고 부르는 사람이 있는데 주의해서 지칭해야 합니다. 왜냐하면 자바Java라는 이름을 가진 또 다른 프로그래밍 언어가 존재하기 때문입니다. 자바스크립트는 넷스케이프Netscape*가 개발한 브라우저용 언어로 원래 모카Mocha라는 이름이었는데 라이브스크립트LiveScript로 바뀌었습니다. 그러다가 당시 선 마이크로시스템즈Sun Microsystems(현 오라클)가 개발하던 프로그래밍 언어 자바에서 영향을 받아 이름이 자바스크립트로 바뀌었습니다.

자바스크립트와 자바의 차이점을 설명할 때 흔히 멜론과 멜론빵을 예시로 듭니다. 멜론과 멜론빵은 이름에 '멜론'이 들어 있고 음식이라는 공통점이 있지만 맛도 모양도 전혀 다릅니다. 자바스크립트와 자바도 이름에 자바가 들어 있다는 점, 프로그래밍 언어라는 점만 같을 뿐 쓰는 방법도 용도도 전혀 다릅니다. 혼동하지 않도록 주의하세요!

★ 웹 브라우저인 넷스케이프 내비게이터(Netscape Navigator)를 개발한 미국 기업이다.

1.2 자바스크립트로 할 수 있는 것

이제 HTML, CSS, 자바스크립트의 차이를 조금 알게 되었나요? 이번에는 자바스크립트로 할 수 있는 것을 구체적인 예와 함께 살펴보겠습니다. 자바스크립트는 사용하기 편리한 웹사이트를 만들 때 빼놓을 수 없는 존재입니다.

■ HTML과 CSS를 조작해 디자인 변경

자바스크립트 명령문에 따라 HTML과 CSS를 조작하여 웹 페이지의 외관을 변경할 수 있습니다. 이때 수정되는 HTML, CSS는 현재 실행 중인 브라우저에 즉시 반영됩니다. 이때는 페이지를 다시 로딩하지 않으며 지정된 부분만 변경됩니다. 자바스크립트로 수정되는 것은 체감 속도가 매우 빨라서 사용자를 기다리게 하지 않는 웹사이트를 만들 수 있습니다.

텍스트 수정

웹 페이지에서는 텍스트만 바뀌는 경우가 많습니다. 예를 들어 패널에서 '메뉴'라고 써진 부분을 클릭하면 패널이 열리면서 '닫기'로 바뀌고, '로딩 중'이라는 문구는 로딩이 완료되면 '완료!'라고 바뀝니다.

| 메뉴 | 닫기 | 로딩 중… | 완료! |

이미지 변경

HTML에서 이미지를 표시할 때는 주로 `<img src="파일명.jpg" alt="">` 형태를 많이 사용합니다. 여기서 **src**로 지정한 파일명을 수정해 다른 이미지로 바꿀 수 있습니다.

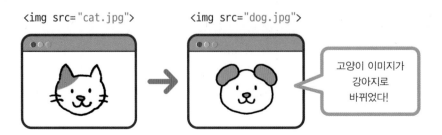

색 변경

CSS로 지정한 글자색, 배경색 등도 자바스크립트로 바꿀 수 있습니다. 예를 들면 어두운 배경을 기본으로 한 다크 모드로 바꾸고 싶을 때 이용할 수 있습니다. 참고로 다크 모드에 대해서는 4.4절에서 자세하게 설명합니다.

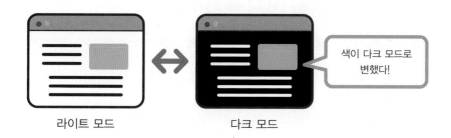

라이트 모드   다크 모드

■ 사용자 액션에 따라 움직임 추가

CSS로도 애니메이션을 추가하여 움직임이 있는 웹사이트를 만들 수 있습니다. 단, CSS는 CSS 파일을 불러오는 시점에서 애니메이션의 내용이나 타이밍을 결정할 수 있지만 자바스크립트는 사용자가 '클릭'하거나 '스크롤'하는 등의 액션에 맞춰 움직임을 결정할 수 있습니다.

스크롤하면 나타나는 요소

웹사이트를 스크롤하면 옆이나 밑에서 이미지나 텍스트가 '스윽' 표시되는 페이지를 본 적 있을 것입니다. 이런 페이지가 바로 자바스크립트를 사용하여 스크롤에 맞춰 움직임을 지정한 경우입니다.

폼 유효성 검사로 확인

폼 유효성 검사^{form validation}란 입력 폼 안에 입력한 내용이 조건을 만족하는지 확인하는 기능입니다. 필수항목 입력란에 아무것도 적혀 있지 않으면 '필수항목입니다'라는 메시지가 표시됩니다.

이름

필수항목입니다

자바스크립트는 이외에도 여러 방면에서 사용되고 있습니다. 멋진 디자인뿐 아니라 사용하기 편한 웹사이트를 만드는 데에도 자바스크립트가 필수적입니다.

1.3 자바스크립트를 사용한 여러 웹사이트

실제로 자바스크립트가 사용된 웹사이트를 살펴봅시다. 평소에 의식하지 않았을 뿐 웹사이트 여기저기에서 자바스크립트가 사용되고 있습니다.

■ 주식회사 ACES

알고리즘을 사용하여 사업을 개발하는 AI 회사입니다. 심플한 디자인을 적용했으며 앞서 나아가는 듯한 움직임, 기능으로 스타일리시한 느낌을 줍니다.
https://acesinc.co.jp/

로딩 이미지

ACES 웹사이트에 접속하면 로고가 일부에서 전체까지 서서히 표시되었다가 서서히 사라지는 애니메이션이 나타납니다.

숫자에서 글자로 변하는 메인 문구

웹사이트 메인 문구로 숫자 1과 0이 표시되고 한 글자씩 일본어로 바뀝니다.

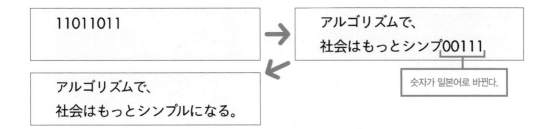

11011011 → アルゴリズムで、社会はもっとシンプ00111

숫자가 일본어로 바뀐다.

アルゴリズムで、社会はもっとシンプルになる。

페이지 이동 시의 애니메이션

다른 페이지로 이동하는 링크를 클릭하면 배경색이 비스듬하게 늘어나면서 페이지가 바뀝니다.

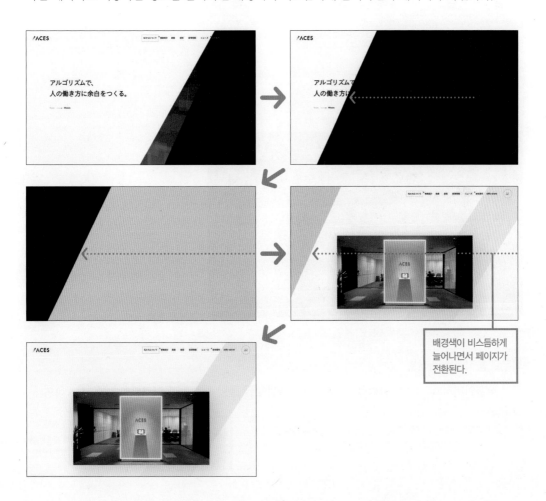

배경색이 비스듬하게 늘어나면서 페이지가 전환된다.

콘텐츠 필터링 검색

실적(実績), 뉴스(ニュース) 페이지에서는 카테고리별로 표시하고 싶은 콘텐츠를 페이지 이동 없이 필터링할 수 있습니다.

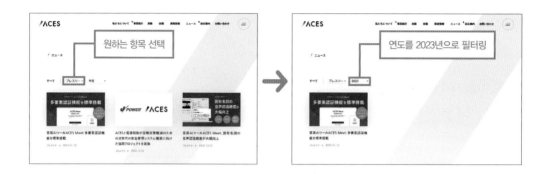

■ ShiobaLove

'시오바라 온천 료칸 협동 조합 · 시오바라 온천 관광 협회' 웹사이트. 아름다운 풍경을 큰 이미지, 동영상으로 나타내고 있습니다.
https://www.siobara.or.jp/

좌우로 움직이는 캐러셀

공지사항 이미지와 제목은 클릭했을 때 좌우로 빙글빙글 돌아가는 듯한 '**캐러셀**^{carousel}'을 사용하여 구현했습니다.

클릭

구글 지도와 연동

주요 관광지는 구글 지도와 연동하여 보기 쉽고 찾기 쉽게 만들었습니다.

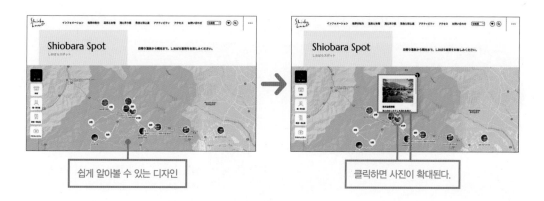

쉽게 알아볼 수 있는 디자인

클릭하면 사진이 확대된다.

배경 이미지와 연동해서 흥미 유발

화면 전체에 살짝 흐릿한 이미지를 배치하고 캐러셀을 사용하여 자동으로 바뀌게 했습니다. 포커스를 맞추면 시오바라 온천의 다양한 모습을 살펴볼 수 있습니다.

화면 전체를 살짝 흐리게 했다.

다른 언어 선택

상단 메뉴의 셀렉트 박스에서 다른 언어를 선택하면 각 언어별 웹사이트가 표시됩니다.

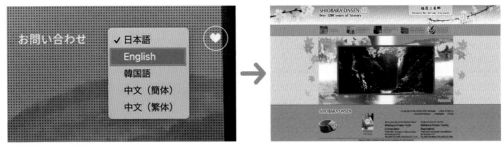

일본어에서 영어로 전환   영어 웹사이트가 표시됨

■ Sustainable PRODUCTS

일본 제지 그룹의 특설 웹사이트로 친환경
제품, 대체 제품을 소개합니다.
https://www.nipponpapergroup.com/
sustainableproducts/

천천히 표시되는 콘텐츠

웹사이트에 접속하면 귀여운 일러스트로 구성된 로딩 이미지가 표시됩니다. 배경 페이지 로딩이 완
료되면 메인 문구, 버튼 등 콘텐츠가 천천히 나타납니다.

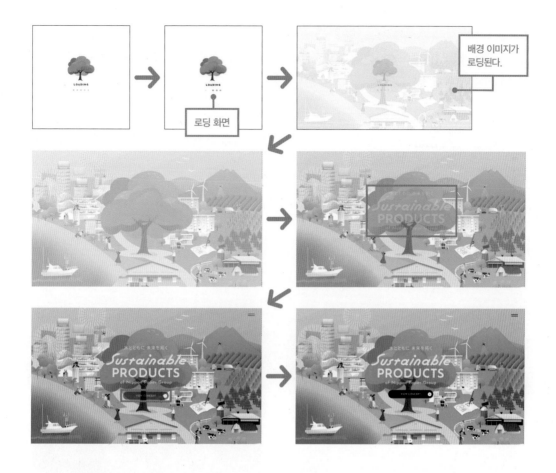

슬라이드 메뉴

오른쪽 상단에 있는 두 줄 모양의 아이콘(=)을 클릭하면 화면 오른쪽에서 내비게이션 메뉴가 표시됩니다. 그리고 두 줄 모양의 아이콘은 ⊠ 모양으로 바뀝니다.

오른쪽 상단의 두 줄 모양 아이콘 클릭   내비게이션이 표시된다.

필터링 검색

카테고리에 따라 필터링하여 검색할 수 있습니다. 카테고리를 선택하면 밑에서부터 차례대로 하나씩 서서히 표시됩니다.

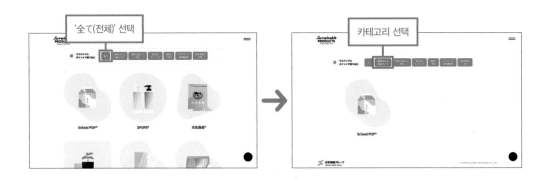

스크롤에 맞춰 표시하기

스크롤한 만큼 일러스트가 움직이고 콘텐츠가 표시됩니다. 스크롤하면 나무 사이에 숨겨져 있던 문장이 보입니다.

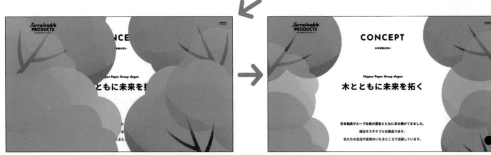

■ snaq.me

사용자에게 맞춰 과자를 정기적으로 보내주는 '과자 체험 박스' 서비스를 운영하고 있습니다.

https://snaq.me/

스크롤에 맞춰 물결 모양으로 동작

스크롤한 만큼 물결 모양이 완만하게 움직입니다.

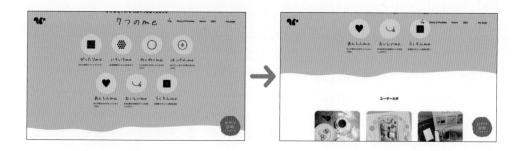

이미지 전환

톱 페이지에서 일정 시간이 지나면 오른쪽 하단부터 파도가 치듯 이미지가 전환됩니다.

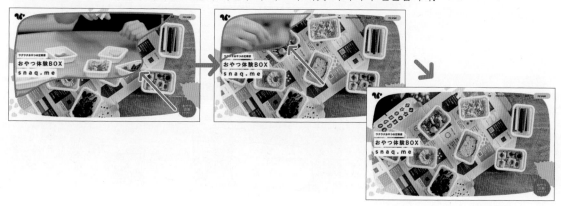

유동적인 형태

물방울 모양의 흰색 바탕이
유동적으로 바뀝니다.

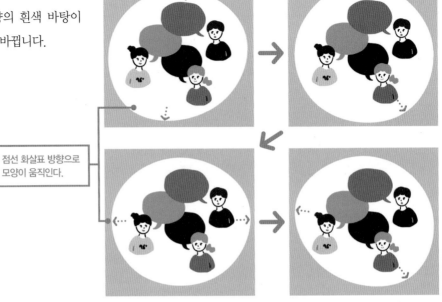

점선 화살표 방향으로
모양이 움직인다.

타입 진단

페이지 오른쪽 하단에 있는
⬤(과자 진단 START) 버
튼을 누르면 타입을 진단할
수 있습니다. '네' 또는 '아니
오'로 선택지를 골라 타입을
진단하는 기능도 자바스크립
트로 구현할 수 있습니다.

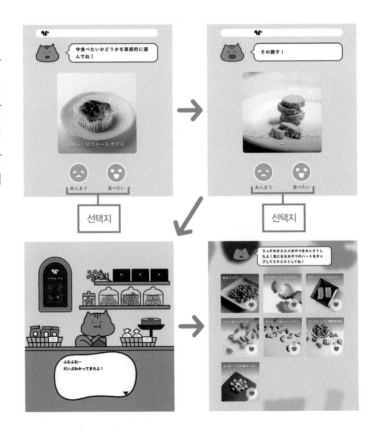

선택지

선택지

자바스크립트를 효과적으로 학습하는 방법

이 책에서는 실제로 코드를 입력하면서 학습할 수 있도록 예제 코드를 준비했습니다. 우선은 책에 쓰인 코드를 통째로 복사해도 괜찮으니 실제로 코드를 입력해보세요. 그리고 입력한 코드가 무엇을 의미하는지 생각해보세요. 그러면 자신이 지금 무엇을 아는지, 무엇을 어렵다고 느끼는지 명확해집니다. 그렇게 조금씩 배워갑시다.

웹 디자이너도 재미있게 배울 수 있는 자바스크립트 책

10년도 더 된 이야기지만 저는 자바스크립트를 막 배우기 시작했을 때 이렇게 투덜거렸습니다. "자바스크립트로 2+3에 대한 정답을 도출하고 싶은 건 아닌데요."

자바스크립트가 기능이나 동작을 추가할 수 있는 프로그래밍 언어임에도 불구하고 웹 디자이너인 저는 웹사이트에 자바스크립트를 활용하는 모습을 상상하기 어려웠습니다. 당시에는 '잘은 모르겠지만'이라고 생각하며 공부했던 것 같습니다. 저는 단지 웹사이트를 더 편리하게, 더 예쁘게 만들어보고 싶었을 뿐이었습니다. 시간이 흘러 제가 온라인 스쿨에서 웹 디자인을 가르칠 때 한 학생이 말했습니다. "자바스크립트로 웹 앱을 만들고 싶은 건 아닌데요." 마치 예전의 저를 보는 것 같았습니다. 저도 학생도 지금 만드는 웹사이트를 더 풍부하게 표현하고 싶을 뿐이었습니다. 그래서 이 책을 집필할 때는 그런 생각을 담아 웹 디자이너도 즐길 수 있도록 구성하였습니다.

자바스크립트 맛보기

———

자바스크립트가 어떤 것인지 대략적인 이미지가 그려졌나요? 이 장에서
는 자바스크립트를 사용할 환경을 만들어보고 실제로 간단한 코드도 입력
하여 동작시켜보겠습니다.

2.1 자바스크립트는 어디에 작성할까

웹 페이지에 자바스크립트를 적용하고 싶을 때 어디에 코드를 작성해야 좋을까요? 적용하는 방법은 크게 두 가지로 나뉩니다. 하나씩 살펴봅시다.

▦ HTML 파일 내에 입력

HTML 파일 내에 직접 자바스크립트 코드를 쓸 수 있습니다. 이때는 반드시 `<script>` ~ `</script>` 사이에 코드를 입력해야 합니다. `<script>` 태그 범위 밖에 입력하면 자바스크립트 코드로 인식되지 않으므로 동작하지 않습니다.

JS 적용 예

```
<script>
// 이 안에 자바스크립트 코드를 입력합니다          ⟩──── <script> ~ </script>
</script>                                              사이에 코드 입력
```

HTML 파일의 `<head>` 태그 안이나 `<body>` 태그 안이라면 어떤 위치에 입력해도 상관없습니다.

HTML head에 입력한 예

```
<!DOCTYPE html>
<html lang="ko">
<head>
    <meta charset="UTF-8">
    <title>head에 자바스크립트 코드 입력</title>
    <script>
        // 이 안에 자바스크립트 코드를 입력합니다        ──── <head> 태그 안에 입력
    </script>
</head>
<body>
    ......
</body>
</html>
```

HTML body에 입력한 예

```html
<!DOCTYPE html>
<html lang="ko">
<head>
    <meta charset="UTF-8">
    <title>body에 자바스크립트 코드 입력</title>
</head>
<body>
    ......
    <script>
        // 이 안에 자바스크립트 코드를 입력합니다          ┐── ⟨body⟩ 태그 안에 입력
    </script>
</body>
</html>
```

단, 이 방법을 사용하면 동일한 자바스크립트를 적용하고 싶은 페이지가 여러 개 있을 경우 모든 HTML 파일에 같은 코드를 입력해야 합니다. 같은 코드를 여러 페이지에 이용하고 싶다면 다음 절에서 설명하는 외부 파일을 불러오는 방법을 적용하는 것이 좋습니다.

■ 자바스크립트 파일을 만들어서 코드 작성

확장자가 .js인 파일을 만들고 그 안에 코드를 작성합니다. 자바스크립트 파일 내에서는 **⟨script⟩** 태그가 필요 없으며 바로 자바스크립트 코드를 작성합니다. 작성한 자바스크립트 파일은 **⟨script⟩** 태그를 사용하여 HTML 파일로 불러옵니다. 불러올 파일은 src 속성으로 지정합니다. 불러오는 곳은 HTML 파일에 직접 코드를 작성할 때와 마찬가지로 HTML 파일 내의 **⟨head⟩** 태그 안이나 **⟨body⟩** 태그 안이면 어느 위치에 써도 상관없습니다. 이 방법은 여러 페이지에 사용하고 싶은 코드가 있을 때도 이용할 수 있습니다. 수정이 필요한 경우에도 자바스크립트 파일 하나만 변경하면 되므로 간단합니다.

HTML 적용 예

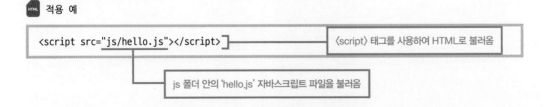

HTML 자바스크립트 파일 여러 개를 불러오는 예

```html
<!DOCTYPE html>
<html lang="ko">
<head>
    <meta charset="UTF-8">
    <title>여러 자바스크립트 파일</title>
</head>
<body>
    ......
    <script src="js/hello.js"></script>
    <script src="js/bye.js"></script>
    <script src="js/goodnight.js"></script>
</body>
</html>
```

자바스크립트 파일 여러 개를 불러옴

이 예에서는 브라우저가 HTML을 불러오고 이어서 hello.js, bye.js, goodnight.js 자바스크립트 파일을 순서대로 읽어옵니다.

COLUMN

자바스크립트를 쉽게 테스트할 수 있는 온라인 도구 ①

브라우저상에서 HTML이나 CSS, 자바스크립트 코드를 작성하고 어떻게 나타나는지 확인할 수 있는 웹 서비스가 있습니다. 바로 코드펜CodePen인데요. 회원가입을 하지 않아도 코드 작성 후 어떻게 동작하는지 정도는 확인할 수 있으므로 활용해보기 바랍니다.

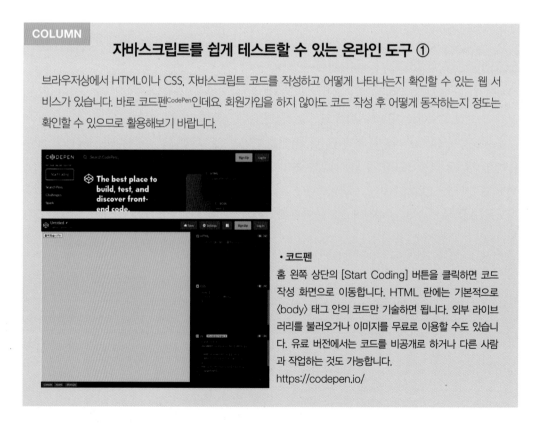

• 코드펜
홈 왼쪽 상단의 [Start Coding] 버튼을 클릭하면 코드 작성 화면으로 이동합니다. HTML 란에는 기본적으로 〈body〉 태그 안의 코드만 기술하면 됩니다. 외부 라이브러리를 불러오거나 이미지를 무료로 이용할 수도 있습니다. 유료 버전에서는 코드를 비공개로 하거나 다른 사람과 작업하는 것도 가능합니다.
https://codepen.io/

2.2 자바스크립트를 작성하는 환경을 준비해보자

프로그래밍이라고 하면 특수한 개발 환경이 필요하다고 생각할 수 있습니다. 하지만 자바스크립트에서는 그런 환경이 필요하지 않습니다. HTML이나 CSS를 써본 적 있는 사람은 기존과 같은 도구를 사용하면 됩니다. 어떻게 표시되는지도 웹 브라우저에서 확인할 수 있습니다.

■ 비주얼 스튜디오 코드란

먼저 파일을 만들거나 편집하기 위해 **에디터**라는 도구를 준비하겠습니다. 어떤 에디터를 사용해도 상관없지만 이 책에서는 마이크로소프트의 **비주얼 스튜디오 코드**^{Visual Studio Code} 통칭 **VSCode**라는 에디터를 이용하겠습니다. VSCode는 기본 모드도 코드 작성에 필요한 기능을 갖추고 있으며 초보자가 다루기 쉬워 인기가 많습니다. VSCode는 맥과 윈도우 모두 무료로 이용할 수 있습니다.

■ VSCode 설치

우선 VSCode를 공식 사이트에서 다운로드받아 설치해봅시다. 버튼을 클릭하여 다운로드하고 설치합니다.

여기에서 다운로드하여 설치

https://code.visualstudio.com/

설치 완료 후 VSCode를 실행시키면 이와 같은 화면이 나타납니다. OS 설정에 따라 하얀 배경으로 보일 수도 있습니다.

■ VSCode 한국어 언어팩 설치

설치를 완료하면 메뉴 등이 모두 영어로 표시됩니다. 한국어가 편하다면 화면을 한국어로 바꿔봅시다.

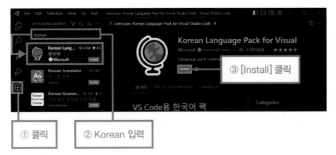

왼쪽 메뉴 중 가장 아래에 있는 아이콘을 클릭하여 확장 기능 화면을 엽니다. 패널 상단의 검색란에 Korean을 입력하면 'Korean Language Pack for Visual Studio Code'가 나타납니다. 클릭한 후 [Install] 버튼을 눌러 설치합니다.

설치 완료 후 VSCode를 다시 시작하면 한국어 화면으로 바뀝니다.

이제 초기 설정이 완료되었습니다! 이제부터 실제로 자바스크립트 파일을 만들어 코드를 작성해보겠습니다.

그 외 에디터

이 책에서 소개하는 '비주얼 스튜디오 코드VSCode' 외에도 쉽게 사용할 수 있는 에디터가 많습니다. 유료 제품도 무료 체험 기간이 있으므로 실제 사용해보고 자신에게 가장 잘 맞는 것을 찾아서 쓰길 바랍니다.

에디터 이름	다운로드 URL	요금
드림위버DreamWeaver	https://www.adobe.com/kr/products/dreamweaver.html	연간 약정 기준 ₩24,000/월
웹스톰WebStorm	https://www.jetbrains.com/webstorm/	첫 해 $69/연
서브라임 텍스트Sublime Text	https://www.sublimetext.com/	$99

※ 요금은 변경될 수 있습니다.

2.3 첫 자바스크립트를 작성해보자

자바스크립트를 적용하는 방법은 'HTML 파일 내에 입력하기', '별도 자바스크립트 파일을 만들어서 불러오기'와 같이 두 가지입니다. 이 방법들을 이용하여 간단한 자바스크립트 코드를 작성해봅시다.

■ ① HTML 파일 내에 입력

▶ 예제   chapter2/03-demo1

2.1절에서 소개한 HTML 파일 내에 작성하는 방법부터 시도해봅시다. 우선 VSCode를 실행하고 파일을 정리하기 위한 폴더를 만듭니다.

HTML 파일 준비

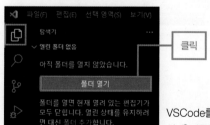

VSCode를 실행하고 파일을 정리하기 위한 폴더를 만드세요. 화면 왼쪽에 있는 [폴더 열기] 버튼을 클릭하여 임의의 저장 장소를 선택한 후 신규 폴더를 만듭니다.

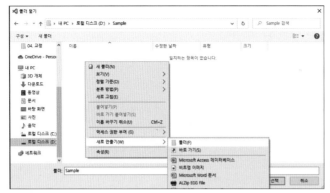

임의의 저장 장소를 선택하여 마우스 오른쪽 버튼 클릭 → '새로 만들기' → '폴더' 선택

여기서는 '03-demo1'이라는 폴더명으로 생성했습니다.

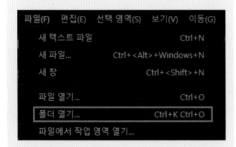
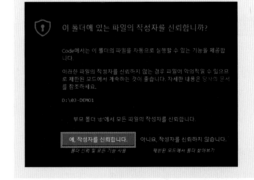

TIP

새 파일을 생성할 때 '파일' → '새 텍스트 파일'을 클릭하여 만들 수도 있습니다.

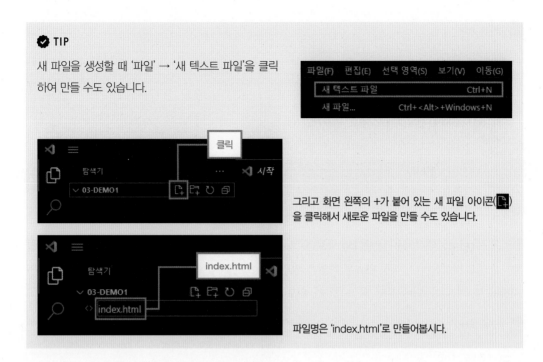

그리고 화면 왼쪽의 +가 붙어 있는 새 파일 아이콘(📄)을 클릭해서 새로운 파일을 만들 수도 있습니다.

파일명은 'index.html'로 만들어봅시다.

〈script〉 태그 안에 자바스크립트 코드 작성

새로 만든 'index.html' 파일에 사용할 기본 HTML 코드를 준비했습니다. <body> 태그 안에 작성된 내용이 없으므로 아직 빈 페이지만 표시될 것입니다.

📄 index.html

```html
<!DOCTYPE html>
<html lang="ko">
<head>
    <meta charset="UTF-8">
    <title>HTML 안에 자바스크립트 작성</title>
</head>
<body>

</body>
</html>
```

기본 HTML 코드의 <script> 태그를 작성해봅시다. <body> 태그 안에 있습니다.

📄 index.html

```
<!DOCTYPE html>
<html lang="ko">
<head>
    <meta charset="UTF-8">
    <title>HTML 안에 자바스크립트 작성</title>
</head>
<body>
    <script></script>
</body>
</html>
```

〈script〉 태그를 작성했다.

그리고 `<script>` 태그의 시작 태그와 종료 태그 사이에 `window.alert('처음 시작하는 자바스크립트!');`라고 작성합니다. 작성 완료된 파일은 임의의 장소에 저장합니다. 파일을 저장할 때는 '파일' → '저장'을 클릭합니다. 맥에서는 ⌘+S 키, 윈도우에서는 Ctrl+S 키를 단축키로 사용합니다.

📄 index.html

```
<!DOCTYPE html>
<html lang="ko">
<head>
    <meta charset="UTF-8">
    <title>HTML 안에 자바스크립트 작성</title>
</head>
<body>
    <script> window.alert('처음 시작하는 자바스크립트!');</script>
</body>
</html>
```

작성 완료

저장한 index.html 파일을 더블 클릭하여 브라우저에서 확인해보면 다음 그림처럼 경고창이 나타납니다. '처음 시작하는 자바스크립트!'가 제대로 동작했습니다! windows.alert라는 코드를 사용하면 괄호와 따옴표로 감싼 텍스트를 경고창으로 표시할 수 있습니다. windows.alert에 대해서는 2.4절에서 자세히 설명합니다.

경고창이 나타났다.

■ ② 자바스크립트 파일 작성법

▶ **예제**　chapter2/03-demo2

자바스크립트를 작성하는 또 다른 방법으로 HTML 파일에 입력하는 것 외에 자바스크립트 파일을
준비하여 불러오는 방법이 있습니다.

자바스크립트 파일 준비

아까와 동일한 순서로 이번에는 '03-
demo2'라는 폴더를 만듭니다. 그 안에
'first.js'라는 파일을 새로 만들어봅시다.
'first.js' 안에 다음 코드를 입력한 뒤 저장합
니다.

JS first.js

```
window.alert('처음 시작하는 자바스크립트!');
```
first.js에 입력한 코드

HTML에 자바스크립트 파일 불러오기

동일한 '03-demo2' 폴더 안에 새로운 파일
인 'index.html'을 생성하고 다음 기본 코드
를 입력한 뒤 저장합니다. 이것은 앞에서 설
명한 ①의 코드에서 alert 부분을 생략한 것
과 같은 내용입니다.

HTML index.html

```
<!DOCTYPE html>
<html lang="ko">
<head>
    <meta charset="UTF-8">
```

```
        <title>자바스크립트 파일 불러오기</title>
    </head>
    <body>
        <script></script>
    </body>
    </html>                                              alert 부분 생략
```

script 시작 태그에 속성값인 src="first.js"를 입력합니다. 이것으로 first.js를 불러올 수 있게 되었습니다.

 index.html

```
<!DOCTYPE html>
<html lang="ko">
<head>
    <meta charset="UTF-8">
    <title>자바스크립트 파일 불러오기</title>
</head>
<body>
    <script src="first.js"></script>
</body>
</html>                                            시작 태그에 속성값 입력
```

index.html 파일을 저장하고 index.html 파일을 브라우저로 실행시키면 ①과 동일하게 경고창이 나타납니다.

> ✔ TIP
>
> 만약 잘 되지 않는다면 8.2절에서 자주 발생하는 오류 리스트를 확인하고 오타 등의 실수가 없는지 체크해봅시다.

▮ window. 생략 가능

2.4절에서 자세히 설명하겠지만 이번에 작성한 코드 안에서는 window.을 생략할 수 있습니다. 다음과 같이 작성해도 똑같이 동작하므로 확인해보기 바랍니다.

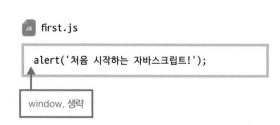 first.js

```
alert('처음 시작하는 자바스크립트!');
```
window. 생략

2.4 자바스크립트를 작성할 때의 기본 규칙

앞에서 설명한 대로 코드를 작성하면 메시지와 [OK] 버튼만 있는 경고창이 표시됩니다. 왜 이처럼 동작한 것일까요? 코드 내용을 살펴보겠습니다.

■ 자바스크립트 기본 문법

앞에서 작성한 자바스크립트 코드는 다음과 같습니다.

```
window.alert('처음 시작하는 자바스크립트!');
```

이 코드는 다음과 같이 크게 세 부분으로 나눌 수 있습니다. 각각에 대해 알아보겠습니다.

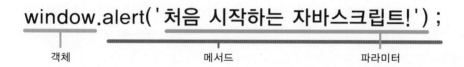

window – 객체란

객체object는 **동작하게끔 하려는 대상을 의미**합니다. 여기에는 window라고 쓰여 있으므로 사용자가 보고 있는 브라우저 창을 의미합니다. 경고창은 화면 전체에 표시되므로 window를 대상으로 지정한 것입니다.

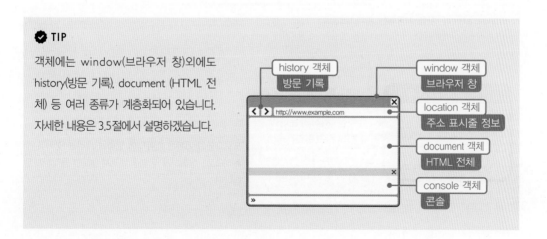

💙 TIP

객체에는 window(브라우저 창)외에도 history(방문 기록), document (HTML 전체) 등 여러 종류가 계층화되어 있습니다. 자세한 내용은 3.5절에서 설명하겠습니다.

그리고 객체 중에서도 window는 특별히 생략할 수 있습니다. 앞에서 설명한 대로 다음과 같이 작성해도 똑같이 동작합니다.

alert() – 메서드(동작·명령)란

메서드method는 영어로 **방법**이라는 뜻이며 여기서는 **동작·명령**을 의미합니다. 코드 내 alert는 경고를 뜻하며 자바스크립트에서는 '경고창을 표시'하도록 동작합니다. 이 alert()는 내장 객체(빌트 인 객체Built-In-Object)로 처음부터 브라우저에서 제공하는 프로그램 중 일부입니다. 메서드는 alert() 외에도 문자열을 조작하거나 수학 계산이 가능한 내장 객체 등 다양하며 3장에서 자세히 소개하겠습니다.

처음 시작하는 자바스크립트! – 파라미터(값)란

alert() 메서드로 경고창을 나타낼 수 있다는 것은 알겠으나 이것만으로는 어떤 경고 메시지를 표시하는지 알 수 없습니다. 그래서 괄호 안에 메서드를 보충하기 위한 정보를 값으로 입력합니다. 이 **값**을 **파라미터**라고 합니다. 입력한 파라미터에 따라 경고창 안에 표시되는 메시지가 달라집니다. 그리고 파라미터가 일반 텍스트인 경우 작은따옴표나 큰따옴표로 텍스트를 감싸야 합니다.

코드 내용

정리하면 자바스크립트 기본 문법은 '**객체.메서드('파라미터')**' 형태입니다. 앞에서 소개한 다음 코드는 브라우저 창에 '처음 시작하는 자바스크립트!'라는 경고창을 표시한다는 구체적인 명령을 내린 것이라고 할 수 있겠습니다.

```
window.alert('처음 시작하는 자바스크립트!');
```

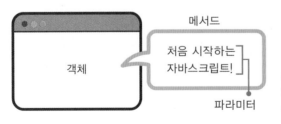

프로그램의 기본은 컴퓨터에 명령을 내리는 것이며 '구체적으로', '정확하게' 명령을 내리지 않으면 동작하지 않습니다.

■ 코드 작성 규칙

정확한 명령을 내리기 위해 자바스크립트 코드 작성 시 필요한 규칙을 잘 기억해둡시다.

대문자와 소문자 구별하기

자바스크립트에서는 대문자와 소문자를 구별합니다. 같은 영어 단어라도 대문자와 소문자가 섞여 있으면 다른 것으로 인식합니다. 예를 들어 이번에 사용한 alert를 Alert라고 쓰면 오류가 나고 경고창이 표시되지 않습니다.

문자열은 인용부호로 감싸기

이번에 만든 '처음 시작하는 자바스크립트!'처럼 문자열을 사용할 때는 텍스트 부분을 작은따옴표나 큰따옴표로 감싸줍니다. 이 책에서는 작은따옴표를 이용해 코드를 설명했지만 어떤 것이든 상관없습니다. 참고로 이 책에서 작은따옴표를 사용한 것은 주로 다음 세 가지 이유 때문입니다.

* HTML 속성값은 큰따옴표를 사용하는 경우가 많으므로 이와 구별하기 위해
* 필자가 이용하고 있는 US 키보드에서는 작은따옴표를 입력할 때 shift 키를 누를 필요가 없음
* 보기에 심플(한 느낌)

이는 개인 취향이므로 입력하기 쉬운 방법을 택하기 바랍니다.

명령문 마지막에 세미콜론 붙이기

이번에 작성한 것은 alert()를 사용한 한 줄 코드였지만 자바스크립트 파일에는 수많은 명령문이 나열되기도 합니다. 글자 수가 늘어났을 때 하나의 명령문이 어디서부터 어디까지인지 구분하기 위해 명령문 끝에는 ;(세미콜론)을 붙입니다. 이것은 문장 끝에 .(마침표)를 붙이는 것과 같습니다. 다만 실제로는 세미콜론을 생략해도 동작하는 경우가 많습니다. 동작하는 경우와 그렇지 않은 경우를 구별하기 어렵기 때문에 처음부터 기본적으로 반드시 세미콜론을 붙이는 습관을 들이면 불필요한 오류를 피할 수 있습니다.

특수 문자를 표시하려면?

문자열을 다룰 때 따옴표로 둘러싸게 되는데 그 문자열 안에 따옴표를 포함하고 싶을 때도 있습니다. 예를 들어 다음 문장처럼 "You're special!"이라는 메시지를 표현하고 싶을 때 파라미터 안에 작은따옴표(' ')가 포함되어 있습니다.

```
alert('You're special!');
```
파라미터 안에 작은따옴표가 포함되어 있다.

하지만 이 코드에서는 파라미터가 어디까지인지 알 수 없으므로 오류가 나며 경고창이 동작하지 않습니다. 이때는 '\(역슬래시)' 또는 '₩(원화 표시)'와 문자를 조합하여 입력하면 오류를 피할 수 있습니다.

```
alert('You\'re special!');
```
\(역슬래시)를 넣었다.

여기서 입력한 \나 ₩의 경우 실제로는 표시되지 않습니다. 이렇게 쓰는 방법을 이스케이프 시퀀스escape sequence라고 합니다. 다른 특수 문자에도 사용할 수 있으므로 입력하기 곤란한 것이 있을 때 이용하면 좋습니다.

이스케이프 표기	의미
\' (₩')	작은따옴표
\" (₩")	큰따옴표
\n (₩n)	개행

- 이스케이프 시퀀스 String – JavaScript | MDN
https://developer.mozilla.org/ko/docs/Web/JavaScript/Reference/Global_Objects/String#이스케이프_표현

2.5 콘솔을 사용해보자

구글 크롬에는 웹사이트 제작에 도움이 되는 기능을 한데 모은 개발자 도구가 기본으로 탑재되어 있습니다. 그중 콘솔이라고 불리는 패널을 활용하면 자바스크립트 프로그램이 잘 작동하는지 검증할 수 있습니다.

■ 콘솔 열기

개발자 도구 표시

자바스크립트 프로그램이 잘 작동하는지 검증할 수 있는 **콘솔**은 구글 크롬의 **개발자 도구** 안에 들어 있습니다. 먼저 개발자 도구를 표시하는 방법을 확인해볼까요. 크롬으로 웹 페이지를 아무거나 연 후 '우클릭' → '검사' 를 클릭해봅시다. 그러면 개발자 도구가 나타납니다.

✅ TIP

단축키로 개발자 도구를 불러올 수도 있습니다. 맥은 [Shift] + [⌘] + [C] 키 또는 [Option] + [⌘] + [I] 키, 윈도우는 [Ctrl] + [Shift] + [I] 또는 [F12] 키입니다.

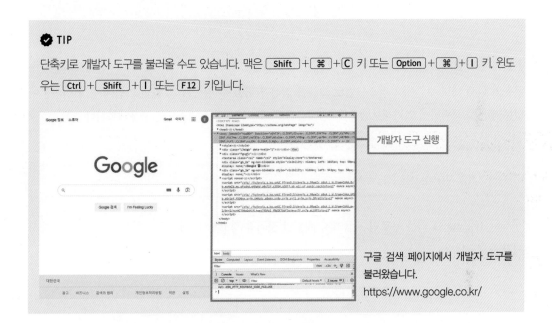

구글 검색 페이지에서 개발자 도구를
불러왔습니다.
https://www.google.co.kr/

개발자 도구는 '개발자 툴', 'DevTools' 등 다양하게 불립니다. 크롬 이외의 브라우저(파이어폭스 Firefox, 마이크로소프트 엣지Edge, 사파리Safari)에도 비슷한 기능이 있지만 부르는 이름이 다를 수 있습니다.

콘솔 패널 표시

개발자 도구가 열린 후 '콘솔' 탭을 클릭했을 때 표시되는 영역이 콘솔입니다. 여기서 자바스크립트 프로그램을 직접 작성하거나 실행 결과를 확인할 수 있습니다.

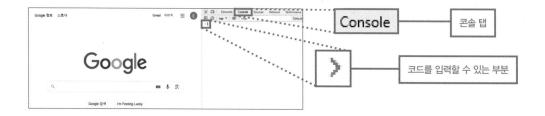

콘솔 탭

코드를 입력할 수 있는 부분

■ 콘솔 사용해보기

콘솔에 문자 표시

콘솔의 흰색 패널 부분에 자바스크립트 코드를 직접 입력할 수 있습니다. 앞의 그림에서 ⟩ 아이콘이 있는 부분을 클릭하여 입력해보겠습니다. 지금까지 배운 alert() 메서드를 사용해봅시다.

JS 콘솔에 입력

```
alert('처음 시작하는 콘솔!');
```

⌈return⌉(⌈Enter⌉) 키를 누르면 지금까지 배웠던 것처럼 경고창에 '처음 시작하는 콘솔!'이라는 메시지가 표시됩니다.

메시지가 표시되었다.

alert()만 계속 나와서 지겹나요? 그러면 콘솔에 사용할 수 있는 console.log()도 사용해봅시다. 다음과 같이 입력합니다.

JS 콘솔에 입력

```
console.log('처음 시작하는 콘솔!');
```

(return) ((Enter)) 키를 누르면 코드를 작성한 다음 행에 '처음 시작하는 콘솔!'이 표시됩니다.

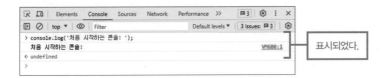

이 코드는 console이 객체, log()가 메서드, '**처음 시작하는 콘솔!**'이 파라미터로 구성되어 있습니다. log는 영어로 '기록하다'라는 뜻을 갖고 있지만 여기서는 '출력하다'라는 뜻으로 쓰입니다. 즉, "콘솔에 '처음 시작하는 콘솔!'이라고 출력해줘"라는 명령문이 됩니다.

파일을 불러오는 방법

▶ 예제   chapter2/05-demo

console.log()는 개발자 도구의 콘솔이 아니라 다른 곳에서 작성해도 동일하게 작동합니다. 신규 HTML 파일을 만들고 <script> 태그를 사용하여 console.log('**처음 시작하는 콘솔!**');이라고 작성해봅시다.

📄 index.html

```html
<!DOCTYPE html>
<html lang="ko">
<head>
    <meta charset="UTF-8">
    <title>콘솔에 출력</title>
</head>
<body>
    <script>console.log('처음 시작하는 콘솔!');</script>
</body>
</html>
```

console.log() 작성

저장한 HTML 파일을 열어 개발자 도구의 콘솔을 보면 '처음 시작하는 콘솔!'이라고 출력되었다는 것을 알 수 있습니다.

출력되었다.

■ 콘솔을 사용하는 이유

아직은 콘솔이 왜 필요한지 이해하기 어려울 수 있습니다. 하지만 앞으로 자바스크립트 프로그램을 쓰다 보면 필수불가결한 존재가 될 것입니다. 콘솔의 주요 장점을 살펴봅시다.

오류를 확인하기 위해 사용

입력한 코드 중 오류가 있을 경우 콘솔에 빨간색 글자로 오류 메시지가 표시되므로 오류를 확인하는 데 사용할 수 있습니다. 혹시 다음 이미지처럼 오류가 나타나면 깜짝 놀랄 수 있지만 겁먹지 마세요. 오류 안내일 뿐입니다.

오류 메시지 표시

이 예시에서는 닫는 부분에 작은따옴표 넣는 것을 잊어버려서 'Uncaught Syntax Error: Invalid or unexpected token'이라는 오류가 나타났습니다. 이처럼 콘솔은 오류가 어디서 발생했는지, 왜 발생했는지 그 원인을 파악하는 데 필수적인 기능입니다. 덧붙여 자주 하는 실수와 오류, 해결 방법은 8장에 정리해두었습니다. 혹시 오류가 생기면 확인한 후 차분히 수정해보기 바랍니다.

코드 작성 중간에 확인하기 위해 사용

`console.log()`를 사용하면 프로그램 작성 도중이라도 해당 시점에서 데이터를 출력할 수 있습니다. 대부분은 의도한 대로 데이터가 전달되었는지 확인하기 위해 사용합니다. 만약 생각했던 동작과 다르다면 작성한 `console.log()`보다 앞쪽에 어떤 오류가 있다는 것을 알 수 있습니다.

처음부터 끝까지 전혀 확인하지 않고 프로그램을 작성하는 것보다 실수한 것이 없는지 조금씩 확인하면서 작성하는 것이 결과적으로 구현 시간을 단축할 수 있습니다. `alert()`에서도 마찬가지로 데이터가 어떻게 출력되는지 확인할 수 있지만 console.log()는 경고창이 나오지 않으므로 매번 [OK] 버튼을 클릭하는 수고를 줄일 수 있습니다. 그리고 데이터를 더욱 자세히 확인할 수 있습니다.

 TIP

개발자 도구의 레이아웃은 변경할 수 있습니다. 변경하려 면 패널 오른쪽 상단에 있는 ⋮ 아이콘을 클릭하여 'Dock Side(도크 사이드)'에서 아이콘을 선택합니다. 이 책에서는 독자가 보기 쉽도록 아래쪽에 배치한 경우가 많습니다.

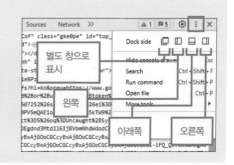

■ 개발자 도구 한글화하기

크롬의 개발자 도구는 영어 표시가 기본이지만 한국어로 설정 할 수도 있습니다. 개발자 도구를 열어 오른쪽 상단에 있는 아 이콘을 클릭하세요.

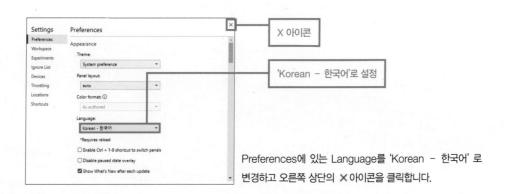

Preferences에 있는 Language를 'Korean – 한국어' 로 변경하고 오른쪽 상단의 ✕ 아이콘을 클릭합니다.

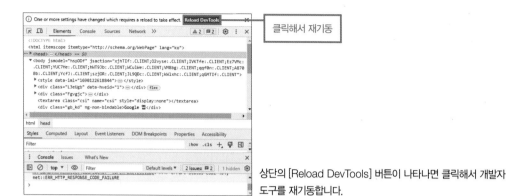

상단의 [Reload DevTools] 버튼이 나타나면 클릭해서 개발자 도구를 재기동합니다.

이로써 화면이 한글로 바뀌었습니다. 이제 좀 더 쉽게 사용할 수 있겠죠!

자바스크립트 기초 배우기

———

프로그램을 동작시키려면 기본적인 작성 방법이나 규칙 등을 알아야 합니다. 그러나 계속 문법 이야기만 하면 지루하겠죠. 이 장에서는 배경색을 변경하는 '컬러 피커'를 만들면서 자바스크립트의 기본 기능을 살펴보겠습니다.

3.1 작성할 컬러 피커 소개

프로그램을 만들기 전에 이 장에서 만들 컬러 피커의 구체적인 기능을 알아봅시다. 목표가 명확하면 전체 흐름이나 작성하는 코드의 필요성을 파악하기 쉬워집니다.

■ 컬러 피커 기능   ▶예제   chapter3/ColorPicker

배경 색을 원하는 색상으로 변경할 수 있습니다. 자세한 내용은 완성판 예제 파일인 index.html을 열어 확인해보세요.

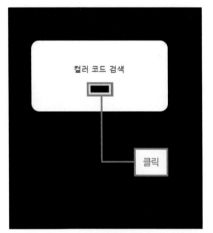

화면 중앙에 있는 색을 클릭하면 원하는 색을 선택할 수 있습니다.

선택한 색으로 배경색이 바뀌고 '컬러 코드' 글자 오른쪽에는 선택한 색의 컬러 코드가 표시됩니다.

■ 검은색과 흰색인 경우

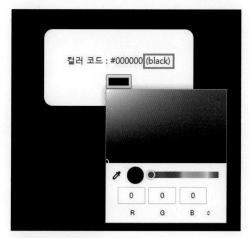

검은색을 선택하면 (black)이라는 색 이름도 표시됩니다.

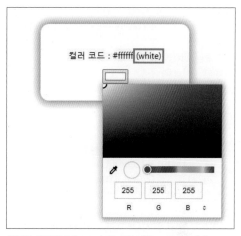

흰색을 선택하면 (white)라는 색 이름도 표시됩니다.

■ 완성된 코드

HTML index.html

```html
<!DOCTYPE html>
<html lang="ko">
<head>
    <meta charset="UTF-8">
    <meta name="viewport" content="width=device-width, initial-scale=1.0">
    <title>컬러 피커</title>
    <link rel="stylesheet" href="css/style.css">
    <script src="js/script.js" defer></script>
</head>
<body>
    <div>
        <p id="colorText">컬러 코드 검색</p>
        <input id="colorPicker" type="color">
    </div>
</body>
</html>
```

```js
const text = document.querySelector('#colorText');
const color = document.querySelector('#colorPicker');

// 컬러 피커를 조작할 때의 일련의 동작
const colorBg = () => {
    // 선택한 색을 배경색으로 설정
    document.body.style.backgroundColor = color.value;

    // 컬러 코드 표시
    if (color.value === '#ffffff') {
        text.textContent = `컬러 코드 : ${color.value} (white)`;
    } else if (color.value === '#000000') {
        text.textContent = `컬러 코드 : ${color.value} (black)`;
    } else {
        text.textContent = `컬러 코드 : ${color.value}`;
    }
}

// 컬러 피커가 변경되면 colorBg 실행
color.addEventListener('input', colorBg);
```

css/style.css

```css
body {
    text-align: center;
    font-family: sans-serif;
    display: grid;
    place-items: center;
    height: 100vh;
    background: #000;
}
div {
    background: #fff;
    padding: 2rem;
    border-radius: 1rem;
    width: 14rem;
    box-shadow: 0 0 1rem rgba(0,0,0,.5);
}
```

3.2 필요한 파일 준비하기

우선 필요한 폴더와 파일을 준비합니다. 추가로 웹 페이지를 작성하려면 HTML이나 CSS 파일도 필요합니다. 이 책에서는 자바스크립트 학습에 전념하기 위해 샘플 데이터를 준비했습니다.

■ HTML 파일 작성　▶ 예제　chapter3/02-demo

원하는 위치에 'ColorPicker'라는 폴더를 만들고 그 안에 'index.html' 파일을 새로 생성합니다. 샘플 데이터를 사용한다면 필요한 코드를 그대로 옮겨 적거나 복사 & 붙여넣기하여 사용하기 바랍니다.

🅷 ColorPicker/index.html

```
<!DOCTYPE html>
<html lang="ko">
<head>
    <meta charset="UTF-8">
    <meta name="viewport" content="width=device-width, initial-scale=1.0">
    <title>컬러 피커</title>
</head>
<body>
    <div>
        <p id="colorText">컬러 코드 검색</p>
        <input id="colorPicker" type="color">
    </div>
</body>
</html>
```

> 〈input〉 태그의 type 속성을 color로 설정하여 컬러 피커(색을 선택할 수 있는 입력란) 표시

저장하고 브라우저에서 확인하면 컬러 피커가 표시되는 것을 볼 수 있습니다. 검은색 사각형을 클릭하면 드래그하여 색상을 선택할 수 있습니다.

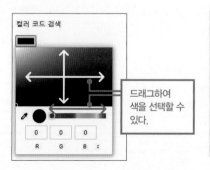

> 드래그하여 색을 선택할 수 있다.

> 🛡 TIP
>
> 사용하는 브라우저에 따라 컬러 피커가 다르게 보일 수 있습니다. 이 책의 이미지는 PC용 구글 크롬에서 보이는 화면을 예로 든 것입니다.

▓ CSS 파일 작성

이어서 'ColorPicker' 폴더 내에 'css' 폴더를 생성하고 그 안에 'style.css' 파일을 만듭니다. 'style.css'에는 베이스가 되는 색상, 여백, 배치 등을 설정했습니다.

`css` ColorPicker/css/style.css

```css
body {
    text-align: center;
    font-family: sans-serif;
    display: grid;
    place-items: center;
    height: 100vh;
    background: #000;
}
div {
    background: #fff;
    padding: 2rem;
    border-radius: 1rem;
    width: 14rem;
    box-shadow: 0 0 1rem rgba(0,0,0,.5);
}
```

색, 여백, 배치 설정

이 style.css를 index.html에 불러옵니다. \<head> 태그 안에 \<link> 태그를 사용하여 불러옵시다.

`HTML` ColorPicker/index.html

```html
<!DOCTYPE html>
<html lang="ko">
<head>
    <meta charset="UTF-8">
    <meta name="viewport" content="width=device-width, initial-scale=1.0">
    <title>컬러 피커</title>
    <link rel="stylesheet" href="css/style.css">
</head>
<body>
    <div>
        <p id="colorText">컬러 코드 검색</p>
        <input id="colorPicker" type="color">
    </div>
</body>
</html>
```

css 불러오기

검은색 배경이 됨

배경이 검은색으로 되었고 컬러 피커가 있는 요소가 화면 중앙에 표시되었습니다. 이것으로 CSS 설정이 완료되었습니다.

■ 자바스크립트 파일 작성

드디어 자바스크립트 파일을 작성할 차례입니다. CSS와 마찬가지로 'ColorPicker' 폴더 안에 'js' 폴더를 만들고 그 안에 'script.js' 파일을 만듭니다. 지금 단계에서는 파일을 제대로 불러오는지만 확인하면 되므로 console.log()를 사용하여 콘솔에 메시지를 표시해봅니다.

`JS` ColorPicker/js/script.js

```
console.log('준비완료!');
```

그리고 index.html에서 script.js를 불러옵니다. 2.1절에서도 소개한 바와 같이 `<script>` 태그는 어디에 써도 상관없지만 여기서는 `<head>` 안에 작성했습니다. 그리고 src 속성으로 파일을 지정할 뿐만 아니라 **defer**라는 속성도 함께 사용합니다.

`HTML` ColorPicker/index.html

```
<!DOCTYPE html>
<html lang="ko">
<head>
    <meta charset="UTF-8">
    <meta name="viewport" content="width=device-width, initial-scale=1.0">
    <title>컬러 피커</title>
    <link rel="stylesheet" href="css/style.css">
    <script src="js/script.js" defer></script>
</head>
<body>
    <div>
        <p id="colorText">컬러 코드 검색</p>
        <input id="colorPicker" type="color">
    </div>
</body>
</html>
```

defer 속성

〈head〉 안에 작성
defer 속성도 함께 작성

왜 defer 속성을 붙였을까?

defer 속성을 붙인 이유는 간단히 말해 웹 페이지를 읽는 속도를 빠르게 하기 위해서입니다. 웹 페이지를 표시할 때 브라우저는 HTML의 코드를 위에서 아래로 순서대로 해석하여 실행합니다. 그러나 <script> 태그에 defer 속성이 있는 경우 하나의 처리가 종료되는 것을 기다리지 않고 다음 것을 처리합니다. 즉, **비동기**로 처리합니다. 이해하기 어려울 수 있으므로 그림과 함께 차이점을 살펴보겠습니다.

⟨head⟩ 태그 안에 자바스크립트 파일을 불러오는 경우

<head> 태그 안에 자바스크립트를 불러오는 <script> 태그가 있을 경우 이 코드에 도달한 시점에서 HTML 해석이 멈추고 자바스크립트 로딩 및 실행이 이루어집니다. 그리고 자바스크립트가 실행된 후 나머지 HTML 해석이 진행됩니다. 자바스크립트 프로그램이 HTML 요소에 연결되어 있으면 프로그램이 아예 실행되지 않아 오류가 발생할 수도 있습니다.

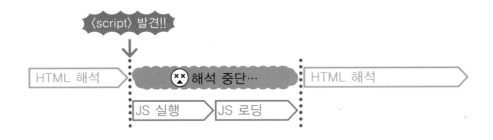

⟨/body⟩ 직전에 자바스크립트 파일을 불러오는 경우

그래서 예전에는 자바스크립트를 닫는 <body> 태그 직전에 불러오도록 권장했습니다. 그러면 HTML 해석이 끝난 단계에서 자바스크립트를 읽고 실행할 수 있어 HTML 요소와 연결된 프로그램도 문제없이 처리할 수 있었습니다. 그러나 웹 페이지 전체를 읽는 시간이 단축되지는 않았습니다.

\<head\> 태그 안에 defer를 붙여 자바스크립트 파일을 불러오는 경우

그래서 \<script\> 태그에 defer 속성을 지정했습니다. 그러면 HTML 해석이 중단되지 않고 자바스크립트 파일을 동시에 불러옵니다. 그리고 HTML 해석이 끝난 후 불러온 자바스크립트를 실행하므로 웹 페이지 읽기 속도도 개선됩니다.

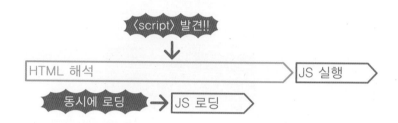

따라서 기본적으로 \<head\> 태그 안에 자바스크립트 파일을 불러오도록 지정하고 defer 속성을 붙여 불러오도록 하는 것이 좋습니다.

🎖 TIP

비동기 처리는 편의점 계산대에서 도시락을 데우는 장면을 상상하면 쉽게 이해할 수 있습니다. 점원은 도시락을 따뜻하게 데우는 동안 계산을 진행하고 다 데워지면 봉지에 넣어줍니다.* 이것이 바로 비동기 처리입니다. 만약 비동기로 처리하지 않는다면 도시락이 데워지는 동안 전자레인지 앞에서 계속 기다리다가 끝나면 봉지에 넣고 계산하므로 시간이 낭비됩니다.

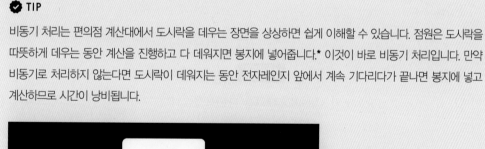

이제 파일을 저장하고 콘솔을 살펴봅시다.

'준비 완료!'라고 뜬다면 자바스크립트 파일이 제대로 로딩되고 있다는 뜻입니다.

---

* **편집자주** 일본 편의점의 경우입니다.

■ 폴더 구성

지금 단계에서는 폴더가 다음과 같이 구성됩니다. 다음에는 script.js 코드를 작성해보겠습니다.

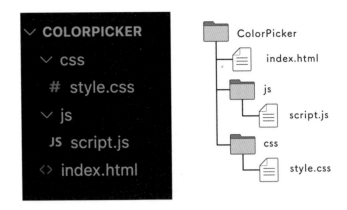

3.3 컬러 피커의 컬러값 가져오기

우선 자바스크립트에서 컬러 피커용 HTML을 다룰 수 있도록 설정해주세요. 미리 부여해둔 ID 속성을 사용해봅시다.

■ HTML 요소를 가져오는 방법 ▶ 예제 chapter3/03-demo

이번에는 ID가 'colorPicker'인 <input> 태그를 다뤄보겠습니다. 이 ID로 자바스크립트와 연결합니다.

 ColorPicker/index.html

```
<input id="colorPicker" type="color">                    ID가 colorPicker
```

HTML에서 임의의 ID가 붙은 요소를 가져오려면 'querySelector()'라는 메서드를 사용합니다. 2.4 절에서 설명한 것처럼 자바스크립트의 기본 문법은 '객체.메서드('파라미터')' 형태입니다. ID에서 HTML 요소를 가져올 때도 앞선 규칙과 같이 3개로 나뉩니다.

 적용 예

```
document.querySelector('셀렉터')
```

document.querySelector('셀렉터')

객체   메서드   파라미터

이렇게 쓰면 'HTML 전체를 나타내는 document 객체 중에서 지정한 셀렉터(=파라미터)를 갖는 요소 가져오기(=메서드)'라는 의미가 됩니다. 여기 나온 셀렉터는 CSS와 같은 방법으로 작성합니다. 예를 들어 이번처럼 ID명을 지정할 때는 '#ID명', 클래스명을 지정할 때는 '.클래스명'이 됩니다. 앞에서 작성한 console.log 코드를 바탕으로 하여 실제로 작성해봅시다.

 변경 전 JS js/script.js

```
console.log('준비 완료!');
```

'준비 완료!'라는 console.log()의 파라미터를 document.querySelector('#colorPicker')로 고쳐 씁니다. 객체나 메서드는 문자열이 아니므로 console.log()의 괄호 안을 작은따옴표로 둘러싸지 않아도 됩니다.

 변경 후 JS js/script.js

```
console.log(document.querySelector('#colorPicker'));
```
바꿔 쓰기

콘솔에 `<input id="colorPicker" type="color">`라고 표시되면 제대로 요소를 가져온 것입니다.

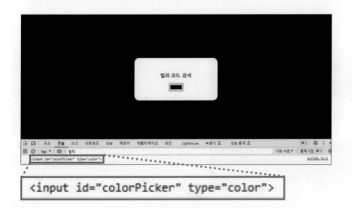

`<input id="colorPicker" type="color">`

> **✓ TIP**
>
> 자바스크립트는 대문자, 소문자, 공백 등 한 글자라도 다르면 동작하지 않습니다. 'querySelector'의 'S'는 대문자이므로 주의하기 바랍니다.

■ 만약 null 이라고 뜬다면?

콘솔을 확인했을 때 null이라고 표시되는 경우도 있습니다. 원인을 알아봅시다.

적용 예

```
console.log(document.querySelector('#colorpicker'));
```

이와 같이 작성하면 콘솔에 'null'이 뜹니다. 'null'은 '아무 것도 없다'라는 뜻인데 여기서는 '그런 ID가 없어요'라는 의미입니다. 무엇이 잘못되었는지 찾았나요? 올바른 ID명은 'colorpicker'가 아니라 'colorPicker'입니다. 이처럼 제대로 썼다고 생각했는데도 오류가 났을 때는 철자나 대문자, 소문자에 틀린 부분이 없는지 확인해보기 바랍니다.

콘솔에 null이 표시됨

■ 값 가져오기

실제로 가져오고 싶은 것은 컬러 피커의 태그가 아니라 그 값인 컬러 코드입니다. 값은 가져온 요소 끝에 .value만 붙이면 됩니다.

js/script.js

```
console.log(document.querySelector('#colorPicker').value);
```
추가

저장한 뒤 콘솔에서 보면 컬러 코드가 표시됩니다.

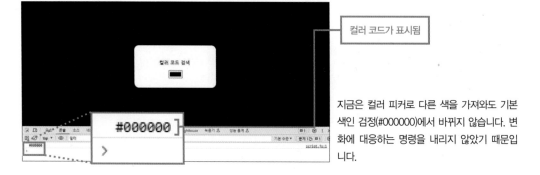

컬러 코드가 표시됨

지금은 컬러 피커로 다른 색을 가져와도 기본색인 검정(#000000)에서 바뀌지 않습니다. 변화에 대응하는 명령을 내리지 않았기 때문입니다.

그리고 HTML 파일 내의 input 요소에 value 속성이 지정되어 있으면 그 값을 콘솔에 표시합니다. 시험 삼아서 <input> 태그에 value="#00bdd"를 추가하여 색의 초깃값을 #00bdd로 지정해보겠습니다.

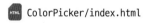 ColorPicker/index.html

```
<input id="colorPicker" type="color" value="#00bbdd">                      추가
```

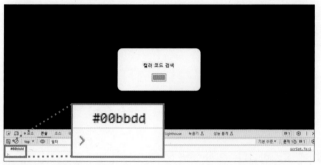

콘솔에 '#00bbdd'가 표시됩니다.

이번에는 기본값인 검은색을 사용할 예정이므로 테스트하기 위해 입력한 value="#00bbdd"를 삭제하여 원래대로 되돌리기 바랍니다.

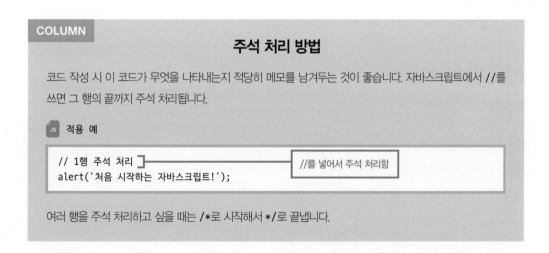

COLUMN

주석 처리 방법

코드 작성 시 이 코드가 무엇을 나타내는지 적당히 메모를 남겨두는 것이 좋습니다. 자바스크립트에서 //를 쓰면 그 행의 끝까지 주석 처리됩니다.

JS 적용 예

```
// 1행 주석 처리                                        //를 넣어서 주석 처리함
alert('처음 시작하는 자바스크립트!');
```

여러 행을 주석 처리하고 싶을 때는 /*로 시작해서 */로 끝냅니다.

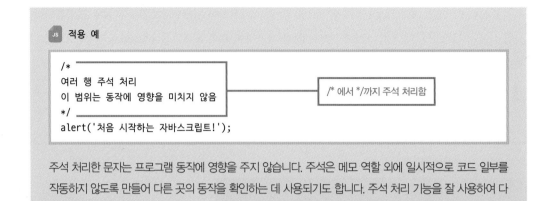

적용 예

```
/*
여 러 행 주 석 처 리
이 범위는 동작에 영향을 미치지 않음
*/
alert('처음 시작하는 자바스크립트!');
```

/* 에서 */까지 주석 처리함

주석 처리한 문자는 프로그램 동작에 영향을 주지 않습니다. 주석은 메모 역할 외에 일시적으로 코드 일부를 작동하지 않도록 만들어 다른 곳의 동작을 확인하는 데 사용되기도 합니다. 주석 처리 기능을 잘 사용하여 다른 사람이나 미래의 자신이 코드를 읽었을 때 프로그램 내용을 바로 파악할 수 있도록 해봅시다.

3.4 텍스트 바꿔보기

앞에서 가져온 컬러 코드를 웹 페이지에 표시합니다. 우선 자바스크립트에서 명령을 내리는 방법, HTML에서 텍스트를 변경하는 방법부터 알아둡시다.

■ 자바스크립트에서 문자를 표시하는 방법 ▶ 예제 chapter3/04-demo

HTML의 경우 문자를 입력하면 해당 위치에 그 문자가 표시됩니다. 현재 \<p> 태그를 사용하여 '컬러 코드 검색'이라고 표시한 부분이 바로 그 위치입니다. 하지만 자바스크립트는 어디에 어떤 텍스트를 표시하고 싶은지 명확하게 지시해야 합니다. 새로 텍스트를 추가한다기보다 지금 표시하고 있는 텍스트를 다시 쓴다고 생각하면 더 이해하기 쉬울 것입니다.

'어디에' '무엇을' '어떻게 바꾸고 싶은가'를 지정

자바스크립트에서 '어디에' '무엇을' '어떻게 바꾸고 싶은가'를 작성해봅시다. 이번에 구현하고 싶은 내용을 정리해보면 다음과 같이 세 부분으로 나눌 수 있습니다.

❶ '컬러 코드 검색'이라고 써 있는 부분의
❷ 텍스트를
❸ '컬러 코드 : '로 바꾸기

하나씩 하나씩 확인하면서 script.js 파일에 작성해봅시다.

❶ '어디에' 지정하기

우선 '어디에'라는 부분은 '컬러 코드 검색'이라고 표시된 곳이며 이는 HTML 파일에서 'colorText'라는 ID가 붙은 <p> 태그입니다.

ColorPicker/index.html

```
<p id="colorText">컬러 코드 검색</p>
```

앞에서 설명한 대로 document 객체와 querySelector() 메서드를 사용하여 ID명 colorText를 지정합니다.

ColorPicker/js/script.js

```
console.log(document.querySelector('#colorPicker').value);
document.querySelector('#colorText')
```
추가

이로써 '어디에' 지정이 완료되었습니다.

❷ '무엇을' 지정하기

이어서 '무엇을' 차례입니다. '텍스트를 바꾸고 싶음'은 textContent를 마침표(.)로 이어주기만 하면 됩니다. 'C'만 대문자라는 점에 주의하세요.

ColorPicker/js/script.js

```
document.querySelector('#colorText').textContent
```
textContent를 '.'로 연결

❸ '어떻게 바꾸고 싶은가' 지정하기

마지막으로 '어떻게 바꾸고 싶은가'를 추가해봅시다. textContent 뒤에 등호(=)를 붙이고 변경하고 싶은 텍스트를 작은따옴표(')로 감싼 후, 행 마지막에 세미콜론(;)만 붙이면 됩니다.

ColorPicker/js/script.js

```
document.querySelector('#colorText').textContent = '컬러 코드 : ';                        지정
```

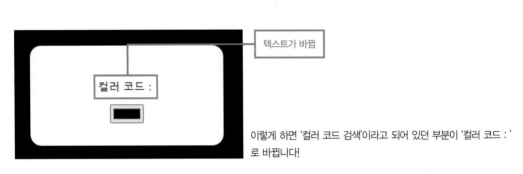

텍스트가 바뀜

이렇게 하면 '컬러 코드 검색'이라고 되어 있던 부분이 '컬러 코드 : ' 로 바뀝니다!

여기서 주목해야 할 점은 '자바스크립트에서 =를 어떻게 다루는가'입니다. 수학에서는 =를 '같은 값' 이라고 배웠지만 자바스크립트에서는 대입한다는 의미가 됩니다. 즉, =의 오른쪽에 있는 것을 =의 왼쪽에 있는 것에 넣어 '바꾼다'라는 뜻입니다.

대입하다

document.querySelector('#colorText').textContent = '컬러 코드 : ';

HTML 페이지   ID 'colorText'의 요소   요소 안의 텍스트   문자열 '컬러 코드: '

지금까지 HTML 페이지에서 colorText라는 ID 요소를 찾아 해당 텍스트에 '컬러 코드 : '라는 문자 열을 넣는 작업을 해보았습니다.

■ HTML 태그 무시하기

textContent로 바꿀 수 있는 것은 순전히 문자열뿐이라는 것을 기억하기 바랍니다. HTML 태그를 포함하면 태그도 문자열로 표시됩니다.

[JS] 예

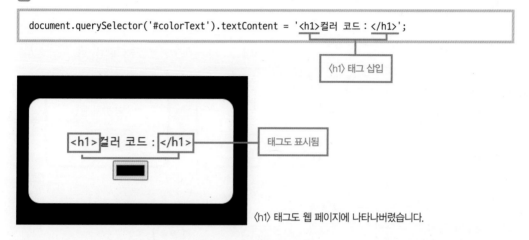

```
document.querySelector('#colorText').textContent = '<h1>컬러 코드 : </h1>';
```

⟨h1⟩ 태그 삽입

태그도 표시됨

⟨h1⟩ 태그도 웹 페이지에 나타나버렸습니다.

태그는 표시하고 싶지 않으므로 원래대로 되돌려놓읍시다.

> **✅ TIP**
>
> HTML 태그도 포함시키고 싶으면 textContent 대신 innerHTML을 사용합니다. 예시의 경우 document. querySelector('#colorText').innerHTML = '<h1>컬러 코드 :</h1>';이라고 작성하면 '컬러 코드 :'에 <h1> 태그가 적용된 상태로 표시됩니다.

3.5 DOM 이해하기

자바스크립트를 사용하여 표시된 웹 페이지는 나중에 변경할 수 있습니다. 여기서는 먼저 그림 등을 활용해 이와 관련된 구조를 간단히 살펴본 후 DOM에 대해 알아보겠습니다.

■ DOM이란?

브라우저가 HTML을 읽으면 내부에 데이터 구조가 만들어지고 그 내용에 따라 페이지가 그려집니다. 이 데이터 구조를 **DOM**(돔)이라고 합니다. DOM은 Document Object Model(문서 객체 모델)의 약자로 HTML을 조직도와 같은 트리 형태로 분해하고 HTML, 자바스크립트 같은 프로그래밍 언어와 연결합니다.

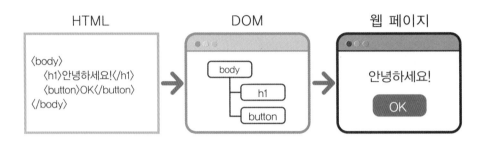

예를 들어 요리는 다양한 재료로 만들어지는 경우가 많지요. 푸딩의 경우 캐러멜과 커스터드가 조합되어 있고 캐러멜과 커스터드 또한 여러 재료로 만들어져 있습니다. DOM은 요리 레시피와 완성된 푸딩 사이의 조합을 정리한 구조도와 비슷하다고 생각하면 됩니다.

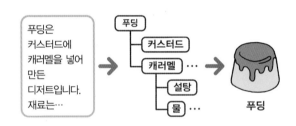

DOM은 수정 가능

DOM은 자바스크립트로 웹 페이지에 표시되는 요소들을 설정하기 위해 존재합니다. 앞에서는 자바스크립트를 사용하여 기존 텍스트를 다른 텍스트로 다시 썼습니다. 이는 HTML 파일 자체를 다시 쓴 것이 아니라 그 사이에 있는 DOM을 조작한 것입니다. 텍스트를 변경하는 것뿐만 아니라 요소, 스타일을 추가하거나 삭제할 수도 있습니다.

■ DOM 트리 구조

DOM에서는 HTML 문서를 계층 구조로 표현합니다. 이 계층 구조를 **DOM 트리**라고 하는데 이것은
문서를 한 그루의 나무라고 가정하며 가지치기하는 형태로 되어 있습니다. DOM 트리의 각 가지는
노드로 구성되어 있으며 노드란 한국어로 '절', '매듭'을 의미합니다. 이는 HTML에서 태그나 엘리먼
트 등으로 불리는 각 요소 자체를 말합니다. 이 노드에 자바스크립트가 접근하여 조작하는 것입니다.
문장만으로는 이해하기 어려울 수 있으므로 다음 코드와 그림을 보면서 정리해보겠습니다. 예를 들
면 3장에서 작성하는 컬러 피커의 HTML 파일은 다음과 같은 내용으로 되어 있습니다.

HTML index.html

```html
<!DOCTYPE html>
<html lang="ko">
    <head>
        <meta charset="UTF-8">
        <meta name="viewport" content="width=device-width, initial-scale=1.0">
        <title>컬러 피커</title>
        <link rel="stylesheet" href="css/style.css">
        <script src="js/script.js" defer></script>
    </head>
    <body>
        <div>
            <p id="colorText">컬러 코드 검색</p>
            <input id="colorPicker" type="color">
        </div>
    </body>
</html>
```

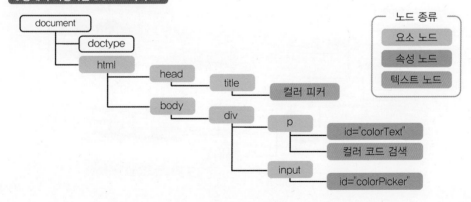

3장에서 작성하는 DOM 트리 구조

앞의 그림에서 알 수 있듯이 최상위 노드는 document 노드입니다. 그리고 그 아래는 HTML 파일에 작성된 것과 같은 계층으로 연결되어 있습니다. 노드는 여러 종류가 있으며 '요소 노드', '속성 노드', '텍스트 노드' 등으로 나뉩니다.

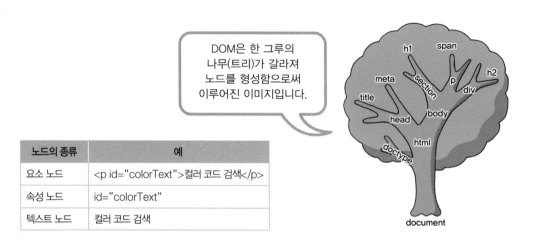

DOM은 한 그루의 나무(트리)가 갈라져 노드를 형성함으로써 이루어진 이미지입니다.

노드의 종류	예
요소 노드	\<p id="colorText"\>컬러 코드 검색\</p\>
속성 노드	id="colorText"
텍스트 노드	컬러 코드 검색

노드의 부모, 자식 관계

노드 간의 관계를 정의할 때 '부모, 자식'이나 '형제' 등과 같은 용어를 사용하는 경우가 있습니다. 예를 들면 다음 그림처럼 \<body\>를 기준으로 봤을 때 \<html\>은 바로 위 계층에 있으므로 '부모 노드', \<div\>는 바로 아래에 있으므로 '자식 노드', 같은 계층에 있는 \<head\>는 '형제 노드'라고 부릅니다. DOM을 다룰 때 이러한 계층 관계를 사용하는 경우도 있으므로 기억해두기 바랍니다.

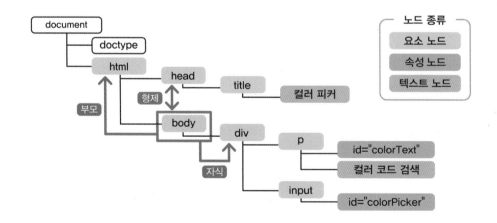

3.6 템플릿 문자열로 표시하기

3.3절에서 컬러 코드를 가져왔지만 이를 콘솔에 표시하는 것만으로는 큰 도움이 되지 않습니다. 이번에는 컬러 코드를 페이지 내에 텍스트로 표시해보겠습니다.

■ 컬러 코드 표시하기 ▶ 예제 chapter3/06-demo

지금까지는 console.log()로 콘솔 내에 컬러 피커 값을 표시하도록 했지만 이제부터는 텍스트 부분인 ID colorText에 값을 표시하도록 하겠습니다. 먼저 .textContent에서 변경한 글자 부분의 작은따옴표를 지우고 콘솔에 표시할 때 사용했던 document.querySelector('#colorPicker').value로 변경해보겠습니다.

변경 전 JS js/script.js

```
console.log(document.querySelector('#colorPicker').value);
document.querySelector('#colorText').textContent = '컬러 코드 : ';
```

변경 후 JS js/script.js

```
console.log(document.querySelector('#colorPicker').value);
document.querySelector('#colorText').textContent = document.querySelector('#colorPicker').value;
```

변경

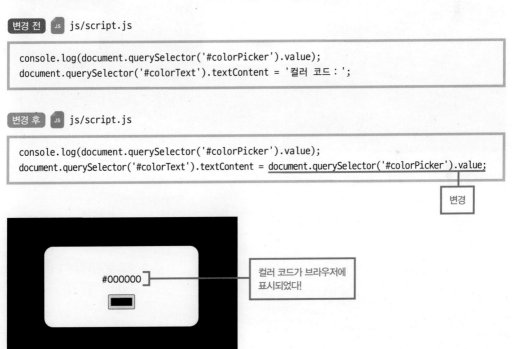

#000000

컬러 코드가 브라우저에
표시되었다!

브라우저에 텍스트로 표시되었으므로 지금까지 콘솔용으로 사용했던 console.log(document.querySelector('#colorPicker').value); 부분은 삭제해도 좋습니다.

■ 일반 텍스트와 가져온 값 조합하기

컬러 코드를 성공적으로 표시했지만 사실 원래 표시하고 싶었던 것은 '컬러 코드 : #000000'처럼 문자열과 가져온 컬러 코드를 조합하는 것이었습니다. 그렇다면 어떻게 작성해야 할까요? 일단 그냥 붙여서 써보겠습니다.

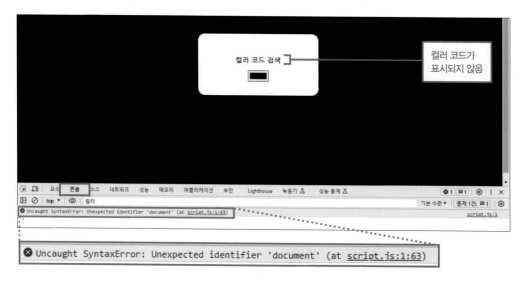

js js/script.js

```
document.querySelector('#colorText').textContent = '컬러 코드 : ' document.
querySelector('#colorPicker').value;
```

일단 붙여보기

컬러 코드 검색

컬러 코드가 표시되지 않음

❌ Uncaught SyntaxError: Unexpected identifier 'document' (at script.js:1:63)

이렇게 하니 컬러 코드라는 문자열도 컬러 코드도 표시되지 않습니다. 그리고 콘솔에는 'Uncaught SyntaxError'라는 오류가 떠 있습니다.

+ 사용

일반 텍스트와 가져온 값, 식 등 프로그래밍 코드를 조합하는 방법에는 두 가지 종류가 있습니다. 첫 번째는 각각을 + 기호로 연결하는 방법입니다. 앞의 예시는 '컬러 코드 : '와 document.querySelector('#colorPicker').value 사이에 +를 넣어 수정할 수 있습니다.

JS ColorPicker/js/script.js

```
document.querySelector('#colorText').textContent = '컬러 코드 : ' + document.querySelector
('#colorPicker').value;
```

추가

하지만 연결시키고 싶은 문자열이나 값이 늘어
났을 때 이 방법을 사용하면 가독성이 떨어집니
다. 게다가 정말로 덧셈이 하고 싶어서 +를 사
용했을 때 헷갈리기 쉽다는 단점도 있습니다.

컬러 코드 : #000000

생각했던 대로 '컬러 코드 :
#000000'이라고 표시되었다!

템플릿 문자열 사용

그래서 일반적으로 사용하는 방법이 바로 템플릿 리터럴이라고도 부르는 **템플릿 문자열**입니다. 즉, 최
종적으로 표시하고 싶은 내용 전체를 `(역음부호, 백틱 또는 백쿼테이션)으로 둘러싸는 것입니다.

JS ColorPicker/js/script.js

```
document.querySelector('#colorText').textContent = `컬러 코드 : document.querySelector
('#colorPicker').value`;
```

백틱으로 둘러싸기

이 단계에서 확인하면 모든 것이 문자열로 취급
되어 자바스크립트 코드가 그대로 표시됩니다.
그래서 식이나 값, 다음 절부터 등장하는 변수
나 상수 등 문자열 이외의 코드를 ${와 }로 둘러
쌉니다.

컬러 코드 :
document.querySelector
('#colorPicker').value

자바스크립트 코드가
그대로 표시됨

JS ColorPicker/js/script.js

```
document.querySelector('#colorText').textContent = `컬러 코드 : ${document.querySelector
('#colorPicker').value}`;
```

추가

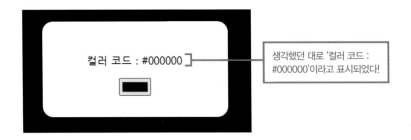

생각했던 대로 '컬러 코드 : #000000'이라고 표시되었다!

템플릿 문자열을 사용하면 +로 연결했을 때보다 코드가 짧아집니다. +를 사용했을 때는 문자열과 코드를 이어 붙였는데 템플릿 문자열은 문자열 안에 코드를 삽입하는 방식으로 사용합니다. 어떤 방식이든 동일하게 표시되지만 +를 사용하면 아무래도 따옴표나 +가 자꾸 나와서 입력하기 어렵고 코드 가독성도 떨어집니다. 이 책에서는 템플릿 문자열을 사용하여 표시하겠습니다.

자바스크립트를 쉽게 테스트할 수 있는 온라인 도구 ②

프로그래밍을 배울 때는 일단 직접 코드를 작성해보고 어떻게 움직이는지 확인하는 것이 실력을 향상시키는 지름길입니다. 2.1절에서 소개한 코드펜과 마찬가지로 HTML 란에는 기본적으로 <body> 태그 안의 부분만 작성합니다.

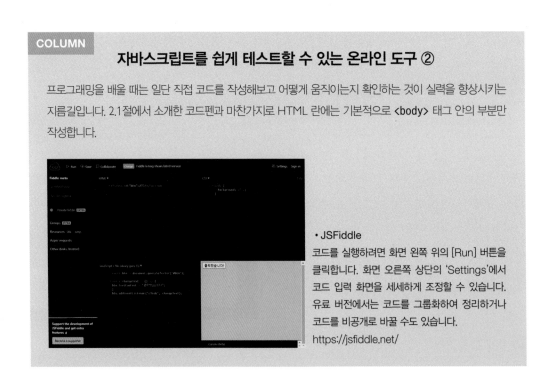

· JSFiddle

코드를 실행하려면 화면 왼쪽 위의 [Run] 버튼을 클릭합니다. 화면 오른쪽 상단의 'Settings'에서 코드 입력 화면을 세세하게 조정할 수 있습니다. 유료 버전에서는 코드를 그룹화하여 정리하거나 코드를 비공개로 바꿀 수도 있습니다.
https://jsfiddle.net/

3.7 상수로 깔끔하게 코드 정리하기

아직 컬러 피커로서의 기능은 완성되지 않았지만 조금씩 코드가 길어지고 있습니다. 여러 번 반복해서 사용하는 코드는 처음 작성할 때부터 정리해두는 것이 좋습니다.

■ 상수란 ▶ 예제 chapter3/07-demo

프로그램을 작성하다 보면 때로는 아주 긴 문자열이나 계산식, 반복적으로 사용하는 값 등이 나옵니다. 필요하기는 하지만 몇 번이나 같은 것을 입력하려면 귀찮습니다. 이럴 때 **상수**가 도움이 됩니다. 상수는 다양한 문자열이나 수치, 식을 넣어둘 수 있는 상자 같은 것입니다. 그리고 그 상자에 무엇이 들어 있는지 알기 쉽도록 이름 라벨을 붙여(즉, **상수명**을 붙여) 관리하거나 사용합니다. 상수를 사용하면 불필요한 입력 실수를 막을 수 있고 무슨 코드를 작성하고 있는지 알기 쉽게 정리할 수 있습니다.

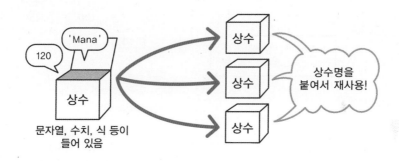

■ 상수를 사용하는 기본 방법

먼저 '상수를 사용합니다'라고 선언합니다. 선언할 때는 const라는 키워드 뒤에 빈칸을 입력한 뒤 상수명을 입력합니다. 상수명을 붙이는 규칙은 나중에 소개하겠지만 기본적으로는 자신이 원하는 대로 붙일 수 있습니다. 상수명 뒤에 =(등호)를 사용하여 상수에 넣는 값을 지정합니다.

js 작성 예

```
const 상수명 = 안에 넣을 값;
```

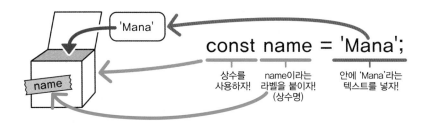

이때 사용되는 =는 '같다'는 뜻이 아니라 '왼쪽의 상수에 할당하다, 대입하다'라는 뜻입니다. 이미 선언한 상수를 사용할 때는 const가 필요 없습니다. 상수명만 입력하면 안에 넣은 값을 꺼내어 사용할 수 있습니다. 간단한 예시를 들어보겠습니다. 예를 들어 'name'이라는 상수에 문자열을 넣고 콘솔로 표시할 경우의 코드는 다음과 같습니다.

JS 적용 예

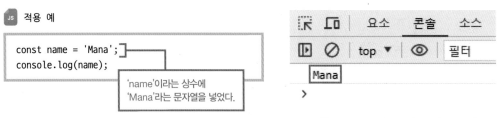

```javascript
const name = 'Mana';
console.log(name);
```
'name'이라는 상수에 'Mana'라는 문자열을 넣었다.

콘솔로 확인해보면 상수 'name'에 넣은 'Mana'가 표시되어 있습니다.

그러면 컬러 피커 코드도 상수로 정리해보겠습니다. 여기서 살펴볼 것은 앞서 가져온 ID인 'colorText'와 'colorPicker' 두 상수입니다. 이를 각각 짧은 이름 상자에 넣어두면 향후 코드를 추가할 때 보기 쉽고 실수도 줄일 수 있을 것입니다.

먼저 상수를 선언합니다. text라는 상수에는 document.querySelector('#colorText')를 대입하고 color라는 상수에는 document.querySelector('#colorPicker')를 대입합니다.

JS ColorPicker/js/script.js

```javascript
const text = document.querySelector('#colorText');
const color = document.querySelector('#colorPicker');
```
상수 'text', 'color'를 선언함

그리고 사용하고 싶은 곳에 주황색과 초록색 밑줄 부분처럼 작성합니다.

```
document.querySelector('#colorText').textContent =
                        text
`컬러 코드:${document.querySelector('#colorPicker').value}`;
                                color
```

그러면 다음과 같이 작성할 수 있습니다.

 ColorPicker/js/script.js

```
const text = document.querySelector('#colorText');
const color = document.querySelector('#colorPicker');

text.textContent = `컬러 코드 : ${color.value}`;                    상수로 대체
```

컬러 코드 : #000000

웹에 표시될 때는 변화가 없지만 코드가 간결해져서 읽기 편해졌습니다.

■ 상수명을 붙일 때의 규칙

앞에서는 간단한 영단어 text, color를 상수명으로 이용했습니다. 상수명은 가독성 높은 코드를 작성하기 위해 규칙을 지키면서 어떤 데이터가 들어 있는 상수인지 알기 쉬운 이름으로 하는 것이 좋습니다.

영어, 숫자, $, _ 만 사용

먼저 상수로 사용하는 문자는 영어, 숫자, $(달러), _(언더바)입니다. 하지만 숫자로 시작하는 단어는 사용할 수 없으므로 주의하기 바랍니다. 그리고 CSS 등에서는 '-(하이픈)'을 사용하여 영단어를 연결하는데 자바스크립트에서는 사용할 수 없습니다.

좋은 예	나쁜 예
myColor	my-color
color1	1color

공백 사용하지 않음

상수명에는 공백을 넣을 수 없습니다. 여러 단어를 붙여 쓰고 싶을 때는 대문자 또는 언더바를 사용하기 바랍니다.

좋은 예	나쁜 예
myColor	my color

예약어 사용하지 않음

자바스크립트에서 이미 특별한 의미를 가진 키워드로 설정된 언어를 예약어라고 부르는데 이는 상수명으로 사용할 수 없습니다. 다음을 참고하세요.

- break
- case
- catch
- class
- const
- continue
- debugger
- default
- delete
- do
- else
- export
- extends
- finally
- for
- function
- if
- import
- in
- instanceof
- new
- return
- super
- switch
- this
- throw
- try
- typeof
- var
- void
- while
- with
- yield

3.8 컬러 코드를 표시하는 '계기' 만들기

지금까지 만들었던 프로그램은 웹 페이지를 표시했을 때 바로 실행되었습니다. 하지만 이 장에서는 '컬러 피커로 색을 선택했을 때' 동작하는 프로그램을 만들고자 합니다. 이 동작을 일으키기 위한 '계기'를 만들어봅시다.

■ 계기란? ▶ 예제 chapter3/08-demo

버튼을 클릭했을 때, 텍스트 박스에 입력했을 때, 페이지를 스크롤 했을 때 등 자바스크립트는 사용자의 조작에 따라 어떤 동작이 발생하는 '계기'를 감지할 수 있습니다. 이 '계기'를 **이벤트**라고 합니다. 이벤트에 대해서는 4.1절에서 자세히 설명하겠습니다. 이번 절에서는 쉽게 생각해서 '계기'에 대해 살펴본다고 기억해둡시다.

■ 기본적인 이벤트 작성 방법

이벤트 설정에는 addEventListener()라는 메서드를 사용합니다. 처음에 계기가 되는 요소를 쓰고 .(마침표)로 연결해서 addEventListener()를 작성합니다. 괄호 안에는 이벤트와 그 이벤트가 발생했을 때 실행되는 동작 내용을 , (쉼표)로 구분해서 씁니다.

■ '무엇이' '어떻게 하면' '어떻게 되는가' 지정

즉 '무엇이' '어떻게 하면' '어떻게 되는가'를 addEventListener() 메서드로 표현하면 다음과 같습니다.

_{JS} 작성 예

```
무엇이.addEventLister(어떻게 하면, 어떻게 되는가);
```

이번에 구현하고 싶은 것을 정리하면 다음과 같은 3단계가 됩니다.

> ❶ (컬러 피커에서) 색이
> ❷ 선택되면
> ❸ 컬러 코드 표시

작성 예에 이를 적용해보면 다음과 같습니다.

`JS` ColorPicker/js/script.js

```
색이.addEventListener(선택되면, 컬러 코드 표시);
```

script.js 제일 밑에 코드를 하나씩 추가해봅시다.

❶ '무엇이' 지정

여기서 컬러 피커는 '계기'가 되는 요소입니다. 앞에서 'color'라는 상수명을 붙인 부분입니다.

`JS` ColorPicker/js/script.js

```
const color = document.querySelector('#colorPicker');
```

그 상수명을 그대로 지정해봅시다.

`JS` ColorPicker/js/script.js

```
color.addEventListener(선택되면, 컬러 코드 표시);                    상수 color 지정
```

❷ '어떻게 하면' 지정

조금 헷갈릴 수 있지만 이번에 사용하는 컬러 피커는 <input> 태그를 사용한 색상 입력란입니다. 클릭하면 색상을 선택할 수 있으며 선택한 값은 입력값이 됩니다. 그래서 이벤트의 '어떻게 하면' 부분에 이벤트명으로 input이라고 입력합니다. 이 이벤트명은 문자열로 취급하므로 작은따옴표로 둘러싸야 합니다.

ColorPicker/js/script.js

```
color.addEventListener('input', 컬러 코드 표시);
```

'input' 입력

이번에는 마침 태그명인 input을 이벤트명으로 사용했습니다만 태그명을 입력하는 것은 아니므로 주의하기 바랍니다. 이벤트의 종류는 4.1절에서 자세히 소개합니다.

❸ '어떻게 되는가' 지정

마지막으로 입력한 이벤트가 일어났을 때 어떻게 처리할 것인가를 , (콤마)에 이어서 작성합니다. '어떻게 되는가'의 처리 내용은 나중에 정리하기로 하고 일단 colorBg라는 이름을 적어둡시다. 이는 'colorBg라는 처리를 실행해 달라'는 뜻입니다. 여기서는 작은따옴표로 둘러쌀 필요가 없습니다.

ColorPicker/js/script.js

```
color.addEventListener('input', colorBg);
```

colorBg 입력

아직까지는 동작을 지정하지 않고 동작 이름만 준비했으므로 변화가 없습니다. 그런데 콘솔을 보니 Uncaught Reference Error: colorBg is not defined라는 오류가 나타납니다. 이것은 'colorBg를 실행시키라고 했으나 아직 colorBg가 준비되어 있지 않다'라는 의미의 오류입니다.

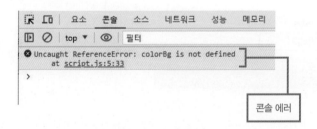

콘솔 에러

다음 절에서는 colorBg 동작 내용을 작성해보겠습니다.

3.9 함수로 선택한 색 가져오기

여기서는 앞에서 만든 이벤트를 실제로 동작시키는 방법에 대해 알아보겠습니다. 먼저 함수의 기본과 구현 방법을 배워봅시다.

■ 함수란 ▶ 예제 chapter3/09-demo

프로그램을 작성하다 보면 '같은 처리를 원하는 장소에서 실행하고 싶다', '무언가를 계기로 하여 실행하고 싶다'라고 생각하는 경우가 많습니다. 이러한 처리를 하나로 묶은 것을 **함수**라고 부릅니다. 함수는 일련의 동작에 이름을 붙이고 실행시키고 싶을 때 호출해서 사용합니다.

함수의 예

'처리를 하나로 묶는다'는 것이 어떤 의미인지 바로 떠오르지 않을 수도 있습니다. 그래서 세탁기를 예로 들어보겠습니다. 요즘 세탁기는 '표준세탁' 버튼 하나만 누르면 '세탁 → 헹굼 → 탈수'가 모두 동작합니다. 여기서 '표준세탁' 버튼이 바로 함수입니다. 만약 작업들이 하나로 묶여 있지 않다면 '헹굼' 버튼을 누르고 헹궈진 다음에 '탈수' 버튼을 누른 후…, 이처럼 일일이 따로 작업해야 합니다.

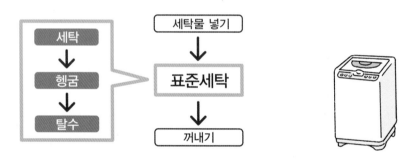

버튼 하나로 끝낼 수 있는 '표준세탁'이 함수라고 할 수 있다.

처리하고 싶은 것을 함수로 정리해두었다가 호출만 하면(앞의 예에서는 버튼을 누르는 것만으로) 바로 실행할 수 있습니다. 또한 단일 처리이거나 반복하지 않는 처리라도 함수를 사용하면 코드 전체가 단순해지고 읽기 쉬워집니다. 나중에 코드를 다시 보거나 다른 사람이 보더라도 무엇이 실행되는지 쉽게 이해할 수 있습니다.

■ 기본적인 함수 작성 방법

먼저 하나로 모을 수 있는 동작에 이름을 붙입니다. 이 이름을 **함수명**이라고 합니다. 함수명을 지정하는 방법은 3.7절과 마찬가지로 const로 상수를 정의하는 방법과 동일합니다. 함수명 뒤에 =(등호)를 붙이고 이어서 ( )(소괄호)를 씁니다. 이 소괄호는 꼭 필요하니 잊지 마세요. 그리고 그 뒤에 등호와 기호를 조합한 =>를 씁니다. 이 부분이 화살표처럼 보여 **화살표 함수**arrow function라고도 불립니다. 이어서 {}(중괄호) 안에는 함수명이 호출되었을 때 무엇을 할지 작성합니다. 이 일련의 흐름을 **함수를 정의한다**고 말합니다.

JS 작성 예

```
const 함수명 = () => {
// 여기에 실행할 내용을 작성한다.
}
```
함수를 정의한다.

function을 사용하여 작성하는 방법

다른 방법으로 함수를 정의할 수도 있습니다. **function**이라는 키워드를 사용하기 때문에 앞서 언급한 화살표 함수와 구별하기 위해 **function 구문** 등으로 불립니다. 작성 방법은 function 뒤에 함수명과 소괄호를 쓰고 중괄호 안에 필요한 처리 내용을 지정하는 것입니다.

JS 작성 예

```
function 함수명() {
// 여기에 실행할 내용을 작성한다.
}
```

자바스크립트 역사로 보면 function을 사용하는 함수가 더 오래되었으며 화살표 함수는 새로운 방식입니다. 엄밀히 살펴보면 두 함수에는 세세한 기능 차이가 있지만 화살표 함수는 함수를 정의 및 이용하는 데 최소한의 기능을 갖고 있으므로 특별한 이유가 없는 한 화살표 함수를 사용하는 것이 좋습니다. 이 책에서는 화살표 함수로 설명하겠습니다.

■ 컬러 피커용 함수 만들기

기본적인 함수 작성 방법에 대해 배웠으므로 이번에는 컬러 피커용 함수를 만들어보겠습니다. 지금까지 colorBg라는 이름을 사용했는데 이제는 함수명으로 사용해봅시다. 현재는 함수명만 준비된 상태이므로 이제부터 이 함수를 사용하면 무슨 일이 일어나는지 작성해보겠습니다. 실행시키고 싶은 기능은 이미 준비해두었습니다. 여기서는 '컬러 코드:'라는 텍스트에 이어서 선택한 색상의 컬러 코드를 표시하고 싶으므로 text.textContent = `컬러 코드: ${color.value}`; 부분을 함수로 정의하면 됩니다. const colorBg = () => {와 }로 감싸주면 완성됩니다.

변경 전 JS js/script.js

```
const text = document.querySelector('#colorText');
const color = document.querySelector('#colorPicker');

text.textContent = `컬러 코드 : ${color.value}`;

// 컬러 피커가 변경되면 colorBg를 실행시킨다.
color.addEventListener('input', colorBg);
```

변경 후 JS js/script.js

```
const text = document.querySelector('#colorText');
const color = document.querySelector('#colorPicker');

const colorBg = () => {
    text.textContent = `컬러 코드 : ${color.value}`;
}

// 컬러 피커가 변경되면 colorBg를 실행시킨다.
color.addEventListener('input', colorBg);
```

함수로 정의

```
const text = document.querySelector('#colorText');
const color = document.querySelector('#colorPicker');

const colorBg = () => {

    text.textContent = `컬러 코드 : ${color.value}`;

}

color.addEventListener('input', colorBg);
```

함수명

이 함수를 실행

컬러 피커를   입력하면   실행

이로써 컬러 피커를 입력하면(=색상을 선택하면) colorBg 함수를 실행한다(=색상 코드를 텍스트로 표시한다)라는 동작이 구현되었습니다!

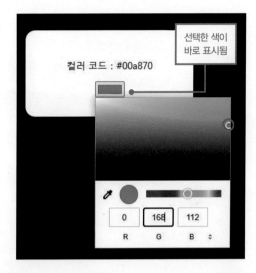

컬러 피커로 선택한 색의 컬러 코드가 바로 표시됩니다.

함수명을 지정하지 않고 그대로 내용만 쓰기   ▶ 예제   chapter3/09-demo2

앞의 예에서는 함수를 미리 정의한 후 addEventListener()에 함수명을 입력했지만 사실 함수 내용을 직접 입력할 수도 있습니다. 이러한 방식을 **익명 함수**라고 합니다. 이 함수의 경우 이벤트 이름 뒤에 쉼표로 구분하고 소괄호 뒤에 함수 내용을 작성합니다

JS 적용 예

```
const text = document.querySelector('#colorText');
const color = document.querySelector('#colorPicker');

// 컬러 피커가 변경되면 컬러 코드를 표시한다.
color.addEventListener('input', () => {
text.textContent = `컬러 코드 : ${color.value}`;
});
```
익명 함수 사용

익명 함수의 장점은 함수를 사전에 정의할 필요도, 함수 이름을 지을 필요도 없다는 것입니다. 이번처럼 함수 내용이 짧다면 함수를 정의하는 방법을 사용하든 익명 함수를 사용하든 큰 차이가 없을 것

입니다. 다만 함수를 처리하는 내용이 복잡해지면 코드를 읽기 어려워집니다. 그럴 때는 미리 함수를 정의해두는 것이 좋습니다.

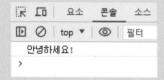

JS index.html

```
const message = (name) => {
    console.log(`${name}님, 안녕하세요!`);
}
message('Mana');
message('타츠야');
```

콘솔을 확인해보면 설정한 문자열이 이름과 함께 표시됩니다.

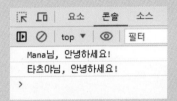

이렇게 넘겨주는 데이터에 따라 처리가 가능하므로 함수를 보다 유연하게 이용할 수 있습니다. 덧붙여 함수에 전달하는 값을 **인수**라고 하는데 그중 함수를 정의할 때 전달하는 것은 **가인수**, 실제로 함수를 호출할 때 전달하는 데이터는 **실인수**라고 부릅니다.

쉼표로 구분하여 여러 데이터 이용 ▶예제 chapter3/Col-demo3

',(쉼표)'로 구분하면 파라미터를 여러 개 설정할 수도 있습니다. 함수를 정의할 때 소괄호 안에 호출할 파라미터를 쉼표로 구분하여 순서대로 작성합니다. 그리고 지정한 순서대로 제1인수, 제2인수…라고 부릅니다.

JS index.html

```
const message = (name, weather) => {
    console.log(`${name}님, 안녕하세요! 오늘은 ${weather}입니다.`);
}
message('Mana', '좋은 날씨');
```

제1인수는 이름, 제2인수는 날씨로 지정되어 콘솔에 표시됩니다.

🔲 🔳	요소	**콘솔**	소스	네트워크	성능
▶ ⊘	top ▼	👁	필터		

Mana님, 안녕하세요! 오늘은 좋은 날씨입니다.
>

처리 결과 반환하기   ▶ 예제   chapter3/Col-demo4

지금까지 작성한 예시에서는 함수 안에서 `console.log()`를 사용하여 무엇을 할지 지시했습니다. 이러한 방법 대신 함수에서는 처리 결과만 내고 그 결과는 나중에 사용하고 싶을 때 쓸 수도 있습니다. 이 경우 `return`을 사용하여 함수를 호출하는 곳에 결과를 전달합니다. 이 값을 **리턴값**이라고 부릅니다.

JS index.html

```javascript
const message = (name, weather) => {
    return `${name}님, 안녕하세요! 오늘은 ${weather}입니다.`;
}
console.log(message('Mana', '좋은 날씨'));
alert(message('타츠야', '비가 오는 날'));
```

이 예에서는 실인수를 받아서 'OO님, 안녕하세요! 오늘은 △△입니다.'라는 문자열을 생성하고 `return`을 사용하여 결과를 반환하는데 이를 어떻게 표시할지는 함수 내에 지정되어 있지 않습니다. 함수를 호출할 때 `console.log()`나 `alert()`과 함께 사용하면 콘솔과 경고창에 모두 표시됩니다.

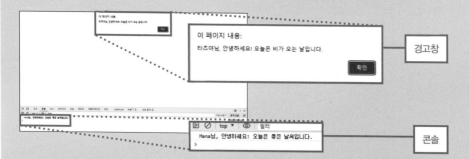

함수 안에서 처리를 끝낼 때는 `return`을 사용할 필요가 없습니다. 함수 안에서 처리한 결과를 어떻게 이용하고 싶은지에 따라 `return` 사용 여부를 생각하는 것이 좋습니다. 또한 함수 안에서 `return`이라고 쓰면 그 이후 작성한 내용은 실행되지 않으므로 주의해야 합니다.

3.10 페이지 배경색 바꾸기

컬러 피커로 선택한 컬러 코드를 가져올 수 있게 되었습니다. 지금부터는 이 컬러 코드를 사용해서 페이지 배경색을 바꿔봅시다.

■ 자바스크립트로 스타일 지정 ▶ 예제 chapter3/10-demo1

기본적으로 DOM에는 HTML의 태그 속성과 같은 이름 속성이 있습니다. 그러므로 요소를 style로 연결해서 CSS의 속성명을 지정하면 스타일을 변경할 수 있습니다. 자바스크립트에서 직접 특정 요소의 스타일을 변경할 수 있는 것입니다.

JS **작성 예**

```
요소.style.CSS속성명 = 값;
```

값이 문자열이면 반드시 작은따옴표로 둘러싸야 하고 값이 숫자면 작은따옴표가 필요 없습니다. 단, px이나 % 등 단위가 있을 때는 문자열로 취급합니다.

CSS의 속성명에 –(하이픈)이 포함되어 있을 경우 하이픈을 지우고 두 번째 단어의 첫 글자를 대문자로 변경합니다(이 방법을 캐멀 케이스라고 부릅니다). 예를 들어 font-size는 fontSize라고 작성합니다.

JS **적용 예**

```
document.querySelector('#text').style.fontSize = '3rem';          캐멀 케이스 예시
```

이 방법으로 설정한 스타일은 인라인 스타일과 동일하게 취급됩니다. 크롬의 개발자 도구에서 HTML 요소를 확인하면 HTML에 style 속성으로 지정되어 있는 것을 확인할 수 있습니다.

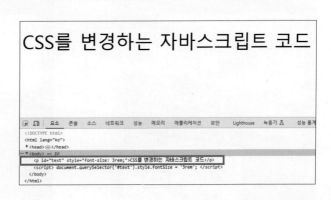

■ 컬러 피커로 선택한 색을 배경에 반영하기 ▶ 예제 chapter3/10-demo2

컬러 피커로 색상을 선택했을 때 컬러 코드를 표시하면서 동시에 배경색도 선택한 색으로 변경되면
좋을 것 같습니다. 이를 위해서는 3.9절에서 작성한 colorBg 함수 안에 스타일을 변경하라는 지시도
추가해야 합니다. 이번에 대상이 되는 요소는 body이므로 document.body의 배경색을 변경하겠습
니다. background-color라는 CSS 속성은 하이픈을 없애고 C를 대문자로 바꿔서 backgroundColor
라고 설정합니다. 값은 컬러 피커에서 지정한 값을 적용시키므로 color.value를 입력합니다.

⟨JS⟩ ColorPicker/js/script.js

```js
const text = document.querySelector('#colorText');
const color = document.querySelector('#colorPicker');

// 컬러 피커 조작 시 일련의 동작
const colorBg = () => {
    // 선택한 색을 배경색으로 설정
    document.body.style.backgroundColor = color.value;              ─── 작성

                                                        ─── 하이픈을 없애고 'C'를 대문자로 입력
    // 컬러 코드 표시
    text.textContent = `컬러 코드 : ${color.value}`;
}

// 컬러 피커가 변경되면 colorBg 실행
color.addEventListener('input', colorBg);
```

이제 배경색이 선택한 색 그대로 표시되었습니다. 이 외에도 여러 가지 CSS 속성을 변경하면서 테스
트해보기 바랍니다.

3.11 조건을 붙여서 색상명 표시하기

지금까지 컬러 피커부터 시작하여 배경색을 바꾸는 프로그램을 완성했습니다. 이제부터는 자바스크립트를 더 잘 이해하기 위해 몇 가지 조건을 달아보겠습니다.

■ 조건절이란

값의 내용에 따라 프로그램을 다르게 실행시키고 싶을 때도 있습니다. 이럴 때는 **조건절**을 활용하면 해결할 수 있습니다. 자바스크립트에서는 'if'라는 구문을 사용하여 조건을 붙이고 '조건에 들어맞으면 OO를, 조건에 맞지 않으면 △△를 처리한다'고 설정할 수 있습니다. 이 구문을 **if문**이라고 부릅니다. 그러면 어떻게 쓰는지 확인해봅시다.

■ 기본적인 if문 작성 방법 　▶ 예제　 chapter3/11-demo1

영어에서 if의 의미는 '만약 ~이라면'입니다. 자바스크립트에서는 조건을 추가하여 '만약 이 조건을 충족한다면'이라는 의미로 사용됩니다. 작성 방법은 if 뒤에 소괄호를 쓰고 그 안에 조건식을 넣어 그 자리에서 조건에 맞는지 확인합니다. 그리고 그 조건에 맞으면 중괄호 안에 작성한 코드가 실행됩니다.

JS 작성 예

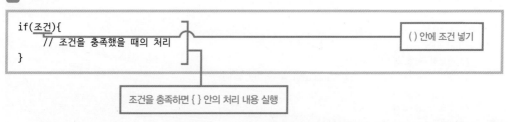

이 '{ }(중괄호)'로 둘러싼 부분을 **블록**이라고 합니다. 블록 안에 코드를 작성할 때는 몇 줄이든 쓸 수 있지만 블록의 범위를 알기 쉽도록 들여쓰기로 쓰는 것이 일반적입니다. 또 규칙상 명령문 마지막에는 ;(세미콜론)을 붙여야 하지만 여기서 사용하는 { }는 명령문이 아니라 범위를 나타내는 기호이므로 세미콜론을 쓰지 않는 다는 점에 주의하기 바랍니다.

그러면 컬러 피커 코드에도 if문을 추가해볼까요? 만약 흰색(#ffffff)을 선택했다면 컬러 코드 뒤에 '(white)'라고 색상명도 함께 표시해보겠습니다. 소괄호 안의 조건에는 '선택한 색상의 값이 #ffffff

와 같은 경우'라고 작성하고 싶겠죠. '동일하다'는 등호 3개를 이어서 ===로 정의하므로 **선택한 색상의 값 === '#ffffff'**가 됩니다. 값은 color.value로 가져올 수 있으므로 color.value === '#ffffff'라고 쓰면 됩니다.

변경 전 🟨 js/script.js

```
const text = document.querySelector('#colorText');
const color = document.querySelector('#colorPicker');

// 컬러 피커 조작 시 일련의 동작
const colorBg = () => {
    // 선택한 색을 배경색으로 설정
    document.body.style.backgroundColor = color.value;

    // 컬러 코드 표시
    text.textContent = `컬러 코드 : ${color.value}`;
}

// 컬러 피커가 변경되면 colorBg 실행
color.addEventListener('input', colorBg);
```

변경 후 🟨 js/script.js

```
const text = document.querySelector('#colorText');
const color = document.querySelector('#colorPicker');

// 컬러 피커 조작 시 일련의 동작
const colorBg = () => {
    // 선택한 색을 배경색으로 설정
    document.body.style.backgroundColor = color.value;

    // 컬러 코드 표시
    if (color.value === '#ffffff') {
        text.textContent = `컬러 코드 : ${color.value} (white)`;
    }
}

// 컬러 피커가 변경되면 colorBg 실행
color.addEventListener('input', colorBg);
```

if문 추가

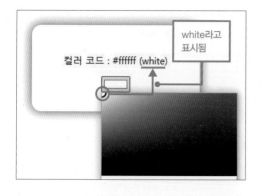

이제 흰색(#ffffff)을 고르면 '(white)'도 같이 표시됩니다. 하지만 흰색 이외의 색을 선택했을 때는 배경색만 바뀌고 컬러 코드가 표시되지 않습니다. 그 이유는 if문에서 설정한 조건을 충족하는 경우에만 처리되도록 설정했기 때문입니다.

조건을 충족하지 않는 경우(else)　▶예제　chapter3/11-demo2

흰색 이외의 색을 선택한 경우, 즉 조건에 해당하지 않는 경우 어떻게 처리할지도 설정해봅시다. if문에 이어서 **else**라고 쓰고 중괄호 안에 처리할 내용을 씁니다. if문은 조건이 필요해서 소괄호를 썼지만 else에서는 조건 자체를 쓸 필요가 없습니다. if문의 조건을 충족하지 않는 것이 조건이라고 할 수 있기 때문입니다. 이 구문을 **else문**이라고 합니다.

🇯🇸 작성 예

```
if(조건){
    // 조건을 충족했을 때의 처리
} else {
    // 조건을 충족하지 않았을 때의 처리
}
```

else를 쓰고 { } 안에 처리할 내용 작성

else문은 필수가 아니지만 else문이 없다면 조건을 충족하지 않았을 때 아무것도 실행되지 않습니다.

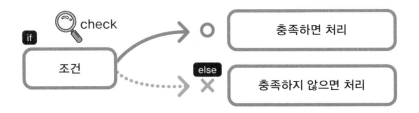

그러면 선택한 색이 하얀색이 아닌 경우 컬러 코드만 표시될 수 있도록 else를 추가해봅시다.

[JS] ColorPicker/js/script.js

```
(…상기 생략…)

if (color.value === '#ffffff') {
    text.textContent = `컬러 코드 : ${color.value} (white)`;
} else {
    text.textContent = `컬러 코드 : ${color.value}`;
}

(…이하 생략…)
```

흰색이 아닌 경우를 정의하여 추가

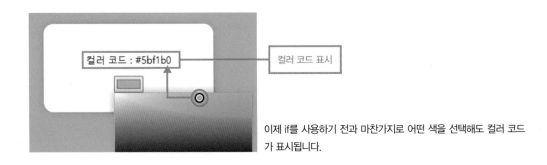

컬러 코드 표시

이제 if를 사용하기 전과 마찬가지로 어떤 색을 선택해도 컬러 코드가 표시됩니다.

■ 다른 조건을 추가하는 경우(else if)　▶예제　chapter3/ColorPicker

if와 else를 사용하면 두 가지 조건만 사용할 수 있는데 그 외의 조건도 붙이고 싶을 때는 **else if**라는 구문을 사용하면 됩니다. 작성 방법은 if문과 마찬가지로 소괄호 안에 다른 조건을 입력하며 if와 else 사이에 넣으면 됩니다. 작성할 때 elseif라고 쓰면 에러가 나므로 반드시 else와 if 사이에 공백을 넣어서 써야 합니다. else if는 몇 개든지 추가할 수 있으므로 조건이 여러 개인 경우 그때마다 아래에 추가합니다. 단, 프로그램은 위에서부터 조건을 확인하며 수행됩니다. 만약 조건 1이 충족된다면 그 블록에 적힌 코드가 바로 수행되고 조건 2부터는 충족 여부를 확인하지 않습니다. 조건 1, 조건 2에 모두 해당된다면 조건 1에서 작성한 처리만 수행합니다.

[JS] 작성 예

```
if(조건 1){
    // 조건 1을 충족하면 처리
} else if(조건 2) {
    // 조건 1은 충족하지 않지만 조건 2를 충족하면 처리
} else if(조건 3) {
    // 조건 1, 조건 2 모두 충족하지 않지만 조건 3을 충족하면 처리

...필요한 만큼 추가 가능...

} else {
    // 어떤 조건도 만족하지 않으면 처리
}
```

> else if는 개수에
> 상관없이 추가 가능

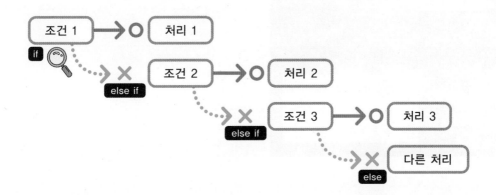

다음에는 검정색(#000000)을 선택하면 컬러 코드 뒤에 '(black)'이라는 색상명도 함께 표시되도록 해보겠습니다. if 문장 끝의 } 뒤에 else if라고 쓰고 소괄호 안에는 if 문일 때와 마찬가지로 '선택한 색의 값(color.value)이 검정('#000000')과 같다면(===)'이라는 조건을 작성합니다.

JS ColorPicker/js/script.js

```
(…상기 생략…)

if (color.value === '#ffffff') {
    text.textContent = `컬러 코드 : ${color.value} (white)`;
} else if (color.value === '#000000') {
    text.textContent = `컬러 코드 : ${color.value} (black)`;
} else {
    text.textContent = `컬러 코드 : ${color.value}`;
}

(…이하 생략…)
```

else if 구문 추가

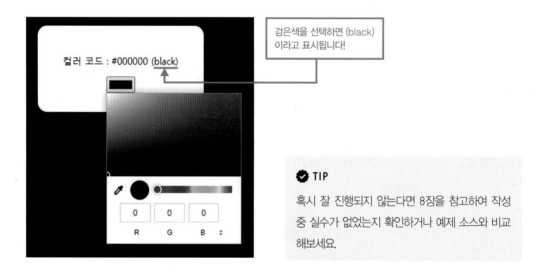

컬러 코드 : #000000 (black)

검은색을 선택하면 (black)
이라고 표시됩니다!

✅ **TIP**

혹시 잘 진행되지 않는다면 8장을 참고하여 작성
중 실수가 없었는지 확인하거나 예제 소스와 비교
해보세요.

이벤트로 처리하기

—

3장에서는 사용자가 조작하면 무언가를 움직이는 '계기'가 되는 이벤트를 사용했습니다. 웹사이트에는 더 다양한 이벤트가 존재합니다. 4장에서는 웹사이트에서 흔히 볼 수 있는 동작들과 함께 이벤트를 더 깊이 알아보겠습니다.

CHAPTER

04

JavaScript

4.1 이벤트란

3.8절에서 소개했듯이 이벤트는 사용자의 조작에 따라 동작을 일으키는 계기를 말합니다. 4장에서는 이벤트에 대해 조금 더 자세히 살펴보겠습니다.

■ 이벤트 구조

브라우저에서는 링크나 버튼 클릭, 키보드 조작, 화면 스크롤, 페이지 읽음 등 다양한 타이밍에 이벤트가 발생합니다. 3장에서 이용한 input도 그런 이벤트 중 하나입니다. 자바스크립트는 이벤트가 발생했을 때 미리 준비해둔 처리를 호출하는 구조입니다. 지금부터 하나씩 알아보겠습니다.

1　처리 등록

'무엇이' '어떻게 하면' '어떻게 되는가'를 설정합니다. 예를 들어 '버튼(btn)을 클릭하면 메시지를 표시함(message)'을 등록했다고 합시다. 이 '메시지를 표시함'이라는 동작은 바로 실행되는 것이 아니라 예약된 이미지라고 할 수 있습니다.

 예

```
btn.addEventListener('click', message);
```

| 버튼을 | | 클릭하면 | 메시지를 표시함 |

2　브라우저가 이벤트 발생 여부 감시

브라우저는 상시로 이벤트가 발생하는지 감시합니다.

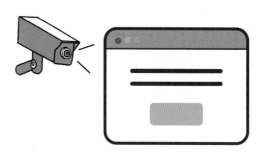

이벤트가 발생하면 브라우저가 '이벤트 발생! 클릭했습니다!'라고 프로그램에 통보합니다. 앞의 예시라면 버튼이 클릭된 것을 감지한 경우 프로그램에 통보합니다.

1에서 미리 등록해둔 처리 내용을 호출하여 실행합니다.

■ 많이 사용하는 이벤트 종류

이벤트는 그 종류가 매우 다양합니다. 매일 무심코 하는 조작에서도 사실 다양한 이벤트가 발생하고 있습니다. 다음 표는 자주 사용하는 이벤트를 정리해둔 것입니다.

이벤트 명	발생하는 타이밍
load	스타일시트, 이미지 등 모든 리소스 로딩이 완료된 시점
submit	폼을 전송한 시점
reset	폼이 리셋된 시점
resize	화면 사이즈가 바뀐 시점
scroll	화면이 스크롤된 시점
copy	복사한 시점
paste	붙여넣기한 시점
keydown	키를 누른 시점
keyup	키를 누르고 있다가 뗀 시점
click	클릭한 시점

이벤트 명	발생하는 타이밍
dbclick	더블 클릭한 시점
mousedown	마우스 버튼을 누른 시점
mouseup	마우스 버튼을 누르고 있다가 뗀 시점
mouseover	마우스 커서를 올려둔 시점
mouseout	마우스 커서를 올려두었다가 다른 곳으로 옮긴 시점
select	텍스트를 선택한 시점
focus	요소를 포커스한 시점
blur	요소를 포커스했다가 다른 곳으로 옮긴 시점
input	입력한 시점
change	변화가 일어난 시점

4.2 로딩 중인 이미지 만들기

불러오는 데 시간이 걸리는 페이지를 열 때 정상적으로 표시되기 전까지 로딩 중인 화면을 표시하는 경우가 있습니다. 여기서는 로딩 코드를 알아보겠습니다.

■ 작성할 웹 페이지 소개　▶ 예제　chapter4/02-demo

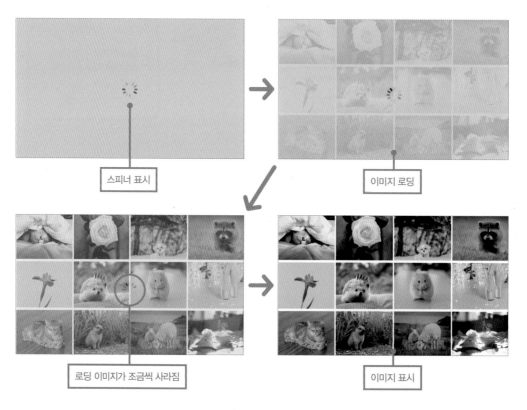

스피너 표시

이미지 로딩

로딩 이미지가 조금씩 사라짐

이미지 표시

웹 페이지를 열면 우선 뱅글뱅글 도는 스피너 (로딩 중 뱅글뱅글 움직이는 이미지)가 표시됩니다. 이미지 로딩이 완료되면 로딩 이미지가 조금씩 사라지고 이미지가 나타납니다.

> ✅ TIP
>
> 다음에 소개하는 코드에서는 모든 브라우저의 화면을 통일시키기 위해 리셋 CSS인 **ress.css** (https://github.com/filipelinhares/ress)를 불러옵니다.

■ 완성 코드

 index.html

```html
<!DOCTYPE html>
<html lang="ko">
<head>
    <meta charset="UTF-8">
    <meta name="viewport" content="width=device-width, initial-scale=1.0">
    <title>4.2 로딩 중인 이미지 만들기</title>
    <link rel="stylesheet" href="https://unpkg.com/ress/dist/ress.min.css">
    <link rel="stylesheet" href="css/style.css">
    <script src="js/script.js" defer></script>
</head>
<body>
    <!-- 로딩 이미지 -->
    <div id="loading">
        <img class="spinner" src="images/loading.png" alt="" />
    </div>

    <!-- 콘텐츠 -->
    <div class="gallery">
        <div class="item">
            <img src="images/img1.jpg" alt="">
        </div>
        <div class="item">
            <img src="images/img2.jpg" alt="">
        </div>
        <div class="item">
            <img src="images/img3.jpg" alt="">
        </div>

        (…생략…)

    </div>
</body>
</html>
```

> 리셋 CSS 상세 내용은
> 앞 페이지의 TIP을
> 확인해주세요.

js/script.js

```javascript
const loading = document.querySelector('#loading');

window.addEventListener('load', () => {
  loading.classList.add('loaded');
});
```

```css
/* 로딩 이미지 */
#loading {
    transition: all 1s;
    background-color: #ddd;
    position: fixed;
    z-index: 9999;
    inset: 0;
    display: grid;
    place-items: center;
}
.spinner {
    width: 200px;
    height: 200px;
}

/* 로딩 완료 후 로딩 이미지 감추기 */
.loaded {
    opacity: 0;
    visibility: hidden;
}

/* 콘텐츠 부분 */
.gallery {
    display: grid;
    gap: 10px;
    grid-template-columns: repeat(auto-fit, minmax(300px, 1fr));
}
img {
    width: 100%;
    height: 300px;
    object-fit: cover;
}
```

▨ 디렉터리 구성

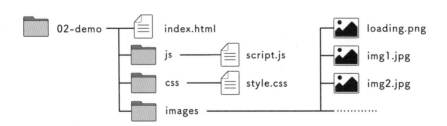

4.3 로딩 중인 이미지 만들기 – CSS 클래스 추가하기

먼저 흐름을 정리해보자면 로딩 중에 보여주고 싶은 화면, 로딩이 끝나면 보여주고 싶은 콘텐츠를 HTML과 CSS로 작성하고 자바스크립트에서 '로딩이 끝나면 로딩 화면을 지운다'는 명령을 작성합니다.

■ 로딩 중인 이미지 준비

우선 새로운 index.html과 style.css를 준비합니다. 파일, 폴더 구조, HTML의 상세한 코드는 앞 절을 참고하기 바랍니다. 로딩 중인 화면에는 loading이라고 하는 ID를 할당하고 빙글빙글 도는 스피너 이미지를 넣어둡니다. 그리고 그 로딩 화면과 콘텐츠를 position 속성으로 겹칩니다. 로딩 화면은 화면 전체를 채우고 싶으므로 inset: 0;이라고 작성합니다. 이것으로 상하좌우 위치를 0으로 설정합니다. top: 0; right: 0; bottom: 0; left: 0;과 같은 의미입니다. position: fixed;와 이 inset: 0;을 조합하면 요소를 화면에 가득 채울 수 있으므로 이런 작성 방법도 기억해두는 것이 좋습니다.

`JS` index.html

```
<body>
    <!-- 로딩 이미지 -->
    <div id="loading">
        <img class="spinner" src="images/loading.png" alt="" />
    </div>

    <!-- 콘텐츠 -->
    <div class="gallery">
        <div class="item">
            <img src="images/img1.jpg" alt="">
        </div>
        <div class="item">
            <img src="images/img2.jpg" alt="">
        </div>
        <div class="item">
            <img src="images/img3.jpg" alt="">
        </div>

    (...생략...)

    </div>
</body>
```

> loading이라는 ID를 할당하고 스피너 이미지를 넣는다.

```css
/* 로딩 이미지 */
#loading {
    transition: all 1s;
    background-color: #ddd;
    position: fixed;
    z-index: 9999;
    inset: 0;
    display: grid;
    place-items: center;
}
.spinner {
    width: 200px;
    height: 200px;
}

/* 콘텐츠 부분 */
.gallery {
    display: grid;
    gap: 10px;
    grid-template-columns: repeat(auto-fit, minmax(300px, 1fr));
}
img {
    width: 100%;
    height: 300px;
    object-fit: cover;
}
```

그림과 같이 콘텐츠 부분 위에 로딩 이미지가 겹쳐집니다.

■ 이미지를 모두 불러온 뒤 클래스 추가

이벤트 준비

우선 자바스크립트에서 '화면 로딩이 끝나면'이라는 이벤트를 준비해봅시다. 이벤트의 타깃은 화면이므로 **window**로 시작합니다. 그리고 웹 페이지 내의 이미지나 음성, 동영상 등 '모든 리소스 불러오기가 완료되면'이라는 이벤트에는 **load**를 사용합니다. 이번에는 함수명을 붙이지 않는 익명 함수(89쪽 '함수명을 지정하지 않고 그대로 내용만 쓰기' 참고)를 사용하겠습니다.

JS js/script.js

```
window.addEventListener('load', () => {
  // 로딩이 끝났을 때의 처리
})
```
익명 함수 사용

클래스 추가

읽기가 끝나면 로딩 화면을 지우기 위한 클래스를 부여하여 콘텐츠 부분을 표시하게 합니다. CSS에 요소 불투명도를 0으로 하여 숨기기 위한 클래스를 준비해두세요.

CSS css/style.css

```
.loaded {
    opacity: 0;
    visibility: hidden;
}
```

자바스크립트에 loaded 클래스를 새로 추가하도록 정의합니다. 이 경우 **classList.add()** 메서드를 사용할 수 있습니다. 그러면 이 파라미터에서 지정한 클래스가 부여됩니다. 클래스명은 작은따옴표로 감쌉니다.

JS 작성 예

```
요소.classList.add('클래스명');
```

js/script.js

```
window.addEventListener('load', () => {
    요소.classList.add('loaded');                                        추가
})
```

여기서는 loaded를 작성합니다. '페이지를 불러오면 loaded 클래스를 추가한다'라는 뜻이 됩니다. 이제 남은 것은 요소를 지정하는 것입니다. 숨기고 싶은 요소는 로딩 화면의 ID명 loading의 `<div>` 태그입니다. 이것을 loading이라는 상수에 넣습니다. 이 loading에 loaded 클래스를 추가하도록 지정하면 완료됩니다.

js/script.js

```
const loading = document.querySelector('#loading');                      상수 입력

window.addEventListener('load', () => {
    loading.classList.add('loaded');
});
```

loading에 loaded 클래스 추가

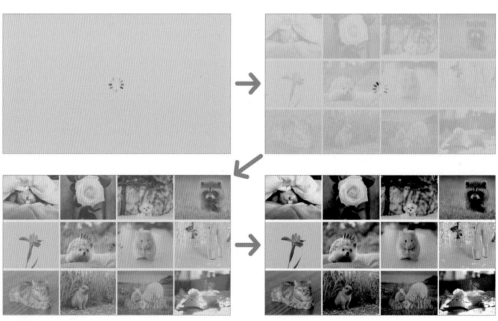

생각했던 대로 동작하도록 만들어보았습니다. 로딩이 끝나면 로딩 화면이 사라지고 이미지가 나타납니다.

■ 클래스명을 삭제하고 싶을 때

앞의 예시에서는 클래스명을 추가했지만 지금 있는 클래스를 삭제할 때는 classList.remove() 메
서드를 사용합니다.

작성 예

```
요소.classList.remove('클래스명');
```

■ 여러 개의 클래스 추가·삭제

쉼표로 구분하면 한 번에 여러 개의 클래스명을 추가하거나 삭제할 수 있습니다.

클래스 추가

작성 예

```
요소.classList.add('클래스명1', '클래스명2', '클래스명3');
```

클래스 삭제

작성 예

```
요소.classList.remove('클래스명1', '클래스명2', '클래스명3');
```

4.4 버튼을 클릭하여 다크 모드로 바꾸기

다크 모드란 검은색 배경 화면을 사용하는 디자인을 말하며 최근 스마트폰 중심으로 사용자가 늘고 있
습니다. 자바스크립트를 사용하여 버튼을 클릭했을 때 브라우저가 다크 모드로 전환되도록 해보세요.

■ 작성할 웹 페이지 소개 ▶ 예제 chapter4/04-demo

CSS의 커스텀 속성이나 미디어 특성을 사용하여 OS 설정을 불러온 후 다크 모드를 적용하는 방법도
있지만, 여기서는 버튼을 클릭하여 전환하는 타입으로 다크 모드를 구현하겠습니다. 왼쪽 위에 있는
하늘색 버튼을 클릭하면 라이트 모드와 다크 모드가 전환됩니다.

라이트 모드   다크 모드

■ 완성 코드

 index.html

```html
<!DOCTYPE html>
<html lang="ko">
<head>
    <meta charset="UTF-8">
    <meta name="viewport" content="width=device-width, initial-scale=1.0">
    <title>4.4 버튼을 클릭하여 다크 모드로 바꾸기</title>
    <link rel="stylesheet" href="https://unpkg.com/ress/dist/ress.min.css">
    <link rel="stylesheet" href="css/style.css">
    <script src="js/script.js" defer></script>
</head>
<body>
    <button id="btn">다크 모드로 만들기</button>
    <h1>다크 모드로 전환하기</h1>
    <p>저는 한밤중에 차를 운전하다 보면 어두운 곳에서 마주 오는 차의 라이트 외에는 거의 아무것도 보이지
않는...</p>

  (...콘텐츠 생략...)

</body>
</html>
```

js js/script.js

```js
const btn = document.querySelector('#btn');

btn.addEventListener('click', () => {
  document.body.classList.toggle('dark-theme');

  // 혹시 버튼의 텍스트가 '다크 모드로 만들기'로 되어 있을 경우
  if(btn.textContent === '다크 모드로 만들기'){
    // 클릭하면 '라이트 모드로 만들기'로 변경
    btn.textContent = '라이트 모드로 만들기';

  // 그렇지 않은 경우('라이트 모드로 만들기'로 되어 있으면)
  } else {
    // 클릭하면 '다크 모드로 만들기'로 돌아가기
    btn.textContent = '다크 모드로 만들기';
  }
});
```

css css/style.css

```css
body {
    padding: 2rem;
    transition: .5s;
}
.dark-theme {
    background: #000;
    color: #ddd;
}
#btn {
    background: #0bd;
    padding: 1rem;
    margin-bottom: 2rem;
    font-size: 1rem;
    color: #fff;
    border-radius: 8px;
    border: 0;
    cursor: pointer;
}
```

■ 디렉터리 구성

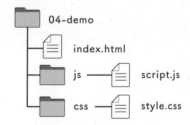

4.5 버튼을 클릭하여 다크 모드로 바꾸기 - CSS 클래스 바꾸기

버튼을 클릭했을 때 처리하는 코드를 클릭 이벤트로 구현합니다. 웹 페이지의 모습을 변경하려면 처리 내용에 CSS 클래스 유무를 변경할 수 있는 코드를 넣는 것이 좋습니다.

■ 다크 모드로 만드는 CSS

신규 파일을 만듭니다. HTML에는 문장과 버튼을 만드는 코드를 작성해둡니다. CSS에는 다크 모드일 경우 검은색 배경에 밝은 회색 글자가 되도록 클래스를 준비해두세요. 여기서는 dark-theme라는 클래스를 준비했습니다. 이 클래스 속성은 버튼 클릭 시 부여되므로 아직은 HTML 내의 요소에 추가하지 않습니다.

🔲 index.html

```html
<body>
    <button id="btn">다크 모드로 만들기</button>
    <h1>다크 모드로 바꾸기</h1>
    <p>저는 한밤중에 차를 운전하다 보면 어두운 곳에서 미주 오는 차의 라이트 외에...</p>

(...콘텐츠 생략...)

</body>
```

🔲 css/style.css

```css
body {
    padding: 2rem;
    transition: .5s;
}
.dark-theme {
    background: #000;        ┐
    color: #ddd;              ├──────────  dark-theme 클래스 준비
}                            ┘
#btn {
    background: #0bd;
    padding: 1rem;
    margin-bottom: 2rem;
    font-size: 1rem;
    color: #fff;
```

```
    border-radius: 8px;
    border: 0;
    cursor: pointer;
}
```

요소의 클래스명을 붙이거나 떼기

이번에는 ID가 btn인 버튼을 클릭하면 <body>에 dark-theme 클래스를 붙이거나 떼도록 구현합니다. 먼저 '버튼을 클릭하면'이라고 작성해봅시다. 버튼은 btn이라는 상수에 넣어두고 click 이벤트를 사용해서 '클릭하면'을 구현합니다.

js/script.js

```js
const btn = document.querySelector('#btn');        ← 상수 btn

btn.addEventListener('click', () => {
    // 클릭했을 때의 처리                            ← 'click' 사용
});
```

클래스명은 classList 뒤에 add로 추가하거나 remove로 삭제할 수 있다고 배웠습니다(109쪽 '이미지를 모두 불러온 뒤 클래스 추가' 참고). 하지만 이번에는 클릭할 때마다 붙였다 뗐다 해야 합니다. 이때 사용할 수 있는 것이 classList.toggle() 메서드입니다. 이 메서드를 사용할 경우 지정한 요소의 괄호 안 파라미터에 클래스 이름이 붙어 있지 않으면 추가하고 붙어 있으면 삭제합니다.

작성 예

```js
요소.classList.toggle('클래스명');
```

document.body.classList.toggle('dark-theme');

↓   클릭

버튼

↕

<body class="dark-theme"> ↔ <body class="">

body 요소는 document.body로 가져올 수 있습니다. <body>에 dark-theme 클래스 속성이 추가되거나 삭제되므로 그에 따라 배경색은 검정, 글자색은 밝은 회색 스타일로 정의해둔 CSS 내용이 적용되거나 적용되지 않습니다. 이러한 원리로 다크 모드와 라이트 모드가 바뀝니다.

 js/script.js

```javascript
const btn = document.querySelector('#btn');

btn.addEventListener('click', () => {
    document.body.classList.toggle('dark-theme');
});
```
body 요소를 가져와서 dark-theme를 번갈아가며 추가하거나 삭제함

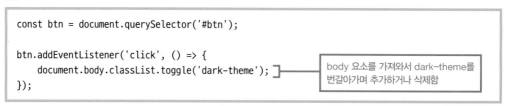

라이트 모드   나크 모드

이처럼 버튼을 클릭해서 스타일이 바뀌도록 구현했습니다. 하지만 지금 단계에서는 다크 모드가 되어도 버튼의 텍스트가 '다크 모드로 만들기' 상태입니다. 다음에는 이 텍스트도 바꿔보겠습니다.

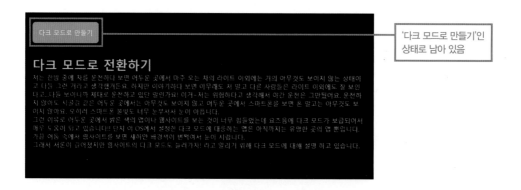

'다크 모드로 만들기'인 상태로 남아 있음

116 ｜ 완성된 웹사이트로 배우는 자바스크립트

로딩 애니메이션 쉽게 구현하기

이 책에서는 로딩 화면에서 빙글빙글 도는 이미지가 사용되었는데 이러한 이미지를 배포하는 웹사이트가 있습니다. 이미지를 만들기 어렵다면 배포 사이트를 이용하는 것도 좋습니다. 이미지 대신 HTML과 CSS로도 구현할 수 있습니다. 로딩 화면의 애니메이션을 간편하게 구현할 수 있는 웹사이트를 소개합니다.

loading.io

모양이나 색상 등을 커스터마이즈하여 GIF나 SVG, PNG 등의 형식으로 다운로드할 수 있습니다. 회원가입이 필요하지만 기본적으로 무료 이용이 가능합니다.
https://loading.io/

Single Element CSS Spinners

각 애니메이션 아래에 있는 View Source를 클릭하면 HTML/CSS 코드가 표시됩니다. 화면 왼쪽 상단의 BG, FG로 색상을 변경할 수 있고 프리뷰도 가능합니다.
https://projects.lukehaas.me/css-loaders/

SpinKit

좌우에 표시된 화살표를 클릭하면 다른 애니메이션을 볼 수 있습니다. 화면 상단의 Source를 클릭하면 HTML/CSS 코드가 나타납니다.
https://tobiasahlin.com/spinkit/

Epic Spinners

가장 기본적인 형태부터 조금 색다른 것까지 다양한 애니메이션이 준비되어 있습니다. 각 애니메이션을 클릭하면 HTML/CSS 코드가 나타납니다.
https://epic-spinners.epicmax.co/

4.6 버튼을 클릭하면 다크 모드로 바꾸기 – 버튼 텍스트 바꾸기

앞에서는 버튼을 클릭하여 다크 모드로 전환한 후에도 버튼의 텍스트가 '다크 모드로 만들기' 상태였습니다. 여기서는 조건을 붙여 변경해보겠습니다.

■ if / else 문으로 바꾸기

조건을 붙이는 방법은 3.11절에서 학습했습니다. 우선 글로 정리해봅시다. 현재 버튼은 항상 '다크 모드로 만들기'라고 표시되어 있는데 클릭할 때마다 '라이트 모드로 만들기'로 바꾸고 싶으므로 지금 표시되는 텍스트가 무엇인지 확인하도록 하겠습니다. 만약 지금 '다크 모드로 만들기'라고 표시되어 있다면 클릭했을 때 '라이트 모드로 만들기'로 변경합니다. 반대로 '라이트 모드로 만들기'라고 표시되어 있다면 클릭했을 때 '다크 모드로 만들기'라고 변경하도록 조건을 작성합니다.

js js/script.js

```
const btn = document.querySelector('#btn');

btn.addEventListener('click', () => {
    document.body.classList.toggle('dark-theme');

    만약 (버튼의 텍스트가 '다크 모드로 만들기'로 되어 있으면){
        버튼의 텍스트 = '라이트 모드로 만들기'로 변경;

    } 그렇지 않고 ('라이트 모드로 만들기'로 되어 있으면) {
        버튼의 텍스트 = '다크 모드로 만들기'로 변경;
    }
});
```

붙이고 싶은 조건을 글로 정리

3.11절에서 작성했던 방법을 참고하여 이 내용을 if/else문에 적용시켜봅시다. 요소의 텍스트는 textContent로 삽입할 수 있습니다. 조건에는 btn.textContent === '다크 모드로 만들기'를 입력하고 현재 표시된 버튼의 텍스트가 '다크 모드로 만들기'로 되어 있는지 확인합니다. 그리고 그 결과에 따라 다시 btn.textContent로 표시하고자 하는 텍스트를 지정합니다. 이처럼 조건을 붙일 때나 코드가 길어질 때는 일단 글로 생각해보고 주석을 사용해 정리하면서 코드를 작성해나가는 것이 좋습니다.

```javascript
const btn = document.querySelector('#btn');

btn.addEventListener('click', () => {
    document.body.classList.toggle('dark-theme');

    // 혹시 버튼의 텍스트가 '다크 모드로 만들기'로 되어 있으면
    if(btn.textContent === '다크 모드로 만들기'){
        // 클릭했을 때 '라이트 모드로 만들기'로 변경
        btn.textContent = '라이트 모드로 만들기';

    // 그렇지 않고('라이트 모드로 만들기'로 되어 있으면)
    } else {
        // 클릭했을 때 '다크 모드로 만들기'로 돌아가기
        btn.textContent = '다크 모드로 만들기';
    }
});
```

글로 생각한 조건에 맞춰
if/else문 추가

밑줄 부분은 주석

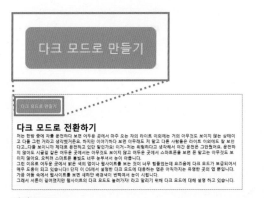

라이트 모드

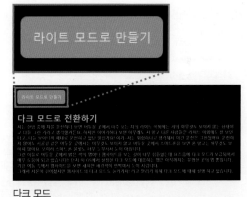

다크 모드

이렇게 해서 버튼을 클릭하면 다크 모드로 바뀌고 버튼의 텍스트는 '라이트 모드로 만들기'로 표시되도록 구현했습니다.

4.7 입력한 글자 수 세어보기

텍스트 영역에 입력할 수 있는 글자 수가 제한되는 경우가 있습니다. 여기서는 글자 수를 카운트하여 글자 수에 따라 스타일을 바꿔보겠습니다.

■ 작성할 웹 페이지 소개　▶ 예제　chapter4/07-demo

웹 사이트에는 클릭, 로딩, 입력 등 여러가지 이벤트가 있습니다. 자주 만날 수 있는 이벤트를 메인으로 코드를 작성하면서 이벤트를 이해해봅시다.

글자는 100자 이내로 입력해주세요.
현재 **80** 글자

100자 이내로 입력하도록 안내하는 텍스트 영역입니다.

웹 사이트에는 클릭, 로딩, 입력 등 여러가지 이벤트가 있습니다. 자주 만날 수 있는 이벤트를 메인으로 코드를 작성하면서 이벤트를 이해해봅시다. 여기에서는 입력한 글자수를 카운트하여 몇 글자인지에 따라 스타일을 변경합니다.

글자는 100자 이내로 입력해주세요.
현재 124 글자
124

글자 수가 100자를 넘어가면 숫자 색이 바뀝니다.

■ 완성 코드

HTML index.html

```
<!DOCTYPE html>
<html lang="ko">
<head>
    <meta charset="UTF-8">
    <meta name="viewport" content="width=device-width, initial-scale=1.0">
    <title>4.7  입력한 글자 수 세어보기 </title>
    <link rel="stylesheet" href="https://unpkg.com/ress/dist/ress.min.css">
    <link rel="stylesheet" href="css/style.css">
    <script src="js/script.js" defer></script>
</head>
<body>
    <textarea id="text"></textarea>
    <p>글자는 100자 이내로 입력해주세요.</p>
    <p>현재 <span id="count">0</span> 글자</p>
</body>
</html>
```

JS js/script.js

```js
const text = document.querySelector('#text');
const count = document.querySelector('#count');

text.addEventListener('keyup', () => {
    count.textContent = text.value.length;

    if (text.value.length > 100) {
        count.classList.add('alert');
    } else {
        count.classList.remove('alert');
    }
});
```

CSS css/style.css

```css
body {
    text-align: center;
    padding: 2rem;
}
#text {
    border: 4px solid #ccc;
    border-radius: 8px;
    width: 600px;
    height: 240px;
    max-width: 100%;
    font-size: 1.5rem;
    padding: 1rem;
    margin-bottom: 1rem;
}
#count {
    font-size: 1.5rem;
}
.alert {
    color: #f66;
}
```

■ 디렉터리 구성

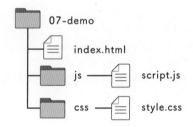

07-demo
index.html
js — script.js
css — style.css

4.8 입력한 글자 수 세어보기 – length로 카운트하기

이번에는 텍스트 영역에 글자가 입력되는 것을 계기로 입력한 글자 수를 세는 처리가 발생합니다. 지금까지와 마찬가지로 이벤트를 지정하여 처리 내용을 작성하는 순서로 설명하겠습니다.

■ 텍스트 영역 준비

우선 HTML과 CSS로 단순한 텍스트 영역을 준비합니다. 글자 수를 표시하고 싶은 곳은 `<span>` 태그로 감싸고 count라는 ID명을 할당합니다.

 index.html

```html
<!DOCTYPE html>
<html lang="ko">
<head>
    <meta charset="UTF-8">
    <meta name="viewport" content="width=device-width, initial-scale=1.0">
    <title>4.8  입력한 글자 수 세어보기 </title>
    <link rel="stylesheet" href="https://unpkg.com/ress/dist/ress.min.css">
    <link rel="stylesheet" href="css/style.css">
    <script src="js/script.js" defer></script>
</head>
<body>
    <textarea id="text"></textarea>
    <p>글자는 100자 이내로 입력해주세요.</p>
    <p>현재 <span id="count">0</span> 글자</p>
</body>
</html>
```

> 여기에 글자 수를 표시하고자 함

css style.css

```css
body {
    text-align: center;
    padding: 2rem;
}
#text {
    border: 4px solid #ccc;
    border-radius: 8px;
    width: 600px;
    height: 240px;
```

```
    max-width: 100%;
    font-size: 1.5rem;
    padding: 1rem;
    margin-bottom: 1rem;
}
#count {
    font-size: 1.5rem;
}
```

■ 글자를 입력하면 처리 내용 실행

자바스크립트에서는 먼저 명령에 이용할 요소들을 상수로 준비해봅시다. 텍스트 영역 부분은 text,
글자 수가 표시되는 부분은 count라고 되어 있습니다. 그리고 '텍스트 영역에 입력하면'이라는 지시
를 위해 addEventListener() 메서드의 파라미터에 keyup을 작성합니다. 이것은 텍스트 영역에 키
보드로 입력했을 때(더 정확하게 말하면 키에서 손이 떨어졌을 때) 처리하기 위한 이벤트입니다. 이
번에도 처리가 길지 않으므로 익명 함수로 써보겠습니다.

`js` js/script.js

```
const text = document.querySelector('#text');
const count = document.querySelector('#count');

text.addEventListener('keyup', () => {
    // 키를 입력했을 때의 처리
});
```

■ length로 글자 수 세기

keyup 이벤트가 발생하면 그때마다 텍스트 영역에 있는 글자 수를 가져와서 셉니다. 세고 싶은 문자
열 뒤에 .length를 연결하면 개수를 셀 수 있습니다. Length는 영어로 '길이'를 뜻합니다. 문자열의
길이, 즉 글자 수를 카운트하는 것입니다.

`js` 작성 예

```
'문자열'.length;
```

예를 들어 어떤 페이지든 상관없이 콘솔을 열어 앞에서 설명한 작성 예처럼 입력한 뒤 [Enter] ([return]) 키를 누르면 다음 행에 '3'이라고 표시됩니다. 앞에서 작성한 '문자열'이 3글자이기 때문입니다. 이러한 처리를 텍스트 영역 내 값에도 사용해보겠습니다.

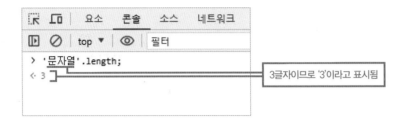

글자 수를 상수 count에 표시하고 싶으므로 count.textContent에 글자를 넣는 형태로 만듭니다. 이미 입력된 값은 '요소.value'로 가져올 수 있습니다. 텍스트 영역은 text라는 상수에 들어 있으므로 text.value입니다. 그리고 이어서 .length를 작성합니다.

📄 js/script.js

```
const text = document.querySelector('#text');
const count = document.querySelector('#count');

text.addEventListener('keyup', () => {
    count.textContent = text.value.length;          ──── 처리 내용 추가
});
```

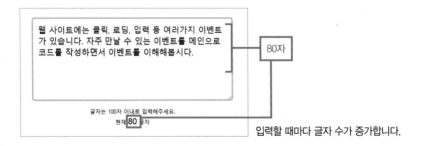

입력할 때마다 글자 수가 증가합니다.

여기에서 사용한 length는 요소 개수를 세는 데에도 사용할 수 있습니다. 이후에도 사용할 예정이므로 이번 기회에 익숙해지기 바랍니다.

▥ length만으로 셀 수 없는 글자

이모티콘, 한자 중 일부는 한 글자인데 두 글자로 카운트되는 경우가 있습니다.* 이러한 글자를 콘솔에 입력해보면 한 글자임에도 '2'로 표시됩니다.

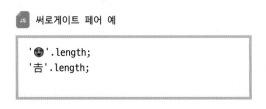

써로게이트 페어 예

```js
'😀'.length;
'喜'.length;
```

이 현상을 회피할 수 있는 방법이 있습니다. 이 책에서는 다루지 않지만 스프레드 연산자라는 작성법을 사용하면 됩니다.

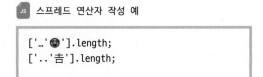

스프레드 연산자 작성 예

```js
['…'😀'].length;
['..'喜'].length;
```

이제 한 글자로 카운트되었습니다.

4.9 입력한 글자 수 세어보기
– 글자 수에 따라 다르게 표시하기

지금 구현하는 입력 폼의 경우 100자 이내로 입력하라는 주의사항이 있습니다. 100자를 넘으면 이를 사용자가 알 수 있도록 스타일을 변경해보세요. 비교 연산자를 사용해보겠습니다.

----

* 한 글자라도 두 글자로 카운트되는 경우가 있습니다. 유니코드(Unicode)에 따라 한 글자가 두 개의 문자 코드로 표시되는 글자입니다. 보통 '한 글자 = 2바이트'이지만 일부 문자는 '한 글자 = 4바이트'입니다. 이를 '써로게이트 페어(surrogate pair)'라고 합니다.

▓ 글자 수에 따라 스타일 추가·삭제

CSS에 alert라는 클래스를 추가하고 글자 색을 설정해둡니다. 입력한 글자가 100자를 넘으면 이 alert 클래스를 추가하여 글자 수가 표시되는 텍스트 색을 변경합니다.

css css/style.css

```css
body {
    text-align: center;
    padding: 2rem;
}
#text {
    border: 4px solid #ccc;
    border-radius: 8px;
    width: 600px;
    height: 240px;
    max-width: 100%;
    font-size: 1.5rem;
    padding: 1rem;
    margin-bottom: 1rem;
}
#count {
    font-size: 1.5rem;
}
.alert {
    color: #f66;
}
```

> CSS에 alert 클래스 추가

여기서도 if/else문을 사용합니다. 앞에서 텍스트 영역은 text, 글자 수가 표시되는 부분은 count 상수를 사용했습니다. 이를 이용하겠습니다. 글로 생각한 내용을 먼저 적어보면 다음과 같습니다.

JS js/script.js

```
만약 (상수 text의 글자 수가 100자를 넘으면) {
    상수 count에 alert 클래스 추가
} 그렇지 않으면 (100자 이하면) {
    상수 count에서 alert 클래스 제거
}
```

> 생각한 조건절 내용을 글로 적어서 정리

'100자가 넘으면'이라는 조건식 부분은 일단 내려놓고 지금까지 배웠던 부분을 먼저 적어봅시다. '만약'은 if, 클래스명 추가는 요소.classList.add('클래스명'), 조건에 맞지 않는 경우는 else, 클래스명 삭제는 **요소.classList.remove('클래스명')**이었습니다.

JS js/script.js

```
if (상수 text의 글자 수가 100자를 넘으면) {          만약
    // alert 클래스 추가
    count.classList.add('alert');              alert 클래스 추가
    // 그렇지 않으면 (100자 이내면)
} else {                                       조건에 맞지 않으면
    // alert 클래스 제거
    count.classList.remove('alert');
}                                              alert 클래스 제거
```

자 이제 조건절을 살펴봅시다. 산수에서도 친숙한 부등호를 사용합니다. 이번에는 입력한 글자 수와 숫자 100을 기호 '>'로 비교합니다. '>'는 왼쪽이 오른쪽보다 큰지 아닌지 평가하는 기호입니다. 만약 왼쪽이 오른쪽보다 크다면 중괄호 안의 코드가 실행되는 방식으로 사용할 수 있습니다. 이렇게 <mark>좌우를 비교하는 기호를 **비교 연산자**라고 합니다.</mark> 비교 연산자를 사용하면 'text 상수의 글자 수가 100을 넘으면'이라는 내용을 다음과 같이 작성할 수 있습니다.

JS text 상수의 글자 수가 100을 넘는다는 코드

```
text.value.length > 100
```

이를 바탕으로 이벤트가 발생했을 때의 익명 함수 안에 코드를 작성해보겠습니다.

JS js/script.js

```
const text = document.querySelector('#text');
const count = document.querySelector('#count');

text.addEventListener('keyup', () => {
  count.textContent = text.value.length;

  // 100자가 넘으면
  if (text.value.length > 100) {                작성
    // alert 클래스 추가
    count.classList.add('alert');
    // 그렇지 않으면 (100자 이내면)
  } else {
    // alert 클래스 제거
```

```
      count.classList.remove('alert');
  }
});
```

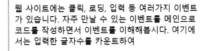

웹 사이트에는 클릭, 로딩, 입력 등 여러가지 이벤트
가 있습니다. 자주 만날 수 있는 이벤트를 메인으로
코드를 작성하면서 이벤트를 이해해봅시다. 여기에
서는 입력한 글자수를 카운트하

글자는 100자 이내로 입력해주세요.
현재 **100** 글자

웹 사이트에는 클릭, 로딩, 입력 등 여러가지 이벤트
가 있습니다. 자주 만날 수 있는 이벤트를 메인으로
코드를 작성하면서 이벤트를 이해해봅시다. 여기에
서는 입력한 글자수를 카운트하여

글자는 100자 이내로 입력해주세요.
현재 **101** 글자

100자까지 입력 시

101자부터 숫자 부분의 글자 색이 바뀌었습니다.

▨ 비교 연산자 종류

앞에서 살펴본 것 외에도 다양한 비교 연산자가 있으므로 정리해서 살펴보겠습니다. 지금까지 '같다'
라는 의미로 '==='를 사용했습니다. 이것도 비교 연산자 중 하나입니다. '>='나 '<='와 같은 기호는
좀 낯설 수도 있지만 부등호의 '≥', '≤'와 같은 의미입니다. 기호를 세로로 배열했는가 가로로 배열
했는가의 차이입니다.

연산자	의미
A === B	A와 B가 동일한가
A > B	A가 B를 초과하는가
A < B	A가 B 미만인가
A >= B	A가 B 이상인가
A <= B	A가 B 이하인가
A !== B	A와 B가 같지 않은가

> ✅ TIP
>
> 기호 순서를 반대로 바꿔서 '=>'나 '=<'로 작성하면
> 연산자로 인식하지 않습니다. 틀리기 쉬우니 주의
> 하기 바랍니다.

다크 모드에 대응하는 웹사이트

다크 모드에 대응할 수 있는 웹사이트는 별로 많지 않습니다. 그래도 IT 계열이나 웹 제작과 관련된 웹사이트를 중심으로 조금씩 확산되기 시작하고 있습니다. 몇 가지 소개할 테니 디자인을 보여주는 방법이나 구현에 참고해보세요.

Mana's portfolio website

필자의 포트폴리오 웹사이트입니다. 다크 모드일 때는 큰 배경 이미지의 채도를 낮춰 보기 편하게 설정했습니다.

https://www.webcreatormana.com/

MDN Web Docs

웹 개발자를 대상으로 하는 리소스 사이트입니다. OS 설정에 따라 자동으로 전환되며 페이지 상단 버튼으로도 다크 모드와 라이트 모드를 바꿀 수 있습니다.

https://developer.mozilla.org/en-US/

web.dev

웹사이트 제작과 관련된 리소스, 학습 콘텐츠, 웹사이트 성능 등을 측정할 수 있는 웹사이트입니다. 페이지 하단 버튼으로 라이트 모드와 다크 모드를 전환할 수 있습니다.

https://web.dev/

Vue.js

자바스크립트 프레임워크인 Vue.js의 공식 웹사이트입니다. OS 설정 또는 페이지 상단 버튼으로 전환할 수 있습니다.

https://vuejs.org/

4.10 버튼 상태 변경

'필수 항목에 입력하면', '약관에 동의하면' 등 특정 조건을 충족하면 버튼을 누를 수 있는 폼을 본 적 있을 것입니다. 이것도 이벤트를 사용하면 간단히 구현할 수 있습니다.

■ 작성할 웹 페이지 소개 　▶ 예제　chapter4/10-demo

웹 페이지가 처음 열렸을 때는 버튼이 회색의 비활성화 상태여서 클릭할 수 없습니다.

체크박스에 체크하면 버튼이 클릭할 수 있는 상태로 바뀝니다.

■ 완성 코드

 index.html

```html
<!DOCTYPE html>
<html lang="ko">
<head>
    <meta charset="UTF-8">
    <meta name="viewport" content="width=device-width, initial-scale=1.0">
    <title>4.10 버튼 상태 변경</title>
    <link rel="stylesheet" href="https://unpkg.com/ress/dist/ress.min.css">
    <link rel="stylesheet" href="css/style.css">
    <script src="js/script.js" defer></script>
</head>
<body>
    <label><input id="check" type="checkbox"> 이용 약관에 동의</label>
    <input id="btn" type="submit" value="전송" disabled>
</body>
</html>
```

📜 js/script.js

```js
const isAgreed = document.querySelector('#check');
const btn = document.querySelector('#btn');

isAgreed.addEventListener('change', () => {
    btn.disabled = !isAgreed.checked;
});
```

📄 css/style.css

```css
body {
    text-align: center;
    padding: 2rem;
}
label {
    display: block;
    margin-bottom: 1rem;
}
#btn {
    background: #0bd;
    padding: .75rem 1rem;
    border-radius: 8px;
}
#btn:disabled {
    background: #ccc;
}
```

■ 디렉터리 구성

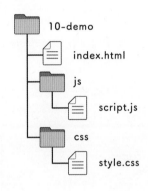

4.11 버튼 상태 변경 – 체크하면 버튼 활성화시키기

체크박스는 HTML의 <input> 태그로 구현할 수 있으며 '체크했는지', '체크하지 않았는지'와 같은 두 가지 상태로 전환됩니다. 체크 유무에 따라 처리를 수행할 수 있습니다.

■ 버튼을 클릭할 수 없도록 구현

`<input>` 태그의 type 속성이 checkbox인 체크박스를 HTML에 준비합니다. 그리고 버튼에는 disabled 속성을 부여하여 비활성화(버튼을 누를 수 없는 상태)로 설정해둡니다. 여기서는 '체크박스 체크 여부'와 '버튼 활성화 여부'의 두 가지 상태를 이용하여 구현하는 내용에 대해 살펴보겠습니다.

 index.html

CSS에서는 버튼에 가상 클래스인 :disabled를 만들고 체크가 비활성화인 상태에서는 버튼 배경색을 연한 회색으로 설정했습니다.

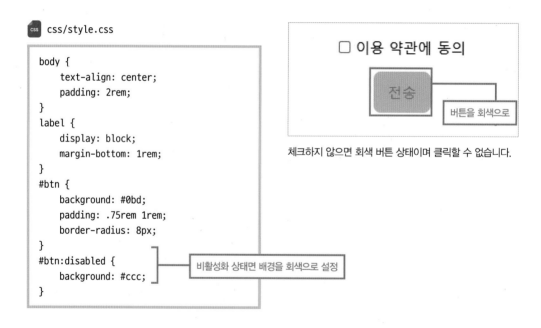

css/style.css

```css
body {
    text-align: center;
    padding: 2rem;
}
label {
    display: block;
    margin-bottom: 1rem;
}
#btn {
    background: #0bd;
    padding: .75rem 1rem;
    border-radius: 8px;
}
#btn:disabled {
    background: #ccc;
}
```

비활성화 상태면 배경을 회색으로 설정

체크하지 않으면 회색 버튼 상태이며 클릭할 수 없습니다.

■ 변화가 생기면 처리 내용 실행

우선 체크박스 요소를 isAgreed, 버튼을 btn이라고 하는 상수에 각각 저장해둡니다. 이어서 addEventListener() 메서드를 사용하여 이벤트를 지정합니다. 체크박스에 변화가 있을 때 실행시키려면 change 이벤트를 사용합니다. 처리 내용은 일단 콘솔에 '체크되었습니다'라는 메시지가 표시되도록 적어보겠습니다.

`JS` js/script.js

```js
const isAgreed = document.querySelector('#check');        ─── 상수를 각각 정의
const btn = document.querySelector('#btn');

isAgreed.addEventListener('change', () => {
  console.log('체크되었습니다');                          ─── 일단 콘솔에 표시
});
```

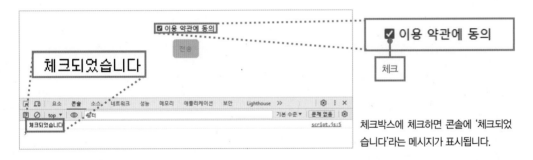

체크박스에 체크하면 콘솔에 '체크되었습니다'라는 메시지가 표시됩니다.

이어서 체크박스 상태가 어떻게 표시되는지도 살펴보겠습니다. console.log()의 괄호 안을 isAgreed.checked로 바꿔봅시다. 참고로 이것은 문자열이 아니므로 작은따옴표로 둘러쌀 필요는 없습니다.

`JS` js/script.js

```js
const isAgreed = document.querySelector('#check');
const btn = document.querySelector('#btn');

isAgreed.addEventListener('change', () => {
  console.log(isAgreed.checked);
});                                                        ─── 바꿔 쓰기
```

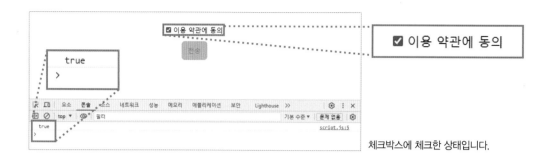

체크박스에 체크한 상태입니다.

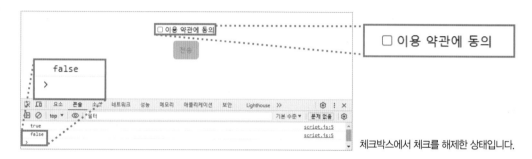

체크박스에서 체크를 해제한 상태입니다.

체크했을 때는 true, 체크를 해제했을 때는 false라고 콘솔에 떴습니다. 그런 문자열은 준비하지 않았는데 도대체 어떻게 표시된 것일까요? 사실 true나 false는 **진릿값**(또는 **불리언값**Boolean)이라는 특별한 데이터 타입입니다. 지금까지 '조건에 맞음', '조건에 맞지 않음'이라고 설명했습니다만 조건에 맞는 것을 true 또는 '참'으로, 맞지 않는 것을 false나 '거짓'으로 표현합니다. 네 또는 아니오로 대답할 수 있는 경우, 예를 들면 '18세 이상인가요?', '고양이 파인가요?', '체크했나요?'와 같은 질문에는 이처럼 true나 false로 답변합니다. 이번 예시에서는 체크했을 때 true로 표시되었으므로 '네. 체크했습니다'라는 답을 받았고, 체크를 해제했을 때 false로 표시되었으므로 '아니오. 체크되어 있지 않습니다'라는 답을 받은 것입니다.

■ if문을 사용하여 체크되어 있으면 버튼 활성화

이렇게 가져온 true나 false 답변을 바탕으로 조건을 적어보겠습니다. 우선 생각한 내용을 글로 적다 보면 내용을 정리할 수 있습니다.

JS 작성 예

```
만약(체크박스에 체크하면){
    버튼의 비활성화를 없앤다.(=버튼을 클릭할 수 있다.)
} 그렇지 않으면(체크박스에서 체크가 해제되면){
    버튼을 비활성화한다.
}
```

작성하고자 하는 조건을 글로 정리

HTML에서 버튼에 부여했던 disabled 속성은 요소에 .disabled라고 작성할 경우 자바스크립트에서도 조작할 수 있습니다. 웹 페이지를 처음 불러왔다면 disabled 속성이 붙어 있으므로 btn.disabled가 true인 상태, 즉 '버튼을 비활성화함' 상태입니다. 그리고 체크박스를 체크하면 버튼을 클릭할 수 있도록 '버튼의 비활성화를 없앰' 상태가 됩니다. 이를 위해 btn.disabled를 false로 설정합니다. 지금까지의 내용을 조건문으로 하여 코드를 작성해봅시다.

JS js/script.js

```javascript
const isAgreed = document.querySelector('#check');
const btn = document.querySelector('#btn');

isAgreed.addEventListener('change', () => {
//체크박스에 체크하면
    if (isAgreed.checked === true){
        //버튼의 비활성화를 없앤다.
        btn.disabled = false;
    //그렇지 않으면(체크박스에 체크가 해제되면)
    } else {
        // 버튼을 비활성화한다.
        btn.disabled = true;
    }
});
```

글로 정리한 내용을 조건문으로 하여 코드로 작성

또한 if문 조건 가운데 'OO에 해당되면'이라는 의미로 사용하는 === true는 생략할 수 있으므로 다음과 같이 작성해도 동일하게 동작합니다.

JS js/script.js

```javascript
const isAgreed = document.querySelector('#check');
const btn = document.querySelector('#btn');

isAgreed.addEventListener('change', () => {
```

```
    if (isAgreed.checked){
        btn.disabled = false;                          === true는 생략
    } else {
        btn.disabled = true;
    }
});
```

이것으로 체크 유무에 따라 버튼의 활성화, 비활성화를 조
작할 수 있게 되었습니다.

4.12 버튼 상태 변경 – 더욱 효율적인 구현 방법 생각하기

앞에서 설명한 방법으로 코드를 작성해도 프로그램은 문제없이 의도했던 대로 동작합니다. 다만 프로그
램을 효율적으로 구현하는 것도 중요하므로 더 효율적인 구현 방법이 있는지 함께 고민해봅시다.

▥ 체크와 버튼 간의 규칙 찾기

앞에서 if/else문으로 작성한 코드의 체크박스와 버튼 간 관계를 다시 검토해봅시다.

```
if (isAgreed.checked) {                true
    btn.disabled = false;
} else {      isAgreed.checked  →  false
    btn.disabled = true;
}
```

> 체크박스에 체크하면(isAgreed.checked)
> 버튼 비활성화(btn.disabled)
> 를 없앰(false)
> 체크박스에 체크가 해제되면(else일 때)
> 버튼 비활성화(btn.disabled)
> 를 함(true)

ture와 false를 사용하면 다음과 같이 바꿔 말할 수 있습니다.

- isAgreed.checked가 true면 btn.disabled는 false가 됨
- isAgreed.checked가 false면 btn.disabled는 true가 됨

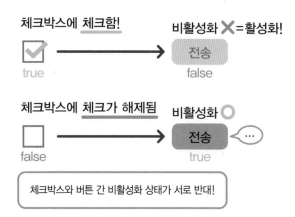

■ !를 사용해서 효율적으로 구현

앞에서 그림과 같이 체크박스와 버튼 간 비활성화 상태가 서로 반대인 것을 알 수 있었습니다. 그래서 반대를 뜻하는 기호인 !를 사용하겠습니다. !는 4.9절의 비교 연산자에서도 나왔는데요. 그때는 등호에 !를 붙여(!==) '똑같지 않다'는 뜻이라고 설명했습니다. 이번에는 체크 여부를 판정하는 isAgreed.checked 앞에 !를 붙여 결과를 부정하는, 즉 false로 다룹니다.

 js/script.js

```js
const isAgreed = document.querySelector('#check');
const btn = document.querySelector('#btn');

isAgreed.addEventListener('change', () => {
    btn.disabled = !isAgreed.checked;
});
```

앞에 !를 붙여서 false로 만든다.

이렇게 설정하면 반대의 결과가 대입됩니다. isAgreed.checked가 true면 false가, isAgreed.checked가 false면 true가 btn.disabled에 대입됩니다.

```
isAgreed.addEventListener('change', () => {
```
isAgreed.checked가 true면 → false가 대입됨
```
    btn.disabled = !isAgreed.checked;
```
isAgreed.checked가 false면 → true가 대입됨
```
    });
```

이처럼 true일 때 false, false일 때 true라고 코드를 짧게 줄일 수 있었습니다. 익숙해지기 전까지는 if나 else를 사용해서 프로그램을 작성해도 문제가 없지만 조금씩 더 효율적으로 구현하는 방법을 생각해보는 것이 좋습니다!

여러 데이터 타입

지금까지 문자열, 진릿값과 같은 데이터를 다루어 보았습니다. 이러한 데이터의 종류를 **데이터 타입**이라고 합니다. 데이터 타입에 따라 할 수 있는 것도 있고 할 수 없는 것도 있습니다. 예를 들어 '10'이 있을 때 이것이 숫자 값일 수도 있고 문자열일 수도 있는 것입니다. 이를 구별하고 데이터를 올바르게 다루려면 데이터 타입에 대해 이해해야 합니다.

숫자 타입에서 주의할 점

숫자를 작은따옴표나 큰따옴표로 둘러싸면 '숫자 타입'이 아니라 '문자열 타입'으로 인식됩니다. 그러면 사칙연산 등을 제대로 할 수 없습니다. 따라서 코드 작성 시 의도하지 않은 데이터 타입이 되지 않도록 주의해야 합니다. 예를 들면 다음과 같습니다.

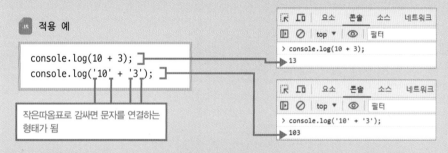

```
console.log(10 + 3);
console.log('10' + '3');
```

작은따옴표로 감싸면 문자를 연결하는 형태가 됨

```
> console.log(10 + 3);
  13
```

```
> console.log('10' + '3');
  103
```

여러 데이터 타입

데이터 타입 종류	의미	영문 표현	예
문자열	문자열을 나타냄	String	'Hello' / "안녕하세요"
숫자	숫자를 나타냄	Number	10 / 2.8 / −90
논릿값	true(참)인지 false(거짓)인지 진릿값을 나타냄	Boolean	true / false
Undefined	값이 할당되지 않은 상태를 나타냄	Undefined	undefined
Null	값이 없는 상태를 나타냄	Null	null
객체	여러 데이터를 참조	Object	{ a: 'hello', b: 10 }

4.13 페이지의 스크롤 양 표시

글이 주를 이루는 웹 페이지는 콘텐츠 양이 많아서 세로로 긴 페이지가 되기 쉬우며 페이지를 스크롤하는 양도 많아집니다. 여기서는 페이지 상단에 스크롤 양을 나타내는 '프로그레스 바'를 구현해보겠습니다.

■ 작성할 웹 페이지 소개 ▶ 예제 chapter4/13-demo

문장이 주를 이루는 웹 페이지에서는 '전체적으로 어느 정도 스크롤이 필요한지', '지금 어디쯤 있는지'를 사용자에게 전달할 수 있도록 친절하게 설계하는 것이 좋습니다.

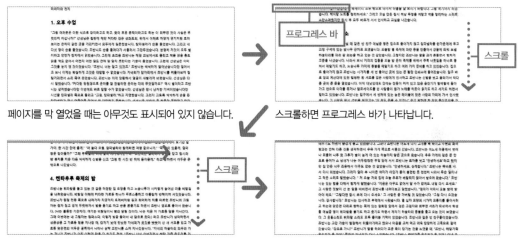

페이지를 막 열었을 때는 아무것도 표시되어 있지 않습니다.

스크롤하면 프로그레스 바가 나타납니다.

프로그레스 바의 위치로 현재 어느 정도 스크롤했는지 알 수 있습니다.

페이지 아래쪽으로 끝까지 스크롤하면 프로그레스 바가 오른쪽 끝에 도달합니다.

■ 완성 코드

HTML index.html

```html
<div id="bar"></div>

<article>
    <h1>은하철도의 밤</h1>
    <p>미야자와 겐지</p>

    <h2>1. 오후 수업</h2>
    <p>"그럼 여러분은 이런 식으로 강이라고도 하고, 젖이 흐른 흔적이라고도 하는 이 희뿌연 것이 사실은
무엇인지 아십니까?" 선생님은 칠판에 매단 커다란 검은 성좌도의, 위에서 아래로 하얗게 연기처럼 흐려 보이는
은하띠 같은 곳을 가리키면서 모두에게 질문했습니다. </p>

(...콘텐츠 내용 생략...)

</article>
```

JS js/script.js

```js
const getScrollPercent = () => {
  // 스크롤 양
  const scrolled = window.scrollY;

  // 페이지 전체 높이
  const pageHeight = document.documentElement.scrollHeight;

  // 표시 영역 높이
  const viewHeight = document.documentElement.clientHeight;

  // 스크롤한 비율
  const percentage = scrolled / (pageHeight - viewHeight) * 100;

  // 프로그레스 바의 폭 설정
  document.querySelector('#bar').style.width = '${percentage}%';
}

window.addEventListener('scroll', getScrollPercent);
```

```css
#bar {
    background-color: #0bd;
    position: fixed;
    top: 0;
    left: 0;
    height: 10px;
}
article {
    max-width: 800px;
    margin: auto;
    padding: 2rem;
    line-height: 1.8;
}
h2 {
    margin: 2rem 0 1rem;
}
```

■ 디렉터리 구성

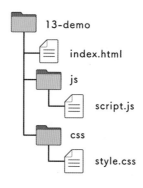

```
13-demo
├── index.html
├── js
│   └── script.js
└── css
    └── style.css
```

4.14 페이지의 스크롤 양 표시 – 스크롤 양 가져오기

이번에는 스크롤했을 때 발생한 이벤트를 사용합니다. 우선 표시하고 있는 웹 페이지에서 스크롤된 양을 가져오겠습니다.

■ 구현 단계

4.14절~4.16절에서 다루는 내용이 다소 복잡할 수 있습니다. 본격적으로 학습하기에 앞서 어떻게 구현할지 과정을 먼저 정리해보겠습니다.

❶ 프로그레스 바 구현
❷ 스크롤 양 가져오기
❸ 페이지 사이즈 가져오기
❹ 스크롤한 비율 계산
❺ 프로그레스 바의 폭 설정

우선 HTML과 CSS에서 웹 페이지 상단에 표시할 프로그레스 바를 구현합니다. HTML에서는 bar 라는 ID가 붙은 빈 `<div>` 태그를 준비했습니다. 여기에 스크롤 양에 따라 늘어났다가 줄었다가 하는 가로 선이 표시되도록 만듭니다.

HTML index.html

```
<div id="bar"></div>                                          bar라는 ID를 가진 div 작성

<article>
    <h1>은하철도의 밤</h1>
    <p>미야자와 겐지</p>

    <h2>1. 오후 수업</h2>
    <p>"그럼 여러분은 이런 식으로 강이라고도 하고, 젖이 흐른 흔적이라고도 하는 이 희뿌연 것이 사실은
무엇인지 아십니까?" 선생님은 칠판에 매단 커다란 검은 성좌도의, 위에서 아래로 하얗게 연기처럼 흐려 보이는
은하띠 같은 곳을 가리키면서 모두에게 질문했습니다. </p>

(...콘텐츠 내용 생략...)

</article>
```

CSS에서는 bar라는 ID에 배경색을 하늘색으로 설정하고 `position: fixed;`로 화면 상단에 고정시켰습니다. 아직 폭을 지정하지 않았기 때문에 아무것도 표시되지 않지만 `width: 100%`를 추가하면 프로그레스 바가 왼쪽 끝에서 오른쪽 끝까지 표시됩니다. 폭은 나중에 자바스크립트에서 설정할 것이므로 지금은 작성하지 않고 진행합니다.

CSS css/style.css

```
#bar {
    background-color: #0bd;
    position: fixed;                                          배경색을 하늘색으로 설정
    top: 0;
    left: 0;
    height: 10px;
}
article {
    max-width: 800px;
```

```
    margin: auto;
    padding: 2rem;
    line-height: 1.8;
}
h2 {
    margin: 2rem 0 1rem;
}
```

하늘색 선

은하철도의 밤

미야자와 겐지

1. 오후 수업

"그럼 여러분은 이런 식으로 강이라고도 하고, 젖이 흐른 흔적이라고도 하는 이 희뿌연 것이 사실은 무엇인지 아십니까?" 선생님은 칠판에 매단 커다란 검은 성좌도의, 위에서 아래로 하얗게 연기처럼 흐려 보이는 은하띠 같은 곳을 가리키면서 모두에게 질문했습니다. 캄파넬라가 손을 들었습니다. 그리고 네다섯 명이 손을 들었습니다. 조반니도 손을 들려다가 서둘러서 그만두었습니다. 분명히 저것이 모두 별이라고 언젠가 잡지에서 읽었는니다. 그런데 요즈음 조반니는 매일 교실에서도 졸리고 책을 읽을 틈도 읽을 책도 없어서 어쩐지 어떤 일도 전혀 잘 알지 못한다는 기분이 들었습니다. 그런데 선생님은 이미 그것을 눈치 챈 것이었습니다. "조반니, 너는 알고 있겠죠." 조반니는 씩씩하게 일어났습니다만 일어서고 보니 이제는 확실하게 그것은 대답할 수 없었습니다. 자네리가 앞자리에서 조반니를 뒤돌아보며 킬킬거리면서 소리 죽여 웃었습니다. 조반니는 이제 당황해서 얼굴이 새빨개져 버렸습니다. 선생님은 다시 말했습니다. "커다란 망원경으로 은하를 잘 관찰하면 은하는 대체 무엇일까요?" 역시 별이라고 조반니는 생각했습니다만 이번에도 바로 답할 수가 없었습니다. 선생님은 잠시 난처한 기색이었습니다만 시선을 캄파넬라 쪽으로 돌리고 "그럼, 캄파넬라."하고 지명했습니다. 그러자 그토록 씩씩하게 손을 든 캄파넬라가 역시 머뭇머뭇 일어선 채 대답하지 못했습니다. 선생님은 의외인 듯 한동안 꼼짝않고 캄파넬라를 보고 있었습니다만 서둘러 "그럼, 좋습니다."라고 말하며 직접 항성도를 가리켰습니다. "이 희부연 은하를 크고 좋은 망원경을 보면 정말 수많은 작은 별로 보입니다. 조반니, 그러지요?" 조반니는 새빨개져서 고개를 끄덕였습니다. 하지만 어느새 조반니의 눈에는 눈물이 가득 고였습니다. '그래, 나는 알고 있었다. 물론 캄파넬라도 알고 있다. 그것은 언젠가 캄파넬라의 아버지인 박사님 집에서 캄파넬라와 함께 읽은 잡지 속에 있었던 것이다.' 그뿐만 아니라 캄파넬라는 그 잡지를 읽자 곧장 아버지 서재에서 큰 책을 찾고 와서 은하라는 부분을 펼치고 새까만 페이지에 수 많은 흰 점들이 있는 아름다운 사진을 둘이서 언제까지나 보았던 것이었습니다. '그것을 캄파넬라가 잊었을리 없었을텐데 바로 대답하지

시험 삼아 bar에 width: 100%;를 추가하면 하늘색 선이 표시됩니다.

스크롤 양 가져오기

스크롤했을 때의 이벤트 설정

scroll 이벤트는 화면을 스크롤할 때마다 발생합니다. 화면과 관련된 것이므로 window 객체에 addEventListener() 메서드로 이벤트를 설정하겠습니다. 이번에는 이벤트가 발생했을 때 처리할 내용이 조금 길어질 것 같으니 함수를 준비해서 이벤트가 발생하면 호출하는 방식으로 구현하겠습니다. getScrollPercent라는 함수를 만들고 일단 콘솔에서 '스크롤 했습니다'라고 나타나도록 작성합니다.

```
const getScrollPercent = () => {
    console.log('스크롤했습니다');
}

window.addEventListener('scroll', getScrollPercent);
```

콘솔 설정

이벤트 설정

함수명

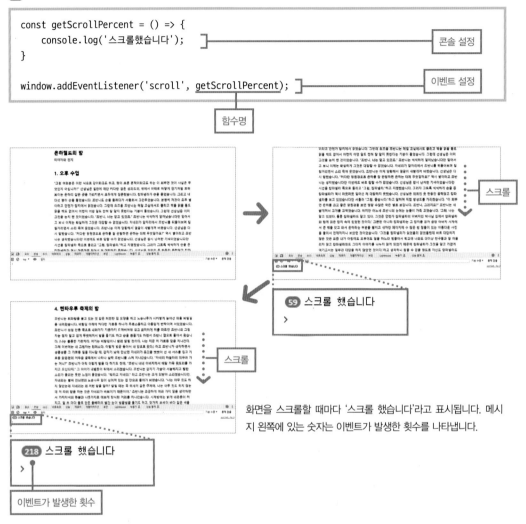

화면을 스크롤할 때마다 '스크롤 했습니다'라고 표시됩니다. 메시지 왼쪽에 있는 숫자는 이벤트가 발생한 횟수를 나타냅니다.

이벤트가 발생한 횟수

scrollY로 스크롤 양 가져오기

스크롤할 때마다 getScrollPercent 함수를 호출할 수 있게 되었다면 이번에는 얼마나 스크롤되었는지 가져와봅시다. 스크롤 양은 scrollY로 가져올 수 있습니다. window 객체의 스크롤 양이므로 마침표로 연결하면 window.scrollY가 됩니다. 이제 페이지 맨 위에서 수직 방향으로 스크롤된 px만큼 값이 반환됩니다. 콘솔에는 템플릿 문자열(77쪽 '템플릿 문자열 사용' 참고)을 사용하여 스크롤 양과 조금 전의 '스크롤 했습니다'를 연결하여 표시합니다.

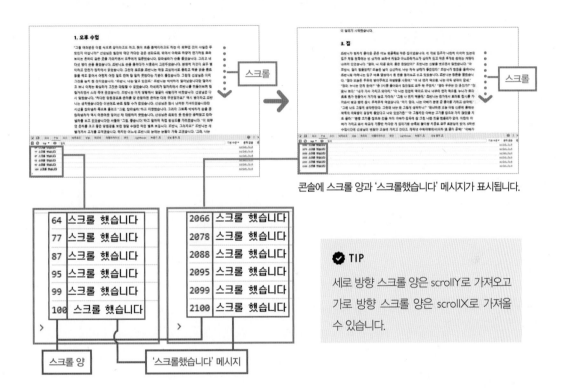 js/script.js

```js
const getScrollPercent = () => {
    // 스크롤 양
    const scrolled = window.scrollY;
    console.log(`${scrolled} 스크롤했습니다`);
}

window.addEventListener('scroll', getScrollPercent);
```

추가

템플릿 문자열

스크롤

스크롤

콘솔에 스크롤 양과 '스크롤했습니다' 메시지가 표시됩니다.

64	스크롤 했습니다
77	스크롤 했습니다
87	스크롤 했습니다
95	스크롤 했습니다
99	스크롤 했습니다
100	스크롤 했습니다

2066	스크롤 했습니다
2078	스크롤 했습니다
2088	스크롤 했습니다
2095	스크롤 했습니다
2099	스크롤 했습니다
2100	스크롤 했습니다

스크롤 양

'스크롤했습니다' 메시지

> **TIP**
>
> 세로 방향 스크롤 양은 scrollY로 가져오고
> 가로 방향 스크롤 양은 scrollX로 가져올
> 수 있습니다.

4.15 페이지의 스크롤 양 표시 - 페이지 사이즈 가져오기

프로그레스 바는 전체 높이 중 현재 얼마나 스크롤되었는지에 대한 비율을 표시합니다. 그러므로 원래 스크롤할 수 있는 페이지의 높이를 알아야 합니다. 이를 가져오는 방법을 살펴보겠습니다.

페이지 전체의 높이는 금방 가져올 수 있을 것 같지만 '스크롤 가능한 높이'는 계산이 조금 필요합니다. 페이지 높이의 범위는 맨 위에서 맨 아래까지이지만 그 안에서 표시 영역(현재 표시되고 있는 화면)의 높이는 고려하지 않습니다.

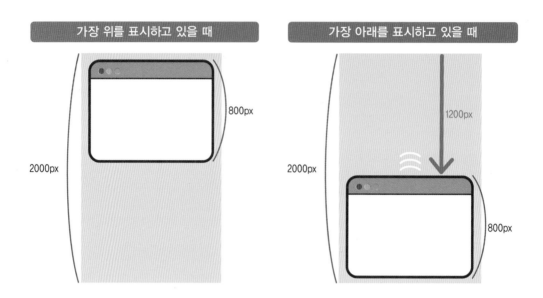

앞에서 설명한 스크롤 양을 가져오는 방법도 함께 생각해보세요. 여기서는 그림과 같이 페이지의 높이를 2000px, 표시 영역의 높이를 800px이라고 하겠습니다. 전혀 스크롤하지 않은 상태라면 스크롤 양은 0입니다(그림에서 왼쪽 상태). 1200px을 스크롤하면 맨 아래에 도달하여 더 이상 스크롤할 수 없게 됩니다(그림에서 오른쪽 상태). 표시 영역의 높이가 800px이므로 스크롤 가능한 페이지의 높이는 페이지 전체 높이에서 표시 영역의 높이를 뺀 수치입니다. 그러면 계산을 시작하기 전에 각각의 높이를 가져와봅시다.

페이지 전체 높이

페이지 높이는 scrollHeight로 가져옵니다. 이번에 구현하는 페이지처럼 콘텐츠 양이 많아서 세로 스크롤이 발생할 경우 화면에 표시되지 않은 늘어난 부분의 높이도 포함합니다. DOM 관점에서 생각하면 페이지의 루트가 되는 <html> 태그로 작성된 부분은 document.documentElement라고 지정됩니다. 여기에 `.scrollHeight`를 붙이면 페이지 높이를 가져올 수 있습니다. 여기서는 상수 `pageHeight`에 대입했습니다.

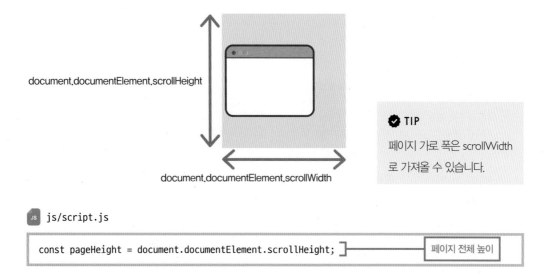

> ✅ **TIP**
> 페이지 가로 폭은 scrollWidth
> 로 가져올 수 있습니다.

📄 js/script.js

```
const pageHeight = document.documentElement.scrollHeight;
```
페이지 전체 높이

표시 영역 높이

콘텐츠 표시 영역 중 스크롤 바를 포함하지 않는 부분의 높이는 `clientHeight`로 가져옵니다. 여기도 `document.documentElement`를 사용하면 됩니다. 여기에서는 상수 `viewHeight`에 대입했습니다.

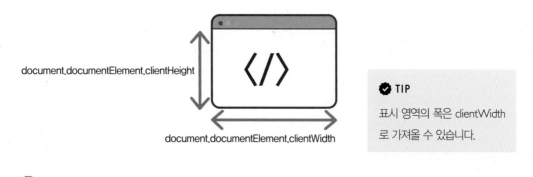

> ✅ **TIP**
> 표시 영역의 폭은 clientWidth
> 로 가져올 수 있습니다.

📄 js/script.js

```
const viewHeight = document.documentElement.clientHeight;
```

지금부터는 **getScrollPercent** 안에 들어갈 내용을 작성해봅시다. 콘솔에 페이지 높이와 표시 영역 높이를 제대로 가져오고 있는지 표시해보겠습니다.

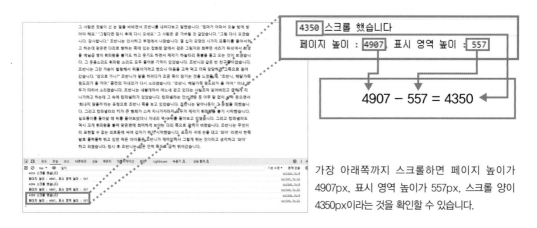 js/script.js

```javascript
const getScrollPercent = () => {
    // 스크롤 양
    const scrolled = window.scrollY;
    console.log(`${scrolled} 스크롤했습니다`);

    // 페이지 전체 높이
    const pageHeight = document.documentElement.scrollHeight;          ┤─ 페이지 전체 높이 작성

    // 표시 영역 높이
    const viewHeight = document.documentElement.clientHeight;          ┤─ 표시 영역 높이 작성

    console.log(`페이지 높이 : ${pageHeight}, 표시 영역 높이 : ${viewHeight}`)
}                                                                      └─ 콘솔로 제대로 가져왔는지 확인
window.addEventListener('scroll', getScrollPercent);
```

앞에서 구현했던 스크롤 양과 함께 페이지 높이와 표시 영역 높이도 콘솔에 표시되었습니다. 맨 아래까지 스크롤하면 페이지 높이에서 표시 영역 높이를 뺀 수치가 스크롤 양과 일치한다는 것을 알 수 있습니다.

가장 아래쪽까지 스크롤하면 페이지 높이가 4907px, 표시 영역 높이가 557px, 스크롤 양이 4350px이라는 것을 확인할 수 있습니다.

제대로 표시된 것을 확인했다면 이 테스트 메시지는 불필요하므로 콘솔 코드를 주석 처리해둡시다.

4.16 페이지의 스크롤 양 표시 – 계산식 작성

스크롤 양과 페이지 높이 등 필요한 재료가 모두 모였으므로 이제는 계산식을 적용해서 프로그레스 바의 폭을 구현해봅시다.

04 스크롤한 비율 계산

가져온 수치를 사용하여 얼마나 스크롤되었는지 비율을 도출합니다.

JS 계산식

```
스크롤 양 ÷ 스크롤 가능한 페이지 높이 × 100
```

이 식을 활용하면 현재 페이지의 몇 %만큼 스크롤했는지 0~100의 수치로 나타낼 수 있습니다. 스크롤 가능한 페이지의 높이는 페이지 전체 높이에서 표시 영역 높이를 뺀 수치였습니다. 그러므로 그것도 식에 적용하면 다음과 같이 됩니다.

JS 계산식

```
스크롤 양 ÷ (페이지 전체 높이 - 표시 영역 높이) × 100
```

이제 이 계산식을 어떻게 작성할 것인가가 문제인데, 기호가 조금 바뀌겠지만 산수나 수학에서 사용하는 사칙연산을 자바스크립트에서도 이용할 수 있습니다. 시험 삼아 콘솔에 '10+3'이라는 결과가 나오도록 작성해보세요. 수치를 계산할 때는 138쪽의 'COLUMN 여러 데이터 타입'에서 소개한 숫자형을 이용하므로 작은따옴표로 둘러쌀 필요가 없습니다.

JS 적용 예

```
console.log(10 + 3);
```

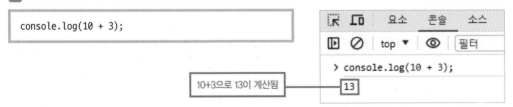

10+3으로 13이 계산됨

덧셈, 뺄셈은 +와 −를 그대로 사용하면 되지만 곱셈이나 나눗셈은 기호가 조금 바뀝니다. 곱셈은 ×가 아니라 *(애스터리스크), 나눗셈은 ÷가 아니라 /(슬래시)를 사용합니다.

Js 적용 예

```js
console.log(10 * 3);
```

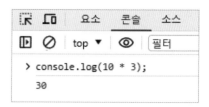

10*3, 즉 10×3의 결과가 30으로 표시되었습니다. 이렇게 숫자를 계산하기 위한 기호를 **산술 연산자**라고 합니다. 그리고 산술 연산자는 여러 연산자를 조합할 수 있습니다. 이때 우선순위는 산수와 마찬가지로 덧셈이나 뺄셈보다 곱셈이나 나눗셈이 우선입니다. 예를 들어 다음과 같이 덧셈과 곱셈을 조합한 식을 만들어보겠습니다.

Js 적용 예

```js
console.log(10 + 3 * 2);
```

곱하기를 먼저 계산하므로 결과는 16이 되었습니다(10+3을 먼저 계산한 26이 아님). 이 우선순위를 바꾸고 싶다면 더하기 식을 괄호로 감쌉니다.

Js 적용 예

```js
console.log((10 + 3) * 2);
```

괄호로 감싸기

그러면 더하기가 먼저 계산되므로 아까와 다른 결과인 26이 나타납니다.

산술 연산자

그 외의 산술 연산자도 여기에 정리해두었습니다. 덧셈, 뺄셈, 곱셈, 나눗셈은 앞으로도 자주 사용할 것이므로 잘 기억해두기 바랍니다.

산술 연산자	의미	예	결과
+	더하기	10 + 3	13
−	빼기	10 − 3	7
*	곱하기	10 * 3	30
/	나누기	10 / 3	3.3333333333333335
%	나눗셈의 나머지	10 % 3	1
**	거듭제곱	10 ** 3	1000

산술 연산자에 대해서도 이해했으므로 실제 프로그레스 바의 가로 폭을 자바스크립트로 작성해 봅시다!

JS js/script.js

```
const percentage = 스크롤 양 ÷ (페이지 전체 높이 - 표시 영역 높이) × 100
```

스크롤 양은 상수 scrolled, 페이지 전체 높이는 상수 pageHeight, 표시 영역 높이는 상수 viewHeight 로 대입했습니다. 계산식에 적용하여 새로 정의한 상수 percentage에 대입해보세요. 어떻게 작동하는지 콘솔에서 확인해보겠습니다.

JS js/script.js

```
const getScrollPercent = () => {
  // 스크롤 양
  const scrolled = window.scrollY;

  // 페이지 전체 높이
  const pageHeight = document.documentElement.scrollHeight;

  // 표시 영역 높이
  const viewHeight = document.documentElement.clientHeight;

  // 스크롤한 비율
  const percentage = scrolled / (pageHeight - viewHeight) * 100;   ⟵ 추가
  console.log(percentage);
}                                                                   ⟵ 새롭게 정의한 상수

window.addEventListener('scroll', getScrollPercent);
```

콘솔을 보면 스크롤할 때마다 숫자가 커지는 것을 확인할 수 있습니다. 콘솔에서 확인한 후에는 `console.log(percentage);`를 삭제해도 됩니다.

5 프로그레스 바의 폭 설정

그리고 스크롤한 비율을 계산한 뒤 여기에 bar라는 ID에 가로 폭(width)으로 스타일을 부여하면 프로그레스 바의 폭 설정이 완성됩니다. 너빗값에는 % 단위도 필요하므로 템플릿 문자열로 지정합니다.

📄 js/script.js

```js
const getScrollPercent = () => {
    // 스크롤 양
    const scrolled = window.scrollY;

    // 페이지 전체 높이
    const pageHeight = document.documentElement.scrollHeight;

    // 표시 영역 높이
    const viewHeight = document.documentElement.clientHeight;

    // 스크롤한 비율
    const percentage = scrolled / (pageHeight - viewHeight) * 100;

    // 프로그레스 바의 폭 설정
    document.querySelector('#bar').style.width = `${percentage}%`;
}
window.addEventListener('scroll', getScrollPercent);
```

값에 % 붙이기

추가

bar라는 ID에 가로 폭 스타일 부여

템플릿 문자열로 설정

이렇게 해서 스크롤할 때마다 bar라는 ID의 `width` 값이 변경되어 스크롤에 따라 늘었다가 줄었다가 하는 프로그레스 바가 완성되었습니다.

여러 개의 조건을 조합할 수 있는 논리 연산자

'○○ 이상이면서 ○○○ 이하'와 같이 여러 개의 조건을 만들 때는 **논리 연산자**라고 불리는 연산자를 사용하여 조건식을 연결합니다. 예를 들어 9시부터 12시까지는 '모닝 회원'이 이용할 수 있고 8시 또는 23시 시간대에는 '조조 & 야간 회원'이 이용할 수 있는 헬스장을 가정하여 프로그램을 작성해보세요.

&&(AND 그리고)   ▶ 예제   chapter4/col-andor-demo

두 가지 조건을 모두 만족해야 하는 조건을 **AND 조건**이라고 하며 &(앰퍼샌드AMPERSAND) 기호 두 개를 연결하여 조건식 사이에 붙여서 작성합니다.

> JS 작성 예

```
조건식 1 && 조건식 2
```

이 작성 예는 조건식 1과 조건식 2에 전부 해당된다는 의미입니다. 그러면 9시부터 12시까지 콘솔에 '모닝 회원'이라고 나타나도록 작성해보겠습니다. 시간을 나타내는 상수 hour를 준비하고 조건 부분에는 hour의 값이 '9 이상'이면서 '12 미만'이라고 작성합니다.

> JS 예

```
const hour = 9;

if(hour >= 9 && hour < 12){
    console.log('모닝 회원');
}
```

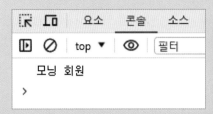

상수 hour에 9~12 사이의 값을 넣으면 콘솔에 '모닝 회원'이라고 나타납니다.

||(OR 또는)

두 개의 조건 중 아무거나 1개만 만족해도 되는 조건을 **OR 조건**이라고 하며 |(버티컬바[vertical bar]) 기호 두 개를 조건식 사이에 붙여서 작성합니다.

📄 작성 예

```
조건식1 || 조건식2
```

이번 예에서는 8시 또는 23시면 콘솔에 '조조 & 야간 회원'이라고 표시되도록 작성해야 하므로 조건은 hour 값 8 또는 23이 됩니다.

📄 예

```
const hour = 23;

if(hour === 8 || hour === 23){
    console.log('조조 & 야간 회원');
}
```

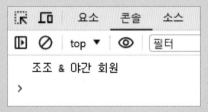

상수 hour에 8이나 23을 넣으면 콘솔에 '조조 & 야간 회원' 이라고 나타납니다.

추가로 논리 연산자는 '&&', '||'처럼 두 기호 사이에 공백이 들어가면 에러가 발생하므로 주의하기 바랍니다.

여러 데이터 사용해보기

물건 이름, 가격, 개수, 색 등 우리 주변에는 다양한 데이터(정보)가 존재합니다. 여기서는 자바스크립트로 여러 데이터를 다루는 데 필요한 기본 작성법과 반복적인 처리 방법을 알아보겠습니다.

5.1 이미지 목록 페이지 소개

과일 주스 메뉴를 한눈에 볼 수 있는 웹 페이지를 작성합니다. HTML이 아닌 자바스크립트에 이미지나 텍스트 정보를 기술한 후 페이지 위에 표시될 때까지의 흐름을 학습합니다.

■ 작성할 웹 페이지 소개　▶ 예제　chapter5/MenuList

다음 이미지를 확인해보면 알겠지만 외형적으로 심플한 웹 페이지를 만들 것입니다. '클릭하면 뭔가 변화가 일어난다'와 같은 기능도 없습니다. 이러한 웹 페이지는 HTML과 CSS만으로도 구현할 수 있을 것 같습니다. 하지만 HTML 코드에 주목해보세요. HTML에는 이미지나 메뉴명, 가격 등의 정보가 전혀 없으며 자바스크립트 파일 쪽에서 그러한 내용을 볼 수 있습니다. 자바스크립트로 콘텐츠를 준비했다는 뜻이지요. 이 예시에서 사용한 6개 정도의 데이터 모음만으로는 자바스크립트가 얼마나 고마운지 깨닫지 못할 수도 있습니다. 하지만 HTML 태그를 쓰지 않아도 데이터를 추가하거나 수정할 수 있다는 점은 매우 편리한 활용법이 될 수 있습니다.* 우선 그 첫걸음으로 자바스크립트를 사용하여 다양한 데이터를 다루는 방법에 대해 살펴보겠습니다!

---

* 이 책에서는 다루지 않았으나 데이터 추가, 수정 외에 외부에서 관리하는 데이터를 읽어 들여 표시할 수도 있습니다.

■ 완성 코드

📄 index.html

```html
<!DOCTYPE html>
<html lang="ko">
<head>
    <meta charset="UTF-8">
    <meta name="viewport" content="width=device-width, initial-scale=1.0">
    <title>메뉴 목록</title>
    <link rel="stylesheet" href="https://unpkg.com/ress/dist/ress.min.css">
    <link rel="preconnect" href="https://fonts.googleapis.com">
    <link rel="preconnect" href="https://fonts.gstatic.com" crossorigin>
    <link href="https://fonts.googleapis.com/css2?family=Noto+Serif+KR&display=swap"
rel="stylesheet">
    <link rel="stylesheet" href="css/style.css">
    <script src="js/script.js" defer></script>
</head>
<body>
    <h1>Fruit Juice</h1>
    <div id="menu"></div>
</body>
</html>
```

> HTML에는 이미지, 메뉴명,
> 가격 등과 같은 정보가 없음

📄 js/script.js

```javascript
const menu = document.querySelector('#menu');

const lists = [
    {
        name: '딸기',
        img: 'strawberry.jpg',
        price: 4500,
    },
    {
        name: '라임',
        img: 'lime.jpg',
        price: 4000,
    },
    {
        name: '망고',
        img: 'mango.jpg',
        price: 5000,
    },
```

> 자바스크립트에는 메뉴명,
> 가격 등의 정보가 있음

```javascript
    {
        name: '레몬',               ──── 메뉴명
        img: 'lemon.jpg',
        price: 4000,              ──── 가격
    },
    {
        name: '무화과',
        img: 'fig.jpg',
        price: 5000,
    },
    {
        name: '사과',
        img: 'apple.jpg',
        price: 4000,
    },
];

for(let i = 0; i < lists.length; i++){
    const {name, img, price} = lists[i];
    const content = `<div><img src="images/${img}" alt=""><h2>${name}</h2><p>${price}원</p></div>`;
    menu.insertAdjacentHTML('beforeend', content);
}
```

CSS css/style.css

```css
body {
    text-align: center;
    font-family: 'Noto Serif KR', serif;
}
#menu {
    display: grid;
    gap: 30px;
    grid-template-columns: repeat(auto-fit, minmax(300px, 1fr));
    max-width: 1020px;
    margin: auto;
    padding: 30px;
}
img {
    width: 100%;
    aspect-ratio: 4 / 3;
    object-fit: cover;
}
h1 {
    margin: 30px 0;
```

```
        font-size: 40px;
    }
    h2 {
        margin-top: 6px;
    }
```

■ 디렉터리 구성

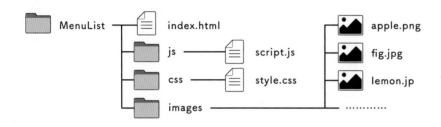

5.2 insertAdjacentHTML로 HTML 태그 삽입하기

여기서는 이미지, 텍스트 등 HTML 태그가 포함된 콘텐츠를 자바스크립트로 삽입합니다. 우선 기본 작성 방법을 기억해두세요.

■ 빈 div 준비하기 ▶ 예제 chapter5/02-demo

HTML에 menu라는 ID가 붙은 `<div>` 태그를 준비합니다. 안에 텍스트 등의 요소는 없으며 빈 상태 입니다. 여기에 이미지나 텍스트 등을 넣도록 자바스크립트로 지시합니다.

index.html

```
<!DOCTYPE html>
<html lang="ko">
<head>
    (…생략…)
</head>
```

```
<body>
    <h1>Fruit Juice</h1>
    <div id="menu"></div>  ┐
</body>                    │──────────────────  menu라는 ID가 붙은 <div> 태그
</html>
```

CSS에는 여러 개의 이미지를 타일 형태로 나열하기 위한 내용이 작성되어 있습니다. 레이아웃을 정
돈하는 것 외에 특별한 설정은 없습니다.

css css/style.css

```
body {
    text-align: center;
    font-family: 'Noto Serif KR', serif;
}
#menu {
    display: grid;
    gap: 30px;
    grid-template-columns: repeat(auto-fit, minmax(300px, 1fr));
    max-width: 1020px;
    margin: auto;
    padding: 30px;
}
img {
    width: 100%;
    aspect-ratio: 4 / 3;
    object-fit: cover;
}
h1 {
    margin: 30px 0;
    font-size: 40px;
}
h2 {
    margin-top: 6px;
}
```

자바스크립트에서는 menu라는 ID의 div를 menu라는 상수에 넣었습니다. 또 삽입하려는 콘텐츠 내
용을 템플릿 문자열에서 상수 content로 정리했습니다. 상수 content는 images 폴더 내에 저장된
strawberry.jpg라는 딸기 주스 이미지를 div에 넣어둔다는 내용입니다. 이 시점에서는 딸기 주스
이미지 하나를 상수에 넣었을 뿐이므로 index.html을 열어 확인해도 표시되는 것이 없습니다.

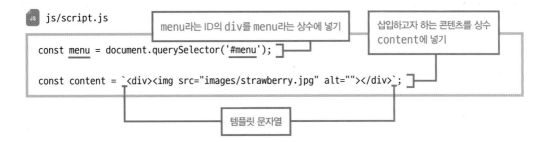

```js
js/script.js
```

const menu = document.querySelector('#menu');

const content = `<div><img src="images/strawberry.jpg" alt=""></div>`;

이어서 상수 menu에 상수 content의 내용을 넣고 싶을 텐데요. 지금까지는 textContent를 사용하여 문자열 등을 표시했습니다. 그 방법으로 이미지가 표시되는지 시험 삼아 적어봅시다.

```js
js/script.js
```

```js
const menu = document.querySelector('#menu');

const content = '<div><img src="images/strawberry.jpg" alt=""></div>';
menu.textContent = content;
```
추가

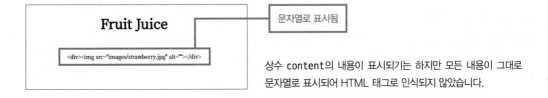

문자열로 표시됨

상수 content의 내용이 표시되기는 하지만 모든 내용이 그대로 문자열로 표시되어 HTML 태그로 인식되지 않았습니다.

■ insertAdjacentHTML()을 사용해서 HTML로 표시

이럴 때 사용할 수 있는 것이 insertAdjacentHTML() 메서드입니다. HTML을 삽입하고자 하는 요소를 지정하고 괄호 안 첫 번째 인수에 HTML 삽입 위치, 두 번째 인수에 삽입하려는 내용을 지정합니다.

```js
작성 예
```

```js
요소.insertAdjacentHTML('삽입 위치', 삽입 내용);
```

삽입 위치는 다음 네 가지 중에서 설정할 수 있습니다.

- beforebegin : 요소 직전에 삽입
- afterbegin : 요소 내부, 가장 먼저 나오는 자식 요소의 앞에 삽입
- beforeend : 요소 내부, 가장 나중에 나오는 자식 요소의 뒤에 삽입
- afterend : 요소 직후에 삽입

그러면 아까 작성한 `menu.textContent = content;`는 주석 처리하고 `insertAdjacentHTML()` 메서드를 사용하여 작성해보겠습니다. HTML을 삽입하려는 요소는 상수 menu입니다. 괄호 안의 삽입 위치는 beforeend로 하고 div의 닫힘 태그 직전에 요소를 추가할 수 있게 합니다. 이 삽입 위치는 문자열로 취급하므로 작은따옴표로 둘러싸야 합니다. 삽입 내용은 상수 content입니다. 문자열이 아닌 상수명을 호출하므로 여기에는 작은따옴표가 필요 없습니다.

JS js/script.js

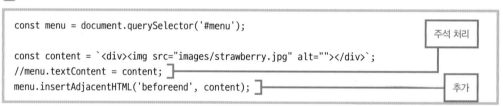

```js
const menu = document.querySelector('#menu');

const content = `<div><img src="images/strawberry.jpg" alt=""></div>`;
//menu.textContent = content;
menu.insertAdjacentHTML('beforeend', content);
```

주석 처리

추가

딸기 주스 이미지가 표시되었습니다! 문자열이 아니라 제대로 된 HTML 태그로 인식되었습니다.*

---

* textContent와 비슷한 작성 방법으로 HTML 태그를 사용할 수 있는 innerHTML도 있습니다. innerHTML은 HTML 태그를 추가하는 것이 아니라 치환하므로 원래 있던 HTML 요소가 없어집니다. 이벤트를 설정했을 때 의도하지 않은 동작을 초래할 우려도 있으므로 이 책에서는 사용하지 않습니다.

구글 폰트 사용하기

앞서 설명한 예제에서는 'Noto Serif Korean'이라는 글꼴을 사용했는데 이때 구글이 제공하는 '구글 폰트 Google Fonts'라는 웹 서비스를 활용했습니다. 구글 폰트에서는 한글 글꼴을 포함해 전 세계 많은 언어의 글꼴을 무료로 이용할 수 있습니다. 사용하려면 구글 폰트 웹사이트(https://fonts.google.com/)에 접속하여 이용하고 싶은 글꼴을 클릭합니다. 글꼴명을 알고 있다면 화면 상단의 'Search fonts'에서 글꼴명을 검색합니다.

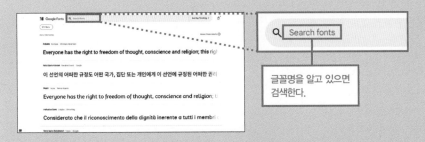

사용하고 싶은 글꼴의 크기를 선택합니다. 여기서는 'Regular 400'을 선택했습니다.

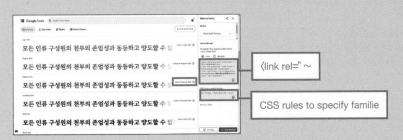

화면 오른쪽에 선택한 글꼴이 나타납니다. 화면 오른쪽에 리스트가 나오지 않을 경우 페이지 오른쪽 위에 있는 장바구니 아이콘을 클릭하면 표시됩니다. `<link rel="` 로 시작되는 코드를 HTML의 head 안에 작성합니다.

index.html

```
<!DOCTYPE html>
<html lang="ko">
<head>
    <meta charset="UTF-8">
    <meta name="viewport" content="width=device-width, initial-scale=1.0">
    <title>메뉴 목록</title>
```

```
    <link rel="stylesheet" href="https://unpkg.com/ress/dist/ress.min.css">
    <link rel="preconnect" href="https://fonts.googleapis.com">
    <link rel="preconnect" href="https://fonts.gstatic.com" crossorigin>
    <link href="https://fonts.googleapis.com/css2?family=Noto+Serif+KR&display=swap"
rel="stylesheet">
    <link rel="stylesheet" href="css/style.css">
    <script src="js/script.js" defer></script>
</head>
<body>
    <h1>Fruit Juice</h1>
    <div id="menu"></div>
</body>
</html>
```

HTML head 안에 작성

그리고 글꼴을 적용하고 싶은 요소에는 'CSS rules to specify families'에 기록된 코드를 작성합니다. 이 샘플에서는 **<body>** 태그에 적용했습니다.

CSS css/style.css

```
body {
    text-align: center;
    font-family: 'Noto Serif KR', serif;
}
```

<body> 태그에 적용

웹 페이지 전체 글꼴이 바뀌었습니다. 글꼴만 바뀌어도 느낌이 크게 달라집니다.

5.3 배열로 여러 이미지 파일명 모으기

앞에서는 딸기 주스 이미지만 표시했는데 이번에 작성하는 페이지에서는 여러 주스의 이미지를 표시해보겠습니다. 여러 데이터를 한꺼번에 이용하는 편리한 방법을 소개합니다.

■ 배열이란 ▶ 예제 chapter5/03-demo

이번에 표시하려는 이미지는 다음과 같습니다.

- strawberry.jpg
- lime.jpg
- mango.jpg
- lemon.jpg
- fig.jpg
- apple.jpg

프로그램에서 다루기 위해 일단 각각 상수로 만들어봅시다. 그러나 상수의 수가 점점 늘어난다는 문제가 있습니다. 복사 & 붙여넣기로 작성해도 실수가 발생할 수 있으며 관리도 힘들 것 같습니다.

JS 예

```js
const list1 = 'strawberry.jpg';
const list2 = 'lime.jpg';
const list3 = 'mango.jpg';
const list4 = 'lemon.jpg';
const list5 = 'fig.jpg';
const list6 = 'apple.jpg';
```

→ 상수의 수가 점점 늘어난다!

그래서 **배열**이라는 데이터 타입을 사용합니다. 배열을 사용하면 상수 하나로 여러 데이터를 묶어 그룹화할 수 있기 때문에 값이 늘어나도 상수 개수를 늘릴 필요가 없습니다. 3.7절에서 상수를 하나의 상자에 비유했는데 배열은 여러 개를 넣어둘 수 있는 칸막이가 붙은 상자라고 생각하면 됩니다.

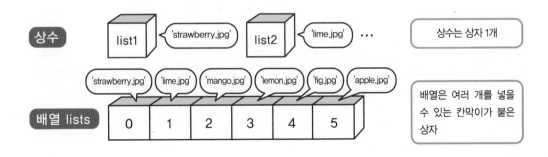

상수

list1 ← 'strawberry.jpg' list2 ← 'lime.jpg' …

상수는 상자 1개

배열 lists

| 0 | 1 | 2 | 3 | 4 | 5 |

'strawberry.jpg' 'lime.jpg' 'mango.jpg' 'lemon.jpg' 'fig.jpg' 'apple.jpg'

배열은 여러 개를 넣을 수 있는 칸막이가 붙은 상자

배열에 넣을 수 있는 값을 배열의 **요소**라고 합니다. 그리고 각 요소를 넣을 수 있는 공간에는 '0'으로 시작하는 번호가 할당되어 있습니다. 이 번호를 **인덱스**라고 합니다. 요소와 인덱스를 조합하면 '○○ 상자 안에 있는 △번째 데이터'와 같은 형태를 만들 수 있고 배열의 상수명과 번호로 배열 안의 데이터를 가리킬 수 있습니다. 이렇게 하면 배열 안의 내용물이 100개나 1000개로 증가해도 같은 상수명을 사용할 수 있기 때문에 데이터에 접근하기 쉬워집니다.

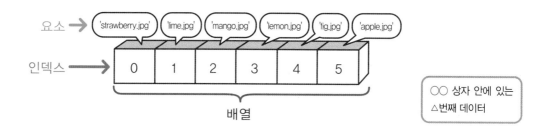

> ✓ **TIP**
>
> 배열의 '요소'는 HTML의 '요소'와 명칭이 같지만 서로 다른 것이므로 혼동하지 않도록 주의하기 바랍니다.

■ 배열 작성 방법

여기서는 기본적인 배열 작성 방법을 살펴보겠습니다. 배열을 작성할 때는 '[ ](대괄호)'를 사용합니다. 그리고 그 안에 필요한 요소를 ',(쉼표)'로 구분하여 작성합니다. 배열 한 개에 등록할 수 있는 요소의 수는 제한이 없습니다.

> 📄 작성 예

```
const 상수명 = [요소1, 요소2, 요소3, 요소4, 요소5];
```

그리고 안에 넣을 수 있는 데이터 타입도 무엇이든 상관없습니다. 서로 다른 데이터 타입이 섞여 있어도 괜찮지만 배열을 다룰 때 복잡해질 수 있으므로 주의해야 합니다.

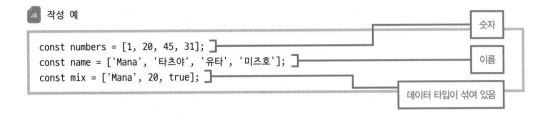

그러면 메뉴 목록에도 배열을 사용해 볼까요? 지금은 딸기 주스 이미지만 보이지만 다른 주스도 올리기 위해 배열로 관리하겠습니다. 먼저 상수 lists를 작성하고 대괄호를 사용해 필요한 파일명을 문자열로 작성하겠습니다. 이때 요소와 요소 사이에 ',(쉼표)'로 구분하는 것을 잊지 마세요. 덧붙여 배열은 한 줄로 이어서 작성해도 상관없지만 이 예시에서는 요소를 한눈에 보기 위해 줄바꿈으로 작성했습니다.

js/script.js

```
const menu = document.querySelector('#menu');

const lists = [
    'strawberry.jpg',
    'lime.jpg',
    'mango.jpg',
    'lemon.jpg',
    'fig.jpg',
    'apple.jpg'
];

const content = `<div><img src="images/strawberry.jpg" alt=""></div>`;

menu.insertAdjacentHTML('beforeend', content);
```

배열로 주스 관리

잊지 말고 , 넣기

작성한 배열을 콘솔로 확인해봅시다. 배열이라도 상수명을 지정하면 배열 안의 내용을 콘솔에 출력할 수 있습니다.

js/script.js

```
const menu = document.querySelector('#menu');

const lists = [
    'strawberry.jpg',
```

```
        'lime.jpg',
        'mango.jpg',
        'lemon.jpg',
        'fig.jpg',
        'apple.jpg',
];
console.log(lists);                                                      상수명 지정

const content = `<div><img src="images/strawberry.jpg" alt=""></div>`;

menu.insertAdjacentHTML('beforeend', content);
```

콘솔에 배열 요소인 이미지 파일명이 표시됩니다(Object와 숫자만 보이는 경우 페이지를 새로고침한 뒤 다시 확인해보세요).

여기서 '(6)'이라는 배열 안 요소 개수를 볼 수 있습니다(이미지의 괄호 안 숫자). 배열과 '(6)' 앞에 있는 작은 삼각형을 클릭하면 배열의 상세 내용을 확인할 수 있습니다.

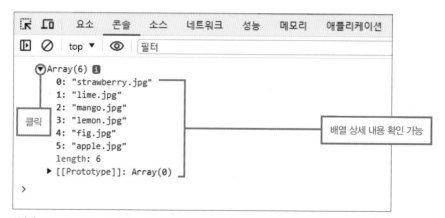

0번째 strawberry.jpg, 5번째 apple.jpg처럼 인덱스와 함께 관리된다는 것을 알 수 있습니다.

이번에는 데이터만 하나로 정리했을 뿐 아직 웹 페이지에 표시하지 않았기 때문에 별로 달라 보이지 않습니다. 브라우저에도 딸기 주스 이미지가 나타나 있습니다. 이제부터는 등록한 이미지를 호출해 보겠습니다.

5.4 배열 안에 있는 이미지 표시하기

앞에서는 콘솔에 배열을 표시했습니다. 하지만 이는 배열이라는 상자를 그대로 표시한 것뿐입니다. 원래는 상자의 내용물을 하나씩 가져와야 합니다. 이번에는 그 방법을 알아보겠습니다.

■ 배열 안의 요소를 가져오는 방법   ▶ 예제 chapter5/04-demo

배열 안 요소를 가져오려면 배열의 상수명 뒤에 있는 '[](대괄호)'를 쓰고 그 안에서 가져오고 싶은 요소의 인덱스(번호)를 지정해야 합니다.

JS 작성 예

```
배열[인덱스]
```

예를 들어 lists라는 상수명의 배열이 있다고 하면 첫 번째 요소를 가져오기 위해 다음과 같이 코드를 작성합니다.

JS 작성 예

```
lists[0]
```

앞에서도 설명했듯이 인덱스는 0부터 시작합니다. 즉, 제일 먼저 등장하는 요소나 일반적으로 가장 처음 세는 것이 배열의 0번째가 됩니다. 일반적으로 세는 방법과 다르기 때문에 주의해야 합니다. 요소가 존재하지 않는 인덱스를 지정하면 undefined가 됩니다. undefined는 '정의되지 않았다'라는 뜻으로 '그 상자의 해당 번호 공간에 아무것도 들어 있지 않다'는 것을 의미합니다.

JS 예

```
const lists = [
    'strawberry.jpg',      ← 인덱스 0
    'lime.jpg',            ← 인덱스 1
    'mango.jpg',           ← 인덱스 2
    'lemon.jpg',           ← 인덱스 3
    'fig.jpg',             ← 인덱스 4
    'apple.jpg',           ← 인덱스 5
    ........                ← undefined
];
```

그러면 메뉴 목록 다음을 작성해봅시다. 앞에서 console.log(lists);라고 작성했던 것을 인덱스가 붙은 console.log(lists[0]);으로 고칩니다.

JS js/script.js

```
const menu = document.querySelector('#menu');

const lists = [
    'strawberry.jpg',
    'lime.jpg',
    'mango.jpg',
    'lemon.jpg',
    'fig.jpg',
    'apple.jpg',
];
console.log(lists[0]);                                    ┐
                                                          │ 고쳐 쓰기
const content = `<div><img src="images/strawberry.jpg" alt=""></div>`;

menu.insertAdjacentHTML('beforeend', content);
```

콘솔에서 확인하면 0번째 요소, 즉 strawberry.jpg가 출력됩니다. 0을 1~5로 바꾸면 lists 배열에 등록된 번호의 이미지 파일명이 표시되므로 시도해보기 바랍니다.

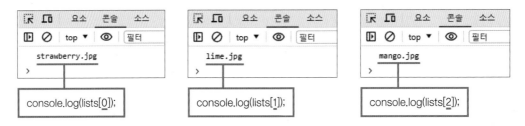

170 ｜ 완성된 웹사이트로 배우는 자바스크립트

콘솔에서 확인했다면 console.log(lists[0]); 부분을 주석 처리합니다. 이어서 작업할 내용은 이미지 표시입니다. 상수 content의 이미지 파일명 부분을 변경해보겠습니다. strawberry.jpg라고 되어 있던 곳을 템플릿 문자열에서 ${lists[0]}으로 고쳐봅니다.

js/script.js

```
const menu = document.querySelector('#menu');

const lists = [
    'strawberry.jpg',
    'lime.jpg',
    'mango.jpg',
    'lemon.jpg',
    'fig.jpg',
    'apple.jpg',
];
//console.log(lists[0]);

const content = `<div><img src="images/${lists[0]}" alt=""></div>`;     ─── 고쳐 쓰기

menu.insertAdjacentHTML('beforeend', content);
```

브라우저에서 확인해보면 이미지 파일명인 strawberry. jpg를 불러와서 딸기 주스 이미지가 표시됩니다.

지금까지 작성한 내용만으로는 화면상에 변화가 없어 배열 내 요소가 제대로 지정되어 있는지 파악하기 어려우므로 다른 인덱스도 시도해봅시다. ${lists[0]}으로 작성한 부분을 ${lists[1]}로 바꾸고 인덱스 1의 lime.jpg를 가져옵니다.

js/script.js

```
const menu = document.querySelector('#menu');

const lists = [
    'strawberry.jpg',
    'lime.jpg',
    'mango.jpg',
    'lemon.jpg',
    'fig.jpg',
    'apple.jpg',
];
//console.log(lists[0]);

const content = `<div><img src="images/${lists[1]}" alt=""></div>`;

menu.insertAdjacentHTML('beforeend', content);
```

인덱스 1을 지정

lime.jpg를 가져와서 라임 주스 이미지가 표시되었습니다!

웹 페이지에 이미지 6개를 표시하고 싶으므로 `<div><img src="images/${lists[1]}"alt=""></div>` 부분을 복사 & 붙여넣기하여 인덱스 숫자를 바꿔봅시다.

js/script.js

```
const menu = document.querySelector('#menu');

const lists = [
    'strawberry.jpg',
    'lime.jpg',
    'mango.jpg',
```

```
    'lemon.jpg',
    'fig.jpg',
    'apple.jpg',
];
//console.log(lists[0]);

const content = `<div><img src="images/${lists[0]}" alt=""></div>
    <div><img src="images/${lists[1]}" alt=""></div>
    <div><img src="images/${lists[2]}" alt=""></div>
    <div><img src="images/${lists[3]}" alt=""></div>
    <div><img src="images/${lists[4]}" alt=""></div>
    <div><img src="images/${lists[5]}" alt=""></div>
`;

menu.insertAdjacentHTML('beforeend', content);
```

복사 & 붙여넣기
하여 숫자 변경

밑줄 친 부분의 인덱스 숫자 변경

Fruit Juice

이미지 6개가 모두 표시되었습니다!

겨우 하나의 배열로 정리했는데 표시할 때 몇 번이나 같은 코드를 반복해서 쓰는 것이 번거롭고 관리하기도 힘듭니다. 하지만 괜찮습니다. 코드를 정리하는 더 좋은 방법이 있으므로 다음 절에서 그 방법을 살펴보겠습니다!

변수를 설정하는 방법 중 var는 옛날 방식

자바스크립트의 표준인 ECMAScript에는 여러 버전이 있으며 const나 이후에 설명하는 let은 2015년에 발표한 ES2015(ES6) 버전 이후부터 사용할 수 있게 되었습니다. 그 전에는 var라는 변수를 사용했습니다. 오래된 책이나 블로그 등에서 var를 사용하는 자바스크립트를 볼 수 있습니다.

최근에는 자바스크립트에서 var를 사용하지 않지만 사용할 수는 있습니다. 단, let이나 const와는 다루는 방법이 다르고 문제도 있으므로 사용할 필요가 없습니다. 이제부터 자바스크립트를 배우는 사람이라면 let 이나 const를 이용하는 것이 좋습니다.

배열을 다루는 메서드

배열에는 요소를 추가, 삭제, 순서 변경 등을 할 수 있는 기능이 갖춰져 있습니다. 다음 예시의 배열이 있다는 전제하에서 대표적인 메서드를 소개합니다.

 예　　▶ 예제　chapter5/col-array-demo

```
const items = ['커피', '홍차', '주스'];
```

메서드	의미	예	결과
배열.pop()	배열 마지막 요소 삭제	items.pop()	["커피","홍차"]
배열.push(요소)	배열 마지막에 요소 추가	items.push('물')	["커피","홍차","주스","물"]
배열.shift()	배열 처음 요소 삭제	items.shift()	["홍차","주스"]
배열.unshift(요소)	배열 처음에 요소 추가	items.unshift('물')	["물","커피","홍차","주스"]
배열.reverse()	배열 순서를 거꾸로 바꿈	items.reverse()	["주스","홍차","커피"]
배열.join(구분할 문자)	배열 요소를 합쳐서 문자열 리턴(요소 사이에 지정한 구분 문자 넣기. 구분할 문자는 생략 가능. 생략하면 쉼표가 들어간 상태로 합쳐짐)	items.join('와')	"커피와홍차와주스"
문자열.split (구분할 문자)	문자열에서 지정한 구분 문자로 나누어 배열 생성	'주스와홍차와커피'. split('와')	["주스","홍차","커피"]

이 책에서는 다루지 않습니다만 이러한 사용법도 기억해두기 바랍니다. 그 밖에도 다양한 메서드가 준비되어 있으므로 자세한 내용은 다음 링크를 참고하세요.

• Array − JavaScript | MDN
https://developer.mozilla.org/ko/docs/Web/JavaScript/Reference/Global_Objects/Array

5.5 for문의 반복 처리 개념 이해하기

몇 번이나 같은 코드를 복사 & 붙여넣기하면서 쓰면 힘들기도 하고 유지 보수도 어렵습니다. 프로그램은 반복적인 처리를 매우 잘하죠. 그러므로 효율적인 코드 작성법을 익혀서 편하게 코딩해봅시다.

■ 반복하는 for문

같은 프로그램을 반복적으로 실행할 때는 for라는 구문을 사용합니다. 수를 셀 때 시작하는 숫자, 반복하는 조건 등을 지정하여 실행하는데 이 구문을 **for문**이라고 부릅니다. 반복적으로 수행하는 처리를 **루프 처리**라고도 하며 1회 반복하는 것을 **루프**라고 표현합니다. 기본적인 사용 방법은 다음과 같습니다.

JS 작성 예 ▶ **예제** chapter5/05-demo1

```
for(최초로 실행하는 처리; 반복 조건; 각 반복 후 처리){
    반복 실행할 처리
}
```

조금 낯선 형식이 나왔으므로 간단한 예시를 통해 내용을 이해해보겠습니다. 다음 코드는 콘솔에 '안녕하세요!'라고 10회 표시합니다.

 예

```js
for(let i = 1; i <= 10; i++){
    console.log('안녕하세요!');
}
```

이 코드를 콘솔에서 확인하면 '안녕하세요!'라고 뜹니다. 왼쪽에 '10'이라고 나와 있는 것은 같은 것이 10번 표시되었다는 의미이므로 for를 사용하여 반복 처리가 잘 되었음을 알 수 있습니다.

앞에서 설명한 코드를 작성하면 일단 for문이 동작했다는 것을 확인할 수 있습니다. 하지만 소괄호 안의 내용은 처음 보는 것도 많아서 어렵고 이해하기 힘든 부분도 있습니다. 이제부터 하나하나 살펴봅시다.

변수 let이란

let이 갑자기 코드에 등장했습니다. 이것은 3.7절에서 소개한 **변수**이며 지금까지 매번 사용했던 상수인 const와 비슷하게 값을 넣어둘 수 있는 상자 같은 역할을 합니다. 사용법도 거의 똑같아서 '우선 변수를 사용합니다'라고 선언하면 됩니다. 선언할 때는 let이라는 키워드 뒤에 공백을 입력한 뒤 변수명을 씁니다. 변수명을 붙일 때의 규칙은 상수명과 같습니다. 그리고 변수명 뒤에 '=(등호)'를 사용하여 변수에 넣을 값을 지정합니다.

적용 예

```js
let 변수명 = 안에 넣을 값;
```

왜 이곳만 상수가 아니라 변수를 사용하는지 궁금할 텐데요. const로는 값을 재대입할 수 없다는 것이 큰 차이점입니다. 이미 값이 들어 있는 상수에는 값을 덮어쓰기하여 대입할 수 없습니다. for문에서는 지금 몇 번을 반복했는지 기억해주는 상자 같은 것이 필요한데 '첫 번째, 두 번째, 세 번째…' 이렇게 반복 처리될 때마다 횟수 부분이 갱신됩니다. 즉, 재대입이 되므로 상수 const가 아니라 변수 let을 사용합니다. 덧붙여 상수와 변수의 상세한 내용은 5.7절에서 소개합니다.

최초로 실행하는 처리

앞의 예에서 let i = 1; 부분은 최초로 실행할 처리를 나타냅니다. 여기서는 변수 i를 만들고 그 안에 1을 넣었습니다. 이 변수를 **루프 카운터**라고 합니다. 지금까지 설명한 대로 for문에서는 반복 처리를 하는데 이 루프 카운터는 몇 번째 반복 처리인지 기억하기 위한 것입니다. 이 부분은 처음에만 실행됩니다.

반복 조건이란

i <= 10; 부분은 반복 처리를 실행하기 위한 조건을 작성하는 부분입니다. 여기에 4.9절에서 학습한 비교 연산자가 사용된 것을 알 수 있습니다. 변수 i가 10 이하면 {} 블록 안의 내용을 실행한다는 의미가 됩니다. 변수 i의 초깃값을 1로 했으므로 조건에 해당하면 이 처리가 수행됩니다. 그리고 루프 카운터인 변수 i가 1씩 반복하며 더해지고 변수 i가 11이 되면 조건에 해당하지 않으므로 반복 처리가 정지됩니다.

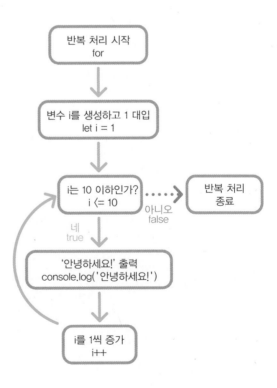

> ✔️ **TIP**
>
> 변수명을 i로 설정했는데 이는 프로그래밍 시 반복 처리에서 i라는 변수명을 널리 사용하기 때문입니다. 변수명은 자유롭게 붙여도 상관없습니다만 반복 처리처럼 일반적으로 널리 사용되는 변수명이 있다면 그에 맞춰 i로 해두는 것이 좋습니다.

각 반복이 완료된 후의 처리

그리고 매번 처리가 완료되면 처음 작성한 변수 i의 값을 늘린다는 뜻인 i++가 실행됩니다. i++가 낯선 기호일 수 있지만 i = i+1과 같은 의미이며 각 반복 처리 후 i를 '1'씩 늘린다는 뜻으로 이해하면 됩니다. '1 더하기'나 '1 빼기' 등의 설정은 사용 빈도가 높으므로 앞에서 설명한 것처럼 짧게 쓰는 것이 좋습니다. '반복 조건' 부분은 다음 작성 예의 모든 식에서 똑같이 동작합니다.

JS 작성 예

```
i = i + 1
i += 1          ──────────── 어떤 식으로 작성하든 모두 동일하게 동작
i++
```

for문에서는 작성 예 중에서도 '++'라는 기호를 변수에 연결하는 짧은 작성법을 가장 많이 사용합니다. 이번 예에서는 조건식으로 돌아가서 조건의 i <= 10;이 false가 될 때까지 처리를 반복합니다.

✅ TIP

i++ 뒤에는 ;(세미콜론)을 작성하지 않습니다. '안 적어도 됩니다'가 아니라 적으면 오류가 발생해서 프로그램이 멈춰버립니다. 이런 문법은 잘 외워둡시다.

■ 변수 i 의 값 표시　▶ 예제　chapter5/05-demo2

'변수 i에 1을 더하고…이를 반복한다…'는 것은 어느 정도 알겠는데 실제로 변수 i에 무슨 일이 일어나고 있는지는 아직 감이 오지 않을 수 있습니다. 그래서 콘솔에 변수 i 값을 출력해보겠습니다. console.log()의 파라미터에 '' (백틱)'으로 둘러싼 템플릿 문자열을 넣고 변수 i를 ${i}로 작성합니다.

JS 예

바꿔 쓰기

```
for(let i = 1; i <=10; i++){
    console.log(`${i}번째 안녕하세요!`);
}
```

출력할 때마다 1이 더해져 횟수를 나타내는 숫자가 증가한다는 것을 알 수 있습니다.

이처럼 for문을 사용하면 매번 필요한 코드를 복사 & 붙여넣기해야 하는 귀찮은 작업에서 해방될 수 있습니다. 다음에는 for문을 사용하여 배열에 넣은 이미지를 표시해보겠습니다.

5.6 for문으로 이미지 목록 표시하기

이제 for문 사용법을 알게 되었으므로 메뉴 목록을 계속 작성해보겠습니다. 여기서는 같은 코드를 반복해서 작성했던 부분을 for문으로 정리하겠습니다.

■ for문으로 배열 다루기　▶ 예제　chapter5/06-demo

반복 처리를 담당하는 for문과 배열은 궁합이 잘 맞기 때문에 배열을 for문으로 다루면 모든 내용을 쉽게 표시할 수 있습니다. 5.4절에서는 배열 lists의 제일 첫 번째 이미지 파일명을 lists[0]으로 가져왔습니다. 이때 마지막 이미지 파일명은 lists[5]이고 대괄호 안의 숫자가 0에서 5까지 하나씩 늘어납니다. 이번에는 대괄호 안에 루프 카운터를 설정해보세요. 앞에서 작성한 내용과 크게 다르지 않습니다. 단지 처음 시작하는 숫자를 0으로 하고 싶으므로 let i = 0;으로, 반복 조건은 i < 6;으로 하여 6 미만, 즉 5까지의 인덱스를 가져올 수 있게 합니다.

'{ }' 블록 안에 준비되어 있던 상수 content와 HTML 태그를 삽입하는 코드를 넣고 lists[0]이었던 대괄호의 숫자를 i로 변경하여 lists[i]로 작성합니다.

📄 js/script.js

```
const menu = document.querySelector('#menu');

const lists = [
    'strawberry.jpg',
    'lime.jpg',
    'mango.jpg',
    'lemon.jpg',
    'fig.jpg',
    'apple.jpg',
];
```

```
for(let i = 0; i < 6; i++){
    const content = `<div><img src="images/${lists[i]}" alt=""></div>`;
    menu.insertAdjacentHTML('beforeend', content);
}
```

for문으로 배열에서 이미지 추가

웹 페이지 외관은 변하지 않았지만 코드가 깔끔하
게 정리되었습니다.

■ length로 요소 개수 가져오기

이미지가 제대로 표시되었으므로 이제 되었다고 생각할 수 있지만 나중에 이미지가 추가되어 배열의
요소 개수가 바뀌면 for문의 반복 조건도 다시 작성해야 합니다. 배열 내용이 바뀔 때마다 개수를 다
시 작성하는 것은 귀찮습니다. 그래서 배열의 요소 개수를 얻을 수 있는 length를 사용하는 것이 좋
습니다. length는 4.8절에서 등장했습니다. 그때는 글자 수를 가져오려고 사용했는데 이 length로
는 배열의 요소 개수도 셀 수 있습니다. 배열의 상수명인 lists 뒤에 '.(마침표)'로 length만 연결하
면 됩니다. 테스트를 위해 for문 위에 console.log(lists.length);를 추가해보세요.

JS js/script.js

```
const menu = document.querySelector('#menu');

const lists = [
    'strawberry.jpg',
    'lime.jpg',
    'mango.jpg',
    'lemon.jpg',
    'fig.jpg',
```

```
        'apple.jpg',
];
console.log(lists.length);                            ──── length로 배열 요소 개수 가져오기

for(let i = 0; i < 6; i++){
    const content = `<div><img src="images/${lists[i]}" alt=""></div>`;
    menu.insertAdjacentHTML('beforeend', content);
}
```

콘솔에 배열 lists의 요소 개수인 6이 표시됩니다.

이제 for문의 반복 조건 부분을 고쳐서 `lists.length`를 넣으면 완성됩니다.

js/script.js

```
const menu = document.querySelector('#menu');

const lists = [
    'strawberry.jpg',
    'lime.jpg',
    'mango.jpg',
    'lemon.jpg',
    'fig.jpg',
    'apple.jpg',
];
//console.log(lists.length);                          ──── lists.length로 고쳐 썼다.

for(let i = 0; i < lists.length; i++){
    const content = `<div><img src="images/${lists[i]}" alt=""></div>`;
    menu.insertAdjacentHTML('beforeend', content);
}
```

이것으로 배열 요소 개수가 변경되면 `length`를 통해 가져오는 숫자로 자동 업데이트됩니다. 이렇게 for문의 반복 처리를 사용하면 요소가 많아도 코드를 깔끔하게 작성할 수 있습니다. 작성 방법에 익숙해집시다.

무한 루프 주의하기

for문은 반복 조건을 만족하는 한 계속 반복해서 처리합니다. 만약 코드를 잘못 입력하거나 잘못 생각해서 항상 true를 반환하는 조건식을 쓰게 되면 for문은 종료할 수 없게 됩니다. 이처럼 종료할 수 없는 상태를 '무한 루프'라고 부릅니다. 무한 루프가 발생하면 브라우저를 전혀 조작할 수 없게 되고 나중에는 PC 자체가 정지해 버릴 수도 있습니다. 예를 들어 반복 조건식에 i >= 1;라고 되어 있는 다음 코드는 '변수 i가 1 이상이면 처리한다.'라는 뜻입니다. i++에서 변수 i는 매번 1씩 더해지므로 항상 조건을 만족하게 됩니다. 즉 무한 루프가 발생합니다(실행은 하지 마세요!).

JS 예

```js
for(let i = 1; i >= 1; i++){
    console.log('무한 루프입니다!');
}
```

이와 같은 코드를 실행하면 무한 루프가 발생하고 엄청난 기세로 콘솔의 카운터가 늘어납니다. 실수로 무한 루프가 발생해버려도 대부분 실행한 페이지의 탭이나 윈도우를 닫으면 문제없습니다. 브라우저가 반응하지 않을 경우 맥에서는 `⌘`+`option`+`esc` 키(윈도우에서는 `Ctrl`+`Alt`+`Delete` 키로 작업 관리자 실행)로 멈춰버린 브라우저를 선택하고 애플리케이션을 강제 종료합니다.

5.7 변수 let과 상수 const의 차이점

5.5절에서 처음 등장했던 변수가 let입니다. const와 가장 큰 차이점은 '재대입이 가능한가'입니다. 여기서는 조금 더 자세히 살펴보겠습니다.

■ 재대입이란 ▶ 예제 chapter5/07-demo

프로그램에서 다루는 문자열, 값, 식 등은 상자 같은 데 넣어서 돌려가며 사용합니다. 이 상자에는 내용을 변경할 수 있는 변수 let과 처음부터 끝까지 내용이 바뀌지 않는 상수 const가 있습니다. 상자의 내용을 변경하는 것을 **재대입**이라고 합니다. 자세히 알아보겠습니다.

let으로 재대입해보기

재대입이 어떤 것인지 콘솔로 확인해보겠습니다. `let letName`으로 `letName`이라는 변수를 만들고 그 안에 '마나'라는 문자열을 대입했습니다. `console.log()`로 콘솔에 변수 `letName`을 출력합니다.

변수 `letName`에 대입된 문자열인 '마나'가 콘솔에 출력됩니다. 여기까지는 예상대로라고 생각합니다. 이어서 이 변수 `letName`에 다른 값을 대입, 즉 재대입해보겠습니다. 재대입할 때는 변수명 앞에 `let`을 쓰지 않습니다.

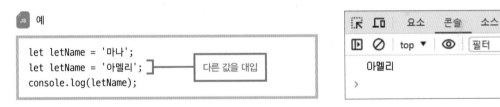

이렇게 하면 변수 `letName`의 값이 변경되어 '아멜리'가 출력됩니다. 이것이 바로 '재대입된 것'입니다. 변수 안에 있는 값을 재대입하면 원래 있던 값이 삭제됩니다.

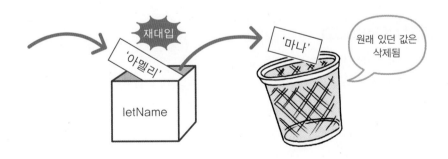

const로 재대입해보기

다음에는 상수 const를 사용해서 재대입하면 어떻게 되는지 살펴보겠습니다. 앞에서 변수 let을 사용한 예시와 마찬가지로 먼저 const constName에서 constName이라는 상수를 만들고 그 안에 '오오모토'라는 문자열을 대입합니다. console.log()로 콘솔에 상수 constName을 출력합니다.

```
const constName ='오오모토';
console.log(constName);
```

콘솔에 '오오모토'라고 표시되었습니다. 이어서 상수 constName에 다른 값을 재대입합니다.

```
const constName ='오오모토';
constName ='다카하시';
console.log(constName);
```

다른 값을 대입

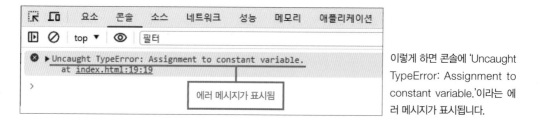

에러 메시지가 표시됨

이렇게 하면 콘솔에 'Uncaught TypeError: Assignment to constant variable.'이라는 에러 메시지가 표시됩니다.

이것은 '상수를 바꿔 쓰고 있군요! 안 돼요!'라는 의미입니다. 오류가 발생하면 그 이후에 작성된 코드를 무시하므로 그 뒤의 console.log(constNmae);은 실행되지 않습니다.

■■ 구분해서 사용하는 방법

이렇게만 보면 변수 let이 할 수 있는 것도 많고 오류도 잘 나지 않으므로 사용성이 더 좋아 보일 수 있습니다. 그러나 최근 자바스크립트에서는 상수의 const를 더 적극적으로 사용합니다. const를 사용하면 다음과 같은 장점을 얻을 수 있습니다.

- 의도치 않게 다른 값을 재대입해버리는 실수를 막을 수 있습니다.
- 코드를 읽을 때 값이 재대입되었을 가능성을 생각할 필요가 없습니다.

그래서 기본적으로는 const를 사용하고 재대입이 필요한 경우에만 변수 let을 사용하는 것이 좋습니다.

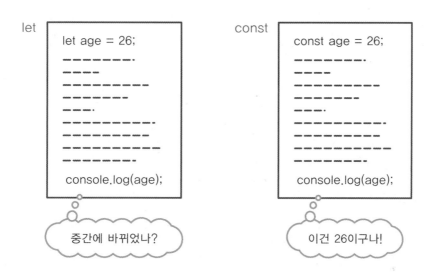

5.8 객체로 이미지, 메뉴명, 가격 정리

여기서 작성하는 메뉴 목록에는 이미지 외에 메뉴명과 가격도 함께 표시됩니다. 이처럼 각 메뉴의 정보를 한번에 관리하는 객체에 대해 알아보겠습니다.

■ 객체란   ▶ 예제   chapter5/08-demo

'4500원입니다.'

갑자기 이렇게 말하면 의미를 잘 모르겠지요.

'메뉴명은 딸기 주스입니다. 이미지 파일은 strawberry.jpg입니다. 가격은 4500원입니다.'

이렇게 말하면 어떤가요?

첫 번째 문장은 의미를 모르겠지만 두 번째 문장은 딸기 주스에 대한 설명이라는 것을 알 수 있습니다. 이처럼 정보가 뿔뿔이 흩어져 있으면 제대로 전달되지 않습니다. 의미를 제대로 전달하기 위해서는 정보를 한 묶음으로 관리해야 합니다. 그래서 자바스크립트의 여러 데이터를 하나로 묶은 **객체**를 사용합니다. 앞에서 설명한 배열은 데이터에 접근할 때 번호를 사용했지만 객체는 임의의 이름을 사용할 수 있습니다. 앞에서 배열을 '칸막이 상자'라고 표현했는데 객체는 그 칸막이에 알기 쉬운 라벨이 붙어 있는 것이라고 생각하면 됩니다.

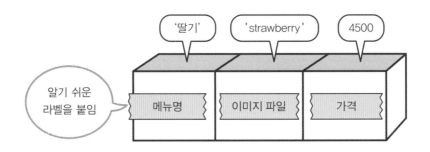

객체 작성 방법을 배우기 전에 객체가 어떤 것인지 좀 더 명확히 이해해둡시다. 객체는 물체나 대상이라는 뜻이므로 모든 것이 객체라고 할 수 있습니다. 예를 들어 가까이에 있는 '노트', '개', '홍차'를 예로 들어볼까요?

■ 속성, 키, 값이란

'노트'라는 객체를 보면 '크기'와 '페이지 수', '가격'에 대한 데이터를 갖고 있습니다. 이 항목마다 나뉘어 있는 데이터를 **속성**이라고 합니다. 그리고 항목명을 **키**(속성명)라고 하고 키에 대한 내용을 **값**이라고 합니다. 다음 노트 예시에서는 '크기'가 키이고 'A6'이 값입니다.

'노트'라는 객체

	키	값
크기	A6
페이지 수	150
가격	300

'개'라는 객체

이름	소후스
털 색	하얀색
연령	3

'홍차'라는 객체

찻잎	다즐링
판매점	WCB Cafe
밀크티	false

■ 객체 작성 방법

이제 객체를 어떻게 쓰는지 알아보겠습니다. 객체는 '{}(중괄호)'를 사용합니다. 배열과 같이 일반적으로 상수에 저장하기 때문에 일단 이렇게 시작합니다.

 작성 예

```js
const 상수명 = {};
```

이어서 중괄호 안에 앞서 설명한 키와 값을 조합하여 속성을 작성합니다.

작성 예

```js
const 상수명 = {
    키 : 값        추가
};
```

속성이 여러 개일 때는 ',(쉼표)'로 구분합니다.
단, 마지막 속성의 쉼표는 생략할 수 있습니다.

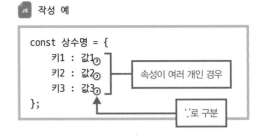

속성 구조

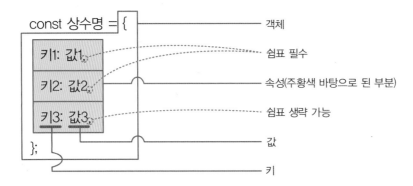

속성 작성 방법

속성은 객체가 가진 각 데이터를 말합니다. 등록할 수 있는 속성 개수에는 제한이 없습니다. 마지막
','는 생략할 수 있지만 이후에 추가, 삭제 등을 할 경우를 고려하면 남겨두는 것이 좋습니다. 코드의
가독성을 높이기 위해 각 속성 작성 시 줄바꿈하는 경우가 많은데 필수는 아닙니다. 속성은 다음에
설명하는 키와 값의 조합으로 구성됩니다.

키 작성 방법

키는 속성 왼쪽에 있는 데이터 항목명을 말합니다. 상수와 마찬가지로 원하는 이름을 붙일 수 있습니
다. 키와 값 사이는 ':(콜론)'으로 구분합니다.

값 작성 방법

값은 속성 오른쪽에 있는 데이터의 내용입니다. 값의 데이터 타입에는 제한이 없으며 문자열이나 숫
자는 물론이고 배열, 객체, 함수 등도 값으로 저장할 수 있습니다. 통상적으로 가독성을 높이기 위해

키와 값을 구분하는 ':(콜론)'을 넣습니다. 또한 :과 값 사이에 공백을 두기도 하는데 없어도 괜찮습니다. 다음에는 메뉴 목록 페이지에 실제로 객체를 작성해보겠습니다.

`JS` js/script.js

```javascript
const menu = document.querySelector('#menu');

const strawberry = {
    name: '딸기',
    img: 'strawberry.jpg',          ───────── 객체 추가
    price: 4500,
};

const lists = [
    'strawberry.jpg',
    'lime.jpg',
    'mango.jpg',
    'lemon.jpg',
    'fig.jpg',
    'apple.jpg',
];

for(let i = 0; i < lists.length; i++){
    const content = `<div><img src="images/${lists[i]}" alt=""></div>`;
    menu.insertAdjacentHTML('beforeend', content);
}
```

여기서 작성한 'strawberry' 객체에는 3개의 데이터가 정리되어 있습니다.

키	값	의미
name	'딸기'	메뉴명
img	'strawberry.jpg'	이미지 파일
price	4500	가격

✅ TIP

메뉴명과 이미지 파일은 문자열로 등록되어 있지만 가격은 숫자 형태입니다. 여기서는 문자열로 입력해도 상관없지만 숫자로 해두면 나중에 계산하거나 가격 순서대로 정렬하는 등의 기능을 부가할 수 있습니다.

그러면 콘솔에서 객체 전체를 출력해봅시다.

```
const menu = document.querySelector('#menu');

const strawberry = {
    name: '딸기',
    img: 'strawberry.jpg',
    price: 4500,
};
console.log(strawberry);                              ──── 콘솔에 출력

const lists = [
    'strawberry.jpg',
    'lime.jpg',
    'mango.jpg',
    'lemon.jpg',
    'fig.jpg',
    'apple.jpg',
];

for(let i = 0; i < lists.length; i++){
    const content = `<div><img src="images/${lists[i]}" alt=""></div>`;
    menu.insertAdjacentHTML('beforeend', content);
}
```

값이 키와 세트로 관리된다는 것을 알 수 있습니다. 만약 여기에 'Object'만 표시된다면 페이지를 새로고침한 뒤 재확인해보세요.

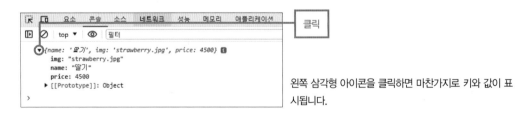

왼쪽 삼각형 아이콘을 클릭하면 마찬가지로 키와 값이 표시됩니다.

여기까지는 정보가 정리된 것뿐이므로 이제부터 데이터를 가져오기 위한 방법을 하나하나 배워봅시다.

5.9 객체 정보 가져오기

실제로 웹 페이지에 표시하고 싶은 것은 메뉴명, 이미지, 가격입니다. 각각의 값을 따로 가져오는 방법을 알려드리겠습니다.

■ 두 가지 방법으로 값 가져오기　▶ 예제　chapter5/09-demo

배열은 각 번호, 즉 인덱스를 사용하여 값을 가져왔습니다. 그러나 객체에는 인덱스가 없고 그 대신 키가 있습니다. 그래서 객체에서는 키를 지정하여 값을 가져오며 작성법은 다음과 같은 두 가지입니다.

점 표기법(dot notaion)

객체에 '.(도트 또는 마침표)'와 키를 이어서 입력하는 방법입니다.

JS 작성 예

```
객체명.키
```

예를 들어 strawberry라는 객체에 name이라는 키를 지정하면 다음과 같이 작성할 수 있습니다.

JS 작성 예

```
strawberry.name
```

대괄호 표기법(bracket notaion)

또 다른 방법은 객체명 뒤에 '[ ](대괄호)'를 적고 그 안에 키를 문자열로 입력하는 방법입니다. 배열 값을 가져올 때와 비슷한 방법이지만 키는 문자열로 취급하므로 작은따옴표(또는 큰따옴표)로 감싸야 합니다.

JS 작성 예

```
객체명['키']
```
작은따옴표(또는 큰따옴표)로 감싸기

앞서 설명한 예에 적용해보면 다음과 같습니다.

작성 예

```
strawberry['name']
```

콘솔에 출력해서 실제로 어떻게 나오는지 확인해봅시다. 첫 번째는 점 표기법으로 name 키를, 두 번째는 대괄호 표기법으로 img 키를 지정해보았습니다.

js/script.js

```javascript
const menu = document.querySelector('#menu');

const strawberry = {
    name: '딸기',
    img: 'strawberry.jpg',
    price: 4500,
};
console.log(strawberry.name);          ─────────────  점 표기법
console.log(strawberry['img']);        ─────────────  대괄호 표기법

const lists = [
    'strawberry.jpg',
    'lime.jpg',
    'mango.jpg',
    'lemon.jpg',
    'fig.jpg',
    'apple.jpg',
];

for(let i = 0; i < lists.length; i++){
    const content = `<div><img src="images/${lists[i]}" alt=""></div>`;
    menu.insertAdjacentHTML('beforeend', content);
}
```

콘솔에서 확인해보면 모두 가져올 수 있다는 것을 알 수 있습니다.

■ 어떤 기법을 쓰는 것이 좋을까

두 가지 기법을 동시에 소개했기 때문에 어느 쪽을 사용해야 할지 혼란스러울 수 있습니다. 기본적으로는 쓰기 쉽고 보기에도 단순한 점 표기법을 사용하면 됩니다. 다만 키를 지정할 때 상수나 변수를 이용하려면 대괄호 표기법을 사용해야 합니다. 예를 들어 key라는 상수를 준비하고 그 안에 키인 name을 문자열로 저장해둡니다. 상수명 key를 사용하여 값을 가져오는 것은 대괄호 표기법뿐입니다. 점 표기법을 사용하면 undefined가 되어버립니다.

 예

```
const strawberry = {
    name: '딸기',
    img: 'strawberry.jpg',
    price: 4500,
};

const key = 'name';          ← 점 표기법

console.log(strawberry.key);
console.log(strawberry[key]);  ← 대괄호 표기법
```

대괄호 표기법으로만 가져올 수 있음

두 가지 방법을 섞어서 사용하면 가독성이 떨어지므로 기본적으로는 점 표기법으로 통일하는 것이 좋습니다. 그리고 키를 상수로 지정해야 하는 경우에 한해 대괄호 표기법을 사용하는 식으로 나누면 됩니다. 이제 딸기 주스 정보는 정리되었지만 메뉴는 총 6가지입니다. 다음 절에서는 각 메뉴의 객체도 준비해보겠습니다.

제일 처음 소개한 객체와 다른 점

이 장에서 객체라는 단어가 나왔을 때 '어라?'하며 눈치챈 분도 있을 것입니다. 2.4절에서 'window'는 동작하도록 하려는 대상이 되는 객체'라고 소개했습니다. 이는 자바스크립트에 이미 준비된 객체들로 **'내장 객체'** 또는 **'빌트인 객체'**라고 부릅니다. 어떤 페이지라도 상관없으니 개발자 도구의 콘솔을 열고 window라고 입력한 후 return (또는 Enter)키를 눌러보세요. 5.8절에서 출력한 것과 같은 객체의 키와 값이 표시됩니다. 처음에 소개한 window 객체와 5장에서 처음부터 설명하고 있는 객체가 같은 것임을 알 수 있습니다.

왼쪽의 삼각형 아이콘을 클릭하면 방대한 양의 속성이 표시됩니다.

이 중 4.14절에서 살펴본 스크롤 위치를 가져오는 **window.scrollY**가 낯익을 것입니다. 이제 보니 **window** 객체의 scrollY 키를 점 표기법으로 지정하고 있었던 것이네요.

그렇다면 객체와 마찬가지로 2.4절에서 소개했던 메서드는 무엇이었을까요? 이 장에서는 문자열과 숫자만 넣었지만 사실 속성값에는 함수를 넣을 수도 있습니다. 속성값이 함수일 때 이 속성을 특별히 **메서드**라고 부릅니다. 예를 들어 다음 예시에서는 greeting이라는 상수에 넣은 객체의 키가 message이고 값은 함수로 되어 있습니다. 이것이 바로 메서드입니다. 호출할 때는 '객체명.키();'와 같이 되며 처음에 소개한 window. alert();와 같은 형태입니다.

JS 예* ▶ 예제 chapter5/col-demo

```
const greeting = {
    message: function() {
        console.log('안녕하세요!');
    },
};
greeting.message();
```

5.10 배열과 객체를 조합하여 데이터를 하나로 정리하기

앞에서는 딸기 주스 객체만 작성했는데 여기서는 6개의 주스 객체를 모두 작성해보겠습니다. 배열과 객체를 조합하여 데이터를 하나로 정리해봅시다.

▦ 배열에 객체 넣기 ▶ 예제 chapter5/10-demo

여러 객체를 하나로 정리하기 위해 배열을 사용합니다. 칸막이가 붙은 상자 안에 칸막이가 붙은 상자가 또 들어가는 모습을 떠올려보기 바랍니다. 언뜻 보기에 복잡해 보이지만 이렇게 하면 각 객체에 인덱스가 붙고 for문을 사용하면 목록 표시 등도 쉽게 할 수 있습니다.

....

* 메서드인 객체도 작성할 수 있습니다. 단, 조금 복잡하므로 이 책에서는 소개하지 않습니다. 궁금한 분은 다음을 참고하세요.
  • 메서드 정의 – JavaScript | MDN
  https://developer.mozilla.org/ko/docs/Web/JavaScript/Reference/Functions/Method_definitions

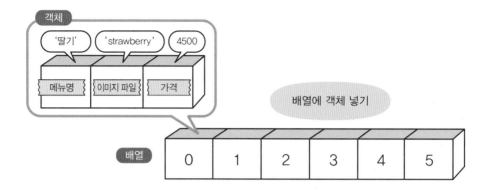

배열은 5.3절에서 배운 것처럼 '[](대괄호)'로 둘러싸고 각 요소를 ',(쉼표)'로 구분하여 표기했습니다.
그리고 지금까지 작성하고 있는 script.js 파일에는 다음과 같이 lists라는 배열이 있었습니다.

JS js/script.js

```
const lists = [
    'strawberry.jpg',
    'lime.jpg',
    'mango.jpg',
    'lemon.jpg',
    'fig.jpg',
    'apple.jpg',
];
```

원래 적혀 있던 lists 배열 요소인 이미지 파일명은 문자열이므로 작은따옴표로 둘러싸여 있었습니
다. 하지만 이제부터 고쳐 쓰려고 하는 것은 객체이므로 각각의 요소 부분을 '{}(중괄호)'로 둘러
싸서 다음과 같이 하나의 덩어리를 만듭니다.

JS js/script.js

```
const lists = [
    { 딸기 객체 },
    { 라임 객체 },
    { 망고 객체 },
    { 레몬 객체 },
    { 무화과 객체 },
    { 사과 객체 },
];                                              중괄호로 감싸기
```

그리고 중괄호 안에 키와 값이 세트로 구성된 속성을 넣습니다. 앞에 나온 객체 strawberry를 베이스로 하여 lists 배열의 내용을 객체로 고쳐 씁니다. 값은 다음과 같이 설정합니다.

인덱스	name	img	price
0	'딸기'	'strawberry.jpg'	4500
1	'라임'	'lime.jpg'	4000
2	'망고'	'mango.jpg'	5000
3	'레몬'	'lemon.jpg'	4000
4	'무화과'	'fig.jpg'	5000
5	'사과'	'apple.jpg'	4000

js/script.js

```js
const menu = document.querySelector('#menu');

// const strawberry = {
//     name: '딸기',
//     img: 'strawberry.jpg',
//     price: 4500,
// };
// console.log(strawberry.name);
// console.log(strawberry['img']);

// const key = 'name';
// console.log(strawberry.key);
// console.log(strawberry[key]);

const lists = [
    {
        name: '딸기',
        img: 'strawberry.jpg',
        price: 4500,
    },
    {
        name: '라임',
        img: 'lime.jpg',
        price: 4000,
    },
    {
        name: '망고',
        img: 'mango.jpg',
        price: 5000,
    },
    {
        name: '레몬',
```

이제 필요 없으므로 삭제

```
            img: 'lemon.jpg',
            price: 4000,
        },
        {
            name: '무화과',
            img: 'fig.jpg',
            price: 5000,
        },
        {
            name: '사과',
            img: 'apple.jpg',
            price: 4000,
        },
    ];

for(let i = 0; i < lists.length; i++){
    const content = `<div><img src="images/${lists[i]}" alt=""></div>`;
    menu.insertAdjacentHTML('beforeend', content);
}
```

'키'와 '값'이 세트인 속성 넣기

앞에서 작성한 strawberry 속성과 이를 출력하기 위해 작성했던 console.log()는 이제 필요 없으므로 삭제합니다.

■ 값 가져오기

값을 가져오는 방법을 복습해봅시다. 객체의 값을 가져오려면 다음과 같이 객체명과 키를 '.(마침표)'로 이어줍니다.

JS 작성 예

```
객체명.키
```

그리고 5.4절에서 설명한 것처럼 배열 안에 있는 요소를 가져오려면 다음과 같은 형태로 '[](대괄호)' 안에 인덱스를 기술합니다.

JS 작성 예

```
배열[인덱스]
```

현재 배열 안에 객체가 요소로 들어가 있으므로 '배열[인덱스]'로 각 객체에 접근할 수 있습니다. 즉, 배열 안에 있는 객체의 값을 가져오는 방법은 다음과 같습니다.

JS 작성 예

```
배열[인덱스].키
```

콘솔로 0번째 name 값을 가져와봅시다.

js/script.js

```js
const menu = document.querySelector('#menu');

const lists = [
    {
        name: '딸기',
        img: 'strawberry.jpg',
        price: 4500,
    },
    {
        name: '라임',
        img: 'lime.jpg',
        price: 4000,
    },
    {
        name: '망고',
        img: 'mango.jpg',
        price: 5000,
    },
    {
        name: '레몬',
        img: 'lemon.jpg',
        price: 4000,
    },
    {
        name: '무화과',
        img: 'fig.jpg',
        price: 5000,
    },
    {
        name: '사과',
        img: 'apple.jpg',
        price: 4000,
    },
];
console.log(lists[0].name);                                                     추가

for(let i = 0; i < lists.length; i++){
    const content = `<div><img src="images/${lists[i]}" alt=""></div>`;
    menu.insertAdjacentHTML('beforeend', content);
}
```

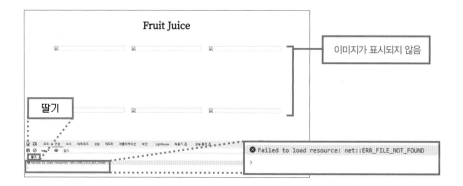

콘솔에 '딸기'라고 표시되었습니다. 제대로 가져왔네요. 하지만 '파일을 찾을 수 없다'는 오류도 함께 표시되면서 웹 페이지상의 이미지가 표시되지 않습니다. 그럴 수밖에 없는 것이 for문에서 지정한 lists[i]는 각 객체 자체를 지정한 채이고 키는 지정되지 않아 이미지 파일명을 가져올 수 없기 때문입니다. 다음 절부터 for문의 내용을 고쳐 모든 이미지와 메뉴명, 가격을 웹 페이지상에 표시해보 겠습니다!

5.11 목록 표시하기

각 정보를 가져오는 방법을 알았으므로 이제부터는 for문 안에 작성해서 목록을 표시할 수 있습니다. 모든 메뉴의 이미지, 메뉴명, 가격을 표시해봅시다.

■ 이미지 목록 표시하기 　▶예제　chapter5/11-demo

for문 안에 이미지 파일을 지정하는 곳을 lists[i]로 지정했습니다. 앞에서 객체 하나하나의 값은 '배열[인덱스].키'로 가져올 수 있다는 사실을 알았으므로 lists[i]에 '.(마침표)'로 연결해서 키를 작성하세요. 이미지 파일명을 담고 있는 키는 img이므로 lists[i].img가 됩니다. 그리고 확인하기 위해 기술한 console.log(lists[0].name);은 더 이상 필요 없으므로 주석 처리하거나 삭제합니다.

```
const menu = document.querySelector('#menu');

const lists = [
    {
        name: '딸기',
        img: 'strawberry.jpg',
        price: 4500,
    },
    {
        name: '라임',
        img: 'lime.jpg',
        price: 4000,
    },
    {
        name: '망고',
        img: 'mango.jpg',
        price: 5000,
    },
    {
        name: '레몬',
        img: 'lemon.jpg',
        price: 4000,
    },
    {
        name: '무화과',
        img: 'fig.jpg',
        price: 5000,
    },
    {
        name: '사과',
        img: 'apple.jpg',
        price: 4000,
    },
];
//console.log(lists[0].name);                                    주석 처리 또는 삭제

for(let i = 0; i < lists.length; i++){
    const content = `<div><img src="images/${lists[i].img}" alt=""></div>`;
    menu.insertAdjacentHTML('beforeend', content);              이미지 가져오기
}
```

Fruit Juice

이미지 목록이 표시됨

각 객체 이미지 파일명을 가져와서 웹 페이지상에 다시 이미지가
표시되었습니다.

■ 메뉴명과 가격 표시하기

이 방법을 사용하여 그 밖에 등록된 메뉴명과 가격도 추가하겠습니다. 우선 상수 content 안에 이미
지를 지정한 뒤 HTML을 추가합니다. 메뉴명은 <h2> 태그, 가격은 <p> 태그를 사용합니다.

`js/script.js`

```javascript
const menu = document.querySelector('#menu');

const lists = [
    {
        name: '딸기',
        img: 'strawberry.jpg',
        price: 4500,
    },
    {
        name: '라임',
        img: 'lime.jpg',
        price: 4000,
    },
    {
        name: '망고',
        img: 'mango.jpg',
        price: 5000,
    },
    {
        name: '레몬',
        img: 'lemon.jpg',
        price: 4000,
    },
    {
        name: '무화과',
```

```
        img: 'fig.jpg',
        price: 5000,
    },
    {
        name: '사과',
        img: 'apple.jpg',
        price: 4000,
    },
];
//console.log(lists[0].name);

for(let i = 0; i < lists.length; i++){
    const content = `<div><img src="images/${lists[i].img}" alt=""><h2>메뉴명</h2><p>0000원</p></div>`;
    menu.insertAdjacentHTML('beforeend', content);
}
```

메뉴와 가격 추가

메뉴와 가격이 표시됨

for문을 반복 처리해서 모든 이미지 아래에 제목과 가격 요소가 추가되었습니다.

이어서 이미지 파일명과 같이 lists[i]에 '.(마침표)'로 키를 연결하여 메뉴명과 가격을 가져옵니다. 메뉴명의 키는 name, 가격의 키는 price입니다.

JS js/script.js

```
const menu = document.querySelector('#menu');

const lists = [
    {
        name: '딸기',
        img: 'strawberry.jpg',
        price: 4500,
    },
```

```
        {
            name: '라임',
            img: 'lime.jpg',
            price: 4000,
        },
        {
            name: '망고',
            img: 'mango.jpg',
            price: 5000,
        },
        {
            name: '레몬',
            img: 'lemon.jpg',
            price: 4000,
        },
        {
            name: '무화과',
            img: 'fig.jpg',
            price: 5000,
        },
        {
            name: '사과',
            img: 'apple.jpg',
            price: 4000,
        },
];
//console.log(lists[0].name);

for(let i = 0; i < lists.length; i++){
    const content = `<div><img src="images/${lists[i].img}" alt=""><h2>${lists[i].name}</
h2><p>${lists[i].price}원</p></div>`;
    menu.insertAdjacentHTML('beforeend', content);
}
```

가격 가져오기   메뉴명 가져오기

이제 모든 정보 목록이 표시되었습니다.

5.12 분할 대입으로 깔끔한 코드 만들기

일단 웹 페이지는 완성되었습니다. 그러나 너무 길어서 쓰기 어려운 부분도 있으므로 여기서는 이를 깔끔하게 정리하여 작성하는 방법을 소개하겠습니다.

▨ 가져온 값을 상수화하기   ▶ 예제   chapter5/12-demo

메뉴명은 lists[i].name, 이미지 파일은 lists[i].img, 가격은 lists[i].price로 가져왔지만 lists[i]를 몇 번이나 써야 하므로 상수 content의 템플릿 문자열이 유난히 길어집니다. 우선 가져 올 값을 각각의 상수로 정의해보겠습니다. 상수명과 키를 같은 이름으로 하면 알기 쉽습니다.

JS js/script.js

```js
const menu = document.querySelector('#menu');

const lists = [
    {
        name: '딸기',
        img: 'strawberry.jpg',
        price: 4500,
    },
    {
        name: '라임',
        img: 'lime.jpg',
        price: 4000,
    },
    {
        name: '망고',
        img: 'mango.jpg',
        price: 5000,
    },
    {
        name: '레몬',
        img: 'lemon.jpg',
        price: 4000,
    },
    {
        name: '무화과',
        img: 'fig.jpg',
        price: 5000,
```

```
        },
        {
            name: '사과',
            img: 'apple.jpg',
            price: 4000,
        },
    ];

    for(let i = 0; i < lists.length; i++){
        const name = lists[i].name;
        const img = lists[i].img;
        const price = lists[i].price;

        const content = `<div><img src="images/${img}" alt=""><h2>${name}</h2><p>${price}원</
p></div>`;
        menu.insertAdjacentHTML('beforeend', content);
    }
```

상수 선언

${img}, ${name}, ${price}로 불러와서 템플릿 문자열이 깔끔해졌다.

■ 분할 대입 사용하기

이번처럼 객체의 키와 동일한 상수명을 사용하면 코드를 더 깔끔하게 만들 수 있습니다. 분할 대입을 적용하면 한 번에 여러 속성 값을 상수에 대입할 수 있습니다. 분할 대입은 상수를 선언하는 const로 시작하고 '{}(중괄호)' 안에 객체의 키를 작성해서 사용합니다. 키가 여러 개인 경우 ',(쉼표)'로 구분하고 '=(등호)' 뒤에 값을 가져오고 싶은 객체의 이름을 지정합니다.

조금 이상한 작성 방법일 수 있지만 이렇게 하면 키를 지정하기만 해도 같은 이름의 상수에 값이 대입되어 값을 가져올 수 있습니다. 예를 들어 다음과 같이 작성하면 콘솔에 '값1'이 출력됩니다.

 작성 예

```
const 객체명 = {
    키1: 값1,
    키2: 값2,
    키3: 값3,
};
const { 키1, 키2, 키3 } = 객체명;
```

 예

```
console.log(키1);
```

'{}(중괄호)' 안에서 키의 순서는 상관없으며 존재하지 않는 키를 쓰면 'undefined'가 됩니다. 그러면 메뉴 목록의 'name', 'img', 'price'의 상수 부분도 분할 대입으로 바꿔봅시다.

🔳 js/script.js

```javascript
const menu = document.querySelector('#menu');

const lists = [
    {
        name: '딸기',
        img: 'strawberry.jpg',
        price: 4500,
    },
    {
        name: '라임',
        img: 'lime.jpg',
        price: 4000,
    },
    {
        name: '망고',
        img: 'mango.jpg',
        price: 5000,
    },
    {
        name: '레몬',
        img: 'lemon.jpg',
        price: 4000,
    },
    {
        name: '무화과',
        img: 'fig.jpg',
        price: 5000,
    },
    {
        name: '사과',
        img: 'apple.jpg',
        price: 4000,
    },
];

for(let i = 0; i < lists.length; i++){
    const {name, img, price} = lists[i];        분할 대입 사용
    const content = `<div><img src="images/${img}" alt=""><h2>${name}</h2><p>${price}원</p></div>`;
    menu.insertAdjacentHTML('beforeend', content);
}
```

분할 대입을 사용하기 전과 마찬가지로 웹 페이지상에 이미지, 메뉴명, 가격이 표시됩니다.

이처럼 코드 결과는 같지만 더 간결하게 작성할 수 있으므로 이 방법도 알아두는 것이 좋습니다.

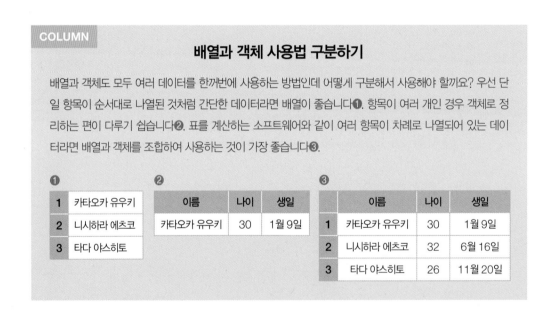

Math 객체로 수학 계산

자바스크립트에 준비되어 있는 빌트인 객체 중 **Math** 객체를 사용하면 수학 계산을 할 수 있습니다. 숫자를 계산하는 것뿐만 아니라 애니메이션에서 복잡한 움직임을 설정하거나 랜덤으로 움직이게 하는 등 다양하게 사용하면 표현할 수 있는 폭이 넓어집니다.

Math 객체의 주요 메서드 ▶예제 chapter5/col-math-demo

메서드	의미	예	결과
Math.floor(숫자)	소수점 이하 버림	Math.floor(9.28)	9
Math.ceil(숫자)	소수점 이하 올림	Math.ceil(9.28)	10
Math.round(숫자)	소수점 이하 반올림	Math.round(9.28)	9
Math.random()	0 이상 1 미만의 랜덤 숫자(난수)	Math.random()	0.20969858253292517
Math.pow(숫자A, 숫자B)	숫자A의 숫자B 제곱	Math.pow(9, 2)	81
Math.max(숫자A, 숫자B, …)	숫자A, 숫자B… 중에서 가장 큰 수	Math.max(9, 2, 8)	9
Math.min(숫자A, 숫자B, …)	숫자A, 숫자B… 중에서 가장 작은 수	Math.min(9, 2, 8)	2
Math.trunc(숫자)	소수점 이하를 버린 정수 부분	Math.trunc(9.28)	9

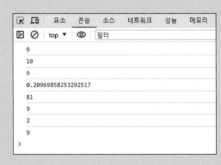

이 외에 제곱근이나 사인, 코사인, 탄젠트 등 어려운 계산도 가능합니다. 더 자세히 알고 싶다면 다음을 참고하기 바랍니다.

● **Math − JavaScript | MDN**

https://developer.mozilla.org/ko/docs/Web/JavaScript/Reference/Global_Objects/Math

애니메이션 추가하기

—

웹사이트를 보고 있으면 '슬슬' 움직이거나 '푹신푹신'하게 표시되는 것처럼 의성어나 의태어가 잘 어울리는 사이트를 만날 수 있습니다. 여기서는 웹사이트를 더욱 풍부하게 표현할 수 있는 방법 중 하나인 애니메이션에 대해 알아보겠습니다. 우선 자바스크립트에서 구현할 수 있는 Web Animations API를 소개합니다.

6.1 움직임이 있는 웹사이트 예시 보기

실제로 웹사이트상에서 어떤 움직임을 표현할 수 있는지 알아보겠습니다. 먼저 움직임을 매력적이고 훌륭하게 표현한 웹사이트 몇 곳을 소개합니다.

■ rokkakukan sakurado KYOTO

업계 최초 화장용 브러시 전문점 'rokkakukan sakurado KYOTO'의 웹사이트로 화장용 브러시의 장점을 전달하고 있습니다. 고운 색감과 부드러운 움직임으로 보드라운 화장용 브러시의 질감을 표현했습니다.

https://www.rokkakukan-sakurado.com/

커서에 맞춰 부드럽게 움직이는 이미지 표현

홈에서는 상품 사진과 벚꽃 잎이 커서에 맞춰 부드럽게 이동합니다.

커서에 맞춰 이동

밑에서부터 물결치듯이 나타나는 텍스트와 이미지 표현

밑에서부터 확 나타나는 것이 아니라 마치 물결처럼 왼쪽에서 오른쪽으로 표시됩니다.

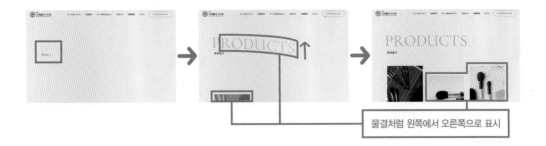

물결처럼 왼쪽에서 오른쪽으로 표시

■ 주식회사 풍공학 연구소

'바람' 연구소답게 웹사이트 전체에서 바람이 흐르는 것을 느낄 수 있습니다. 홈에 진입하자마자 옅은 구름이 흐르며 페이지를 감싼 화면이 보입니다.
https://www.wei.co.jp/

바람에 흔들리는 깃발

오른쪽 위에 있는 메뉴 아이콘을 클릭하면 바람에 흔들리는 깃발이 인상적이라고 할 수 있는 메뉴 패널이 화면 가득 펼쳐집니다.

클릭

바람에 흔들리는 깃발이 인상적이다.

흐르는 텍스트

푸터footer에는 커다란 텍스트가 오른쪽에서 왼쪽으로 천천히 움직이며 무한 루프로 돌고 있습니다. 여기서도 바람을 느낄 수 있게 만들었습니다.

커다란 텍스트

오른쪽에서 왼쪽으로 천천히 이동

▨ 미토네 디자인

빛이 반짝거리며 아름답게 움직이는 디자인 사무소 웹사이트입니다. 물이 졸졸 흐르는 소리와 새의 지저 귐도 느낄 수 있도록 만들었습니다.
https://www.mitonedesign.jp/

왼쪽 위에서 사선으로 표시되는 콘텐츠

페이지를 스크롤하면 텍스트와 동영상이 화면 왼쪽 위에서 오른쪽 아래로 서서히 표시됩니다.

페이지 스크롤

서서히 표시됨

다른 이미지로 자동 전환

콘텐츠 페이지에서는 일정 시간 경과 후 현재 표시 중인 이미지가 자동으로 전환됩니다. 일본 고치현의 다양한 풍경을 즐길 수 있습니다.

이미지가 자동으로 바뀜

■ Layered Omi

동양적인 느낌과 현대 기술을 융합시킨 것 같은 느낌으로 역사가 있는 오미를 소개하는 웹사이트입니다.
https://layered-omi.com/

환상적인 로딩 화면

선으로 그려진 물결이 출렁이며 사라지고 홈 화면에 콘텐츠가 표시됩니다.

홈 화면의 콘텐츠

일렁이며 바뀌는 이미지 표현

마치 수면처럼 일렁이며 이미지가 움직이고 다른 이미지로 바뀝니다.

수면의 움직임처럼 표현됨

6.2 움직임이 있을 때 효과적인 이유

웹 페이지, 웹 서비스, 애플리케이션 등에 애니메이션을 추가하는 것이 '어쩐지 멋있으니까'처럼 단순한 이유였다면 이처럼 전 세계로 퍼지지는 않았을 것입니다. 움직임에 어떤 장점이 있는지 생각해봅시다.

▥ 상태 변화 알림

웹 페이지에서는 페이지와 페이지 사이를 링크로 오고 가며 많은 정보를 볼 수 있습니다. 사용자가 링크를 클릭하여 다른 페이지로 이동할 때는 기본적으로 화면이 변화합니다. 하지만 눈앞의 화면이 갑자기 확 바뀌면 무슨 일이 일어났는지 모를 수 있습니다. 현실 세계에서는 갑자기 눈 앞에 무언가 나타나거나 손에 들었던 것이 갑자기 사라지는 일이 없으며 다른 것으로 변하지도 않기 때문입니다.

그래서 웹 페이지에서는 조금씩 형태를 바꾸는 **애니메이션**을 사용합니다. 애니메이션을 활용하면 처음부터 끝까지 상태가 변하는 것을 자연스럽게 표현할 수 있습니다. 무슨 일이 일어나고 있는지 명확하게 전달할 수 있으므로 사용자는 웹 페이지를 원활하게 이용할 수 있습니다.

sekisuihouse의 sumu fumu terrace 소개 웹사이트. 세로로 표현된 목록에 마우스 커서를 가져가면 각 섹션이 늘어나면서 주요 정보를 함께 보여줍니다.
https://www.sekisuihouse.co.jp/sumufumuterrace/

■ 사용자가 지금 무엇을 하고 있는지 표시할 수 있음

웹사이트가 갑자기 멈춰버린 경험은 누구나 갖고 있을 것입니다. 웹사이트가 멈춰버리면 대처할 방법이 없으므로 사용자는 인터넷 회선이 끊긴 것인지 아니면 웹 페이지를 로딩 중인지 등 현재 상황을 파악하고 싶어 합니다. 애니메이션은 사용자가 어떤 상황인지 시각적으로 전달할 수 있는 뛰어난 수단 중 하나입니다. 웹 페이지를 로딩 중일 때, 파일을 업로드하고 있을 때, 잘못 입력했을 때, 전송 완료했을 때 등 다양한 상황에서 빠르고 정확하게 정보를 피드백할 수 있습니다.

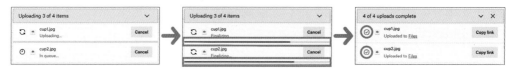

파일을 클라우드상에 업로드할 수 있는 웹 서비스인 Dropbox(https://www.dropbox.com/)에서는 선택한 파일이나 진행 상황, 업로드가 완료된 것 등을 애니메이션과 아이콘으로 알기 쉽게 표시합니다.

■ 사용법을 단적으로 설명

사용자가 무언가를 조작해야 하는 웹 서비스 중에는 사용법을 잘 몰라서 활용하지 못하는 경우도 있을 것입니다. 먼저 애니메이션을 활용해 '어디를 보고', '무엇을 해야 하는가'에 대해 알려주면 처음 이용하는 사용자도 안심하고 사용할 수 있습니다. 적절한 타이밍이나 빈도로 주의를 끌고 유도하는 데 성공한 웹 페이지는 사용자의 행동을 잘 이해하고 만들었다고 할 수 있습니다.

코드를 테스트하거나 공유할 수 있는 웹 서비스인 '코드펜'에서는 저장하지 않은 채 코드를 계속 작성하다 보면 Save 버튼이 일정 횟수 흔들리면서 사용자에게 저장해야 한다는 사실을 알려줍니다.

6.3 안정감을 주는 움직임이란

안정감을 주는 애니메이션에는 '애니메이션이라고 눈치채지 못할 정도의 자연스러움'이 있어야 합니다. 구체적으로 어떤 애니메이션이 안정감을 주는지 생각해봅시다.

■ 타이밍과 속도 고려하기

애니메이션이 시작되는 타이밍은 매우 중요합니다. 사용자 조작에 의해 애니메이션이 시작되는 경우 조작이 끝나면 신속하게 움직이도록 해야 합니다. 또한 움직임의 속도에도 신경을 쓰는 것이 좋습니다. 너무 빠르면 변화를 눈치채기 힘들고 너무 느리면 사용자를 기다리게 만듭니다. 구체적인 수치는 애니메이션의 내용이나 움직이는 대상에 따라 다르므로 일률적으로 말할 수는 없지만 100밀리초(0.1초)보다 빠른 움직임은 애니메이션으로 인식되기 어려우므로 주의해야 합니다.

■ 움직이는 대상의 개수 결정

상상해보세요. 화면 상단에서는 내비게이션 메뉴가 움직이고 하단에서는 버튼이 움직이며 거기에 배경 이미지까지 끊임없이 움직이고 있는데 버튼에 커서를 대면 버튼까지 좌우로 떨립니다. 이런 웹 페이지라면 꽤 혼란스럽겠지요. '움직이는 대상의 개수 줄이기', '동시에 많은 것을 움직이지 않기'도 안정감을 주기 위한 포인트입니다. 만약 여러 개를 움직이고 싶다면 움직이는 순서를 정하거나 속도에 강약을 두는 등 연구를 하는 것이 좋습니다.

■ 재생 횟수 고려하기

아무리 훌륭한 애니메이션이라도 계속 보고 있으면 귀찮게 느껴질 수 있습니다. 애니메이션은 무한 루프로 재생할 수 있지만 계속 보고 있어도 거슬리지 않는 웹 페이지를 만들려면 '재생 횟수를 고려'해야 합니다. 예를 들어 검색을 위해 같은 웹 페이지를 계속 열어두었을 때 화면상에서 끊임없이 빙글빙글 돌고 있는 요소가 있으면 어떨까요? 일정 횟수만큼 재생하면 정지하게 하거나 무한 루프로 돌아야 한다면 그 속도에 신경 쓰는 것이 좋습니다.

■ 움직임의 가속도 조절

애니메이션을 설정할 때 '이징easing'이라는 항목이 있습니다. 이것은 움직임에 가속이나 감속 효과를 더하는 기능입니다. 예를 들어 물리적인 현실 세계에서는 시작부터 종료까지 사물이 일정한 속도로 계속 움직이지 않습니다. 조금 천천히 시작해서 점점 가속이 붙고 끝나는 시점에 다시 감속하는 것이 자연스럽습니다. 애니메이션도 이처럼 움직이게 하면 자연스러워 보일 수 있습니다.

■ 디자인 테마에 맞는 움직임

웹사이트를 만들 때는 반드시 디자인의 주제를 생각해야 합니다. 이때 애니메이션도 그 주제에 맞춰 디자인하면 웹사이트의 세계관과 잘 맞아 편안하게 느껴집니다. 예를 들어 부드러운 촉감이 인기 있는 침구와 관련된 웹사이트라면 통통 뛰어오르는 움직임보다 두둥실 떠오르는 것처럼 표현하는 것이 더 조화로울 것입니다.

getElementBy로 요소 가져오기

이 책에서는 HTML 요소를 가져오기 위해 querySelector()나 querySelectorAll()을 사용하지만 그 밖에도 비슷한 메서드가 준비되어 있습니다. getElementBy로 시작하는 메서드에서도 특정 ID명이나 클래스명, 태그명을 작성해서 사용합니다. querySelector()나 querySelectorAll()을 사용하면 CSS에서 셀렉터를 설정하는 것과 비슷하게 HTML 요소를 가져올 수 있습니다. 또한 querySelector~에서는 :hover나 :first-child, :last-child와 같은 **가상 클래스도 사용할 수 있습니다.** getElementBy~의 장점은 querySelector~에 비해 처리가 빠르다는 점입니다. 다만 체감할 만한 정도는 아니라서 CSS처럼 쓸 수 있는 querySelector()나 querySelectorAll()로 통일하는 쪽이 작성하기 쉬울 것입니다.

	querySelector~	getElementBy~
특정 ID가 붙은 요소 가져오기	querySelector('#ID명')	getElementById('#ID명')
특정 클래스가 붙은 요소 모두 가져오기	querySelectorAll('.클래스명')	getElemetnsByClassName('.클래스명')
특정 태그를 사용하는 요소 모두 가져오기	querySelectorAll('태그명')	getElementsByTagName('태그명')

6.4 제목이 밑에서부터 떠오르는 것처럼 나타내기

웹 페이지를 열었을 때 제목이나 이미지 등의 요소가 밑에서부터 부드럽게 나타나는 것을 본 적이 있을 것입니다. 자바스크립트 기본 작성법을 배우면서 간단한 애니메이션을 구현해봅시다.

■ 작성할 웹 페이지 소개　▶ 예제　chapter6/04-demo

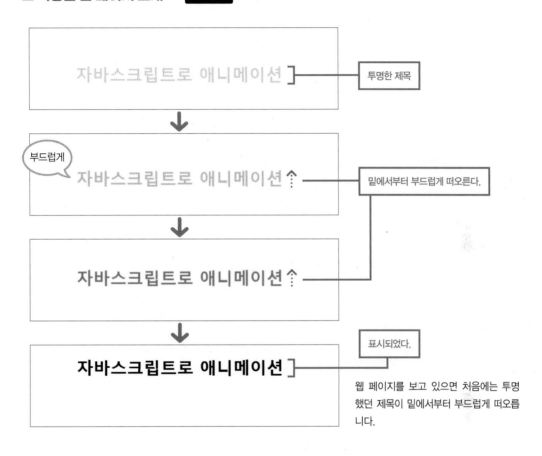

웹 페이지를 보고 있으면 처음에는 투명했던 제목이 밑에서부터 부드럽게 떠오릅니다.

■ 완성 코드

index.html

```html
<!DOCTYPE html>
<html lang="ko">
<head>
    <meta charset="UTF-8">
    <meta name="viewport" content="width=device-width, initial-scale=1.0">
    <title>6.4 제목이 밑에서부터 떠오르는 것처럼 나타내기</title>
    <link rel="stylesheet" href="css/style.css">
    <script src="js/script.js" defer></script>
```

```
    </head>
    <body>
        <h1 id="heading">자바스크립트로 애니메이션</h1>
    </body>
</html>
```

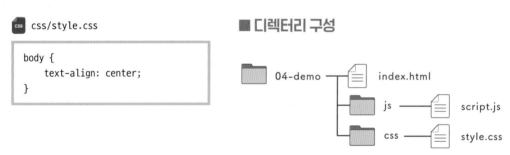 js/script.js

```
const heading = document.querySelector('#heading');

const keyframes = {
    opacity: [0, 1],
    translate: ['0 50px', 0],
};
const options = {
    duration: 2000,
    easing: 'ease',
};

heading.animate(keyframes, options);
```

css css/style.css

```
body {
    text-align: center;
}
```

■ 디렉터리 구성

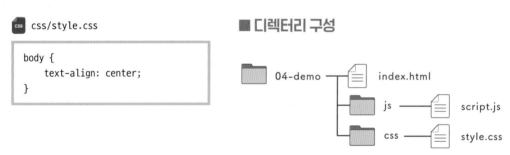

6.5 제목이 밑에서부터 떠오르는 것처럼 나타내기
– 애니메이션 기본 작성법

자바스크립트로 애니메이션을 설정하면 더 풍부하게 표현할 수 있습니다. 다양한 함수, 이벤트와 조합하면 더욱 유연한 애니메이션을 만들 수 있습니다. 우선 기본 작성법부터 살펴보겠습니다.

■ Web Animations API란

Web Animations API(WAAPI)는 다른 라이브러리를 사용하지 않고 애니메이션을 구현할 수 있는 자바스크립트 기능입니다. 이를 사용하려면 우선 CSS 속성과 값처럼 요소의 무엇을 변화시킬지 지정합니다. 그리고 시작 시점의 값과 종료 시점의 값을 지정해두면 두 시점 사이의 값을 자동 보완하여 부드러운 움직임으로 표현합니다. 이 자동 보완으로 움직이는 내용을 **키 프레임**이라고 합니다. 예를 들어 '투명한 요소가 불투명하게 바뀐다'는 애니메이션의 경우 시작할 때 투명, 종료할 때 불투명으로 설정해두면 재생 시간에 맞춰 투명도가 변화하고 중간 지점에서는 투명도가 50%로 표시됩니다.

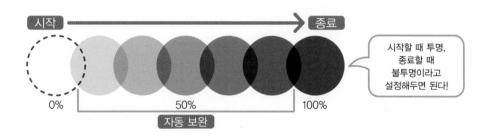

■ Web Animations API 기본 작성법

Web Animations API의 기본 형태는 다음과 같습니다. 움직이고 싶은 요소에 `animate()` 메서드를 추가하여 설정합니다. 소괄호 안의 첫 번째 인수는 움직이는 내용(키 프레임)을, 두 번째 인수는 재생 시간을 지정하며 ',(쉼표)'로 구분합니다.

움직이게 할 내용(키 프레임) 작성법

`animate()`의 첫 번째 인수에는 움직이는 내용(키 프레임)을 객체 형태로 지정합니다. CSS와 같은 형태로 속성 이름을 쓰지만 자바스크립트 문법에 맞도록 CSS 의 '−(하이픈)'이 붙는 속성은 '−'을 제

외하고 대문자로 표기합니다(예: font-size → fontSize). 값은 기본적으로 시작점, 종료점의 두 값을 지정합니다. 5.8절에서도 소개했듯이 객체의 값에는 어떤 데이터형이든 사용할 수 있으므로 여기서는 '[ ](대괄호)'로 둘러싸고 배열 형태로 지정합니다.

JS 작성 예

```
움직이게 하려는 요소.animate({
    키(속성명) : ['시작값', '종룟값'],
}, 재생 시간);
```

첫 번째 인수에 객체 작성

[ ]로 둘러싸서 배열 지정

이와 같이 소괄호 안에 직접 키 프레임 객체를 작성해도 되고 다음과 같이 별도의 키 프레임만 상수로 묶어 animate() 메서드로 호출할 수도 있습니다.

JS 작성 예

```
const keyframes = {
    키(속성명) : ['시작값', '종룟값'],
};
움직이게 하려는 요소.animate(keyframes, 재생 시간);
```

키 프레임을 상수로 정리

위에서 정의한 상수 keyframs 불러오기

여기서는 상수명을 keyframs로 사용했지만 자유롭게 바꿔도 상관없습니다.

재생 시간 작성법

두 번째 인수에는 애니메이션의 재생 시간, 즉 얼마만큼의 시간 동안 요소를 움직일 것인가를 수치로 지정하며 단위는 밀리초입니다. 예를 들어 1초는 1000밀리초이므로 1000으로 설정합니다. 참고로 이 부분은 반복 횟수나 지연 시간 등 재생 시간 이외의 옵션 지정이 있는 경우 작성법이 달라집니다. 자세한 내용은 6.7절에서 소개하겠습니다.

■ 투명한 제목을 천천히 표시

그럼 실제로 써볼까요? 일단 사전 준비부터 시작하겠습니다. HTML에는 <h1> 태그로 heading이라는 ID가 붙은 제목만 준비해두었습니다. 그리고 중앙 정렬만 적용된 CSS도 준비해두었습니다.

index.html

```
<!DOCTYPE html>
<html lang="ko">
<head>
    <meta charset="UTF-8">
    <meta name="viewport" content="width=device-width, initial-scale=1.0">
    <title>6.4 제목이 밑에서부터 떠오르는 것처럼 나타내기</title>
    <link rel="stylesheet" href="css/style.css">
    <script src="js/script.js" defer></script>
</head>
<body>
    <h1 id="heading">자바스크립트로 애니메이션</h1>    ┐──── <h1> 태그로 제목 준비
</body>
</html>
```

css/style.css

```
body {
    text-align: center;    ┐──── 중앙 정렬
}
```

자바스크립트에서는 먼저 HTML에서 heading이라는 ID로 준비한 h1 요소를 heading이라는 상수에 넣어둡니다. 그리고 Web Animations API 기본 작성법에 따라 heading.animate(keyframes, 2000);이라고 작성합니다. 첫 번째 인수인 keyframes는 지금부터 작성할 '움직이게 하려는 내용'의 상수명이며 아직 아무것도 써 있지 않기 때문에 현시점에서 오류가 발생합니다. 두 번째 인수는 '2000'이며 애니메이션을 2초 동안 재생하도록 지정합니다.

js/script.js

```
const heading = document.querySelector('#heading');    ┐──── Web Animations API 기본 작성법

heading.animate(keyframes, 2000);
                └─ 첫 번째 인수(아직 아무것도 쓰여 있지 않음)
                         └─ 애니메이션을 2초 동안 재생하도록 지정
```

이제 움직이는 내용에 대한 첫 번째 인수의 keyframes 부분을 설명하겠습니다. 상수 keyframes를 준비하고 안에는 객체를 넣기 위해 '{}(중괄호)'를 적습니다. 키는 CSS 속성이기도 한 opacity를 작성합니다. opacity는 요소의 불투명도를 나타냅니다. 시작할 때의 0은 불투명도가 0%, 즉 투명하다는 뜻입니다. 끝날 때의 1은 불투명도가 100%, 즉 불투명하다는 의미입니다. 단위가 필요 없는 값이므로 문자열이 아닌 숫자로 인식하며 작은따옴표로 둘러쌀 필요가 없습니다.

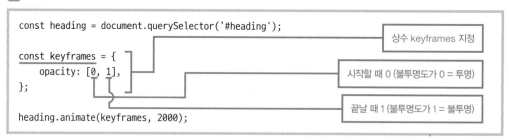

js/script.js

```
const heading = document.querySelector('#heading');

const keyframes = {                              상수 keyframes 지정
    opacity: [0, 1],                             시작할 때 0 (불투명도가 0 = 투명)
};

heading.animate(keyframes, 2000);                끝날 때 1 (불투명도가 1 = 불투명)
```

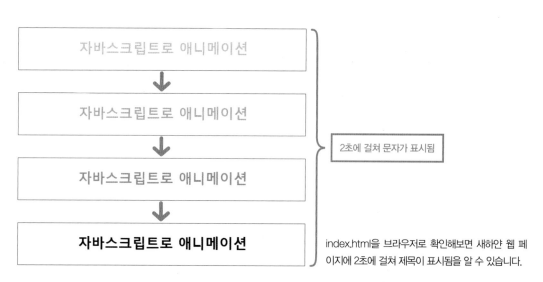

자바스크립트로 애니메이션

↓

자바스크립트로 애니메이션

↓

자바스크립트로 애니메이션

↓

자바스크립트로 애니메이션

2초에 걸쳐 문자가 표시됨

index.html을 브라우저로 확인해보면 새하얀 웹 페이지에 2초에 걸쳐 제목이 표시됨을 알 수 있습니다.

투명한 제목이 조금씩 불투명해졌습니다! 그러나 이렇게만 나타내면 재미없으므로 다음 절에서 다른 움직임도 추가해보겠습니다.

6.6 제목이 밑에서부터 떠오르는 것처럼 나타내기 – 여러 애니메이션 추가하기

요소를 떠오르게 하는 기술 중 일부러 조금 아래 위치에 배치해서 위로 이동시키는 방법이 있습니다. 그래야 떠오르는 것처럼 보입니다. 요소를 이동시키기 위해 translate 속성을 추가합니다.

■ 여러 개의 애니메이션 작성

요소는 한 개이지만 다양한 움직임을 부여하고 싶을 때는 객체 형식을 사용하여 새로운 속성만 추가하면 됩니다. 속성끼리는 ',(쉼표)'로 구분합니다.

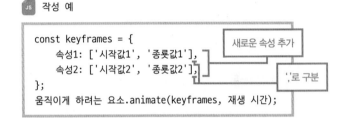

JS 작성 예

```
const keyframes = {
    속성1: ['시작값1', '종룟값1'],
    속성2: ['시작값2', '종룟값2'],
};
움직이게 하려는 요소.animate(keyframes, 재생 시간);
```

새로운 속성 추가
','로 구분

또 배열로 작성하는 방법도 있습니다. 배열 요소를 각 애니메이션이 동작하는 위치로 하여 키 프레임마다 '{}(중괄호)'로 둘러싸고 객체로 작성합니다. 앞의 코드에서는 객체 안에 배열이 들어갔는데 다음 작성법에서는 배열 안에 객체가 들어갑니다. 한 번에 움직이는 내용이 많을 경우 다음과 같은 작성법이 이해하기 쉬울 것입니다.

JS 작성 예

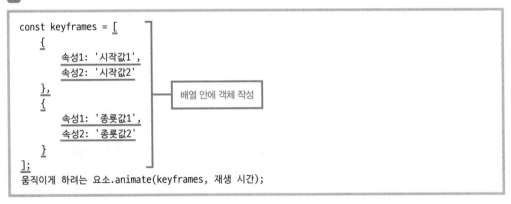

```
const keyframes = [
    {
        속성1: '시작값1',
        속성2: '시작값2'
    },
    {
        속성1: '종룟값1',
        속성2: '종룟값2'
    }
];
움직이게 하려는 요소.animate(keyframes, 재생 시간);
```

배열 안에 객체 작성

앞에서 작성했던 내용을 계속 써볼까요? 이번에는 전자의 방식으로 객체 속성을 추가합니다. translate에 시작값을 '0 50px'로 지정하고 가로 방향은 0, 세로 방향은 50px 아래로 내려가도록 지정합니다. 그리고 종료 시에는 0으로 설정하여 가로 방향과 세로 방향 모두 원래의 위치로 되돌립니다.

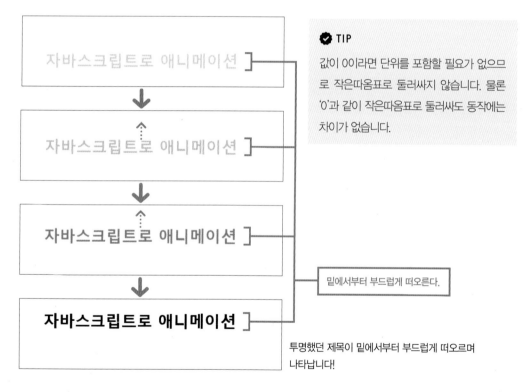

JS js/script.js

```
const heading = document.querySelector('#heading');

const keyframes = {
    opacity: [0, 1],
    translate: ['0 50px', 0],        추가
}

heading.animate(keyframes, 2000);
```

자바스크립트로 애니메이션

↓

자바스크립트로 애니메이션

↓

자바스크립트로 애니메이션

↓

자바스크립트로 애니메이션

✅ TIP
값이 00이라면 단위를 포함할 필요가 없으므로 작은따옴표로 둘러싸지 않습니다. 물론 '0'과 같이 작은따옴표로 둘러싸도 동작에는 차이가 없습니다.

밑에서부터 부드럽게 떠오른다.

투명했던 제목이 밑에서부터 부드럽게 떠오르며 나타납니다!

이것으로 애니메이션 자체는 완성되었습니다. 이 밖에 움직임의 상세 정보도 지정할 수 있으므로 어떻게 작성하는지 알아보겠습니다.

6.7 제목이 밑에서부터 떠오르는 것처럼 나타내기
– 움직임에 상세 설정 더하기

animate() 메서드의 두 번째 인수로 재생 시간뿐 아니라 더 섬세한 움직임도 지정할 수 있습니다. 다양한 옵션이 있으므로 하나하나 살펴보겠습니다.

■ 움직임의 상세 정보(타이밍) 작성

앞에서는 두 번째 인수에 재생 시간을 밀리초로 작성했는데 여기에는 움직이는 시간, 타이밍, 반복등의 옵션도 지정할 수 있습니다.

JS 작성 예

```
움직이게 하려는 요소.animate(움직이게 하려는 내용, 움직임 상세);
```

옵션을 지정할 경우 움직이게 하려는 내용 (키 프레임)과 동일하게 객체 형식으로 지정합니다. 오른쪽 예와 같이 소괄호 안에 직접 키 프레임의 객체를 기술해도 되지만 '어떤 것이 움직이게 하려는 내용'인지 '어떤 것이 움직임 상세 정보'인지 알기 어렵습니다. 이 경우 별도 옵션만 상수로 묶어서

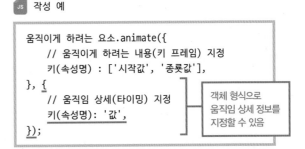

JS 작성 예

```
움직이게 하려는 요소.animate({
    // 움직이게 하려는 내용(키 프레임) 지정
    키(속성명) : ['시작값', '종룟값'],
}, {
    // 움직임 상세(타이밍) 지정
    키(속성명): '값',
});
```

객체 형식으로 움직임 상세 정보를 지정할 수 있음

animate() 메서드로 호출하면 쉽게 이해할 수 있습니다.

JS 작성 예

```
const keyframes = {
    키(속성명): ['시작값', '종룟값'],
};
const options = {
    키(속성명): '값',
};
움직이게 하려는 요소.animate(keyframes, options);
```

상수로 정리

상수 호출

예제에서는 상수명 keyframes와 options로 정했습니다. 물론 자유롭게 바꿔도 상관없습니다.

■ 설정할 수 있는 속성

속성 여러 개를 동시에 지정할 수 있습니다. 숫자가 아닌 값은 문자열이므로 작은따옴표로 둘러싸서 지정합니다. 필수 항목은 애니메이션 재생 시간인 duration뿐입니다.

delay

애니메이션 시작을 늦추는 시간입니다. 밀리초를 정수로 기술하며 1초면 '1000'이라고 씁니다. 초깃 값은 0입니다.

direction

애니메이션을 실행하는 방향입니다.

지정할 수 있는 값	의미
normal	일반적인 방향으로 재생(초깃값)
alternate	홀수 번째는 일반, 짝수 번째는 반대 방향으로 재생(갔다가 돌아오고 또 갔다가 돌아오는 것을 반복 하는 형식)
reverse	반대 방향으로 재생
alternate-reverse	alternate와 반대로 재생

duration

애니메이션 재생 시간이며 필수 항목입니다. 정수를 밀리초로 입력하므로 1초면 '1000'이라고 작성 합니다.

easing

애니메이션이 바뀌는 속도와 타이밍입니다.

지정할 수 있는 값	의미	지정할 수 있는 값	의미
linear	일정한 속도로 변화(초깃값)	ease-in-out	시작할 때와 끝날 때 많이 느리게 변화
ease	시작할 때와 끝날 때 느리게 변화	steps()	각 단계별로 변화
ease-in	처음에는 느리다가 점점 빠르게 변화	cubic-bezier()	베지에 곡선 좌표에 따라 변화
ease-out	처음에는 빠르다가 점점 느리게 변화		

fill

애니메이션 재생 전후의 상태입니다.

지정할 수 있는 값	의미
none	없음(초깃값)
forwards	재생 후에 마지막 키 프레임 상태 유지
backwards	재생 전에 처음 키 프레임 상태 적용
both	forwards와 backwards 모두 적용

iterations

애니메이션을 반복하는 횟수이며 초깃값은 1입니다. 무한 루프로 재생하려면 Infinity를 지정합니다.

이제 애니메이션이 변화하는 속도나 타이밍을 지정할 수 있는 easing 옵션을 추가해봅시다. 새로운 상수 options를 만들고 그 안에 객체를

TIP

Infinity는 문자열이 아니라 자바스크립트의 예약어이므로 작은따옴표로 감싸지 않고 첫 글자를 대문자로 입력합니다. "Infinity"나 infinity라고 입력하면 동작하지 않으므로 주의하기 바랍니다.

작성하기 위해 '{}(중괄호)'를 준비합니다. 중괄호 안에는 먼저 필수항목인 재생시간 duration을 키로 하고 값을 2000(2초)으로 지정합니다. 이어서 ',(쉼표)'로 구분하여 easing을 키, 값을 ease로 합니다. 이 값은 문자열로 지정하는 것이므로 작은따옴표로 감쌉니다. 그리고 animate() 메서드의 두 번째 인수에 상수 options를 호출하면 완성됩니다.

JS js/script.js

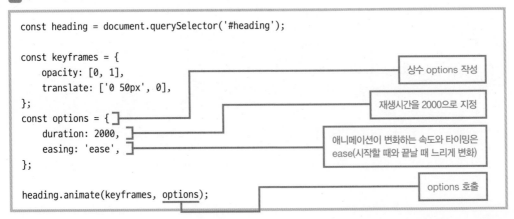

```js
const heading = document.querySelector('#heading');

const keyframes = {
    opacity: [0, 1],
    translate: ['0 50px', 0],
};
const options = {
    duration: 2000,
    easing: 'ease',
};

heading.animate(keyframes, options);
```

- 상수 options 작성
- 재생시간을 2000으로 지정
- 애니메이션이 변화하는 속도와 타이밍은 ease(시작할 때와 끝날 때 느리게 변화)
- options 호출

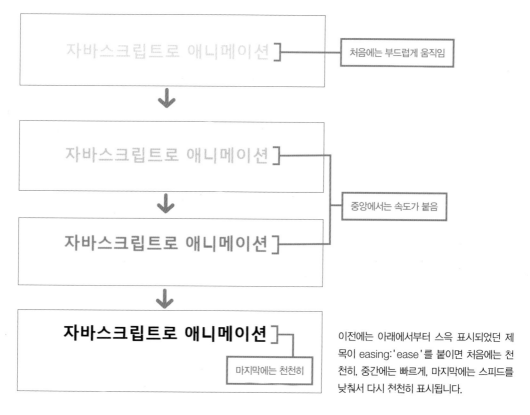

처음에는 부드럽게 움직임

중앙에서는 속도가 붙음

마지막에는 천천히

이전에는 아래에서부터 스윽 표시되었던 제목이 easing:'ease'를 붙이면 처음에는 천천히, 중간에는 빠르게, 마지막에는 스피드를 낮춰서 다시 천천히 표시됩니다.

이 외에도 색, 사이즈를 바꾸거나 애니메이션 스피드, 반복 방법 등을 커스터마이즈할 수 있습니다. 이러한 기본 작성법만으로도 여러 가지 표현을 구현할 수 있습니다.

6.8 제목에 사용할 수 있는 다양한 애니메이션

지금까지 작성한 HTML을 사용해서 회전, 색 변화, 배경 늘리기, 흐물흐물 움직이기 등 다양한 움직임을 보이는 제목을 만들어봅시다.

■ 뱅글뱅글 회전하는 제목 만들기 　▶ 예제　chapter6/08-demo1

앞 절의 예시와 CSS는 동일합니다. 자바스크립트 코드도 거의 변경되지 않았습니다. 뱅글뱅글 회전시키기 위하여 상수 **keyframes**에 **rotate**를 추가했습니다. X축으로 360도 회전하고 애니메이션이 끝나면 '0', 즉 원래 자리로 돌아갑니다.

📄 js/script.js

```javascript
const heading = document.querySelector('#heading');

const keyframes = {
    opacity: [0, 1],
    rotate: ['x 360deg', 0],          ──────── 추가
};
const options = {
    duration: 1000,
    easing: 'ease',
};

heading.animate(keyframes, options);
```

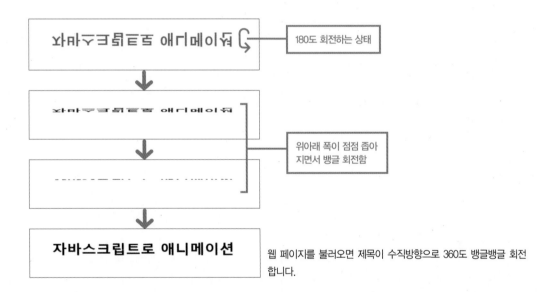

180도 회전하는 상태

위아래 폭이 점점 좁아지면서 뱅글 회전함

웹 페이지를 불러오면 제목이 수직방향으로 360도 뱅글뱅글 회전합니다.

■ 색이 변하는 제목 만들기   ▶ 예제   chapter6/08-demo2

움직이는 내용을 빨강, 노랑, 하늘, 초록 이렇게 4가지 글자색으로 준비하고 ',(쉼표)'로 구분해서 작성했습니다. 시작할 때와 종료할 때의 값뿐만 아니라 여러 변화가 있는 경우 이런 식으로 작성할

수 있습니다. 움직임 상세 옵션 종료 지점이 되었을 때 시작 지점으로 되돌리기 위해 direction: 'alternate'를 지정했습니다. 또한 애니메이션을 계속 반복하기 위해 iterations: Infinity를 지정했습니다.

js js/script.js

```javascript
const heading = document.querySelector('#heading');

const keyframes = {
    color: ['#f66', '#fc2', '#0bd', '#0c6']    ──── 네 가지 글자색 준비
};
const options = {
    duration: 8000,
    direction: 'alternate',    ──── 종료 지점에 다다르면 시작 지점으로 돌아가도록 설정
    iterations: Infinity,    ──── 계속 반복하도록 설정
};

heading.animate(keyframes, options);
```

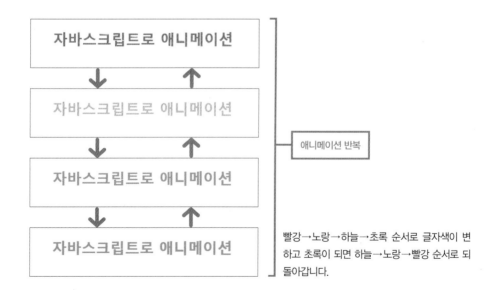

애니메이션 반복

빨강→노랑→하늘→초록 순서로 글자색이 변하고 초록이 되면 하늘→노랑→빨강 순서로 되돌아갑니다.

■ **배경이 늘어나는 제목 만들기** ▶ 예제 chapter6/08-demo3

제목 배경은 CSS에서 linear-gradient를 사용하여 경계선이 명확하게 있는 두 가지 색(하늘색과

흰색)을 지정했습니다. 자바스크립트의 backgroundPosition 값으로 두 색의 경계선을 움직여 제목의 사각형이 늘어난 것처럼 보이게 합니다. 글자색도 살짝 드러나도록 투명에서 흰색으로 지정했습니다.

css css/style.css

```css
body {
    text-align: center;
}
h1 {
    color: #fff;
    display: inline-block;
    background-image: linear-gradient(90deg, #0bd, #0bd 50%, #fff 50%, #fff);
    background-size: 200% 100%;
    padding: .5rem 1rem;
}
```

> linear-gradient로 하늘색과 흰색의 두 가지 색 지정

JS js/script.js

```js
const heading = document.querySelector('#heading');

const keyframes = {
    color: ['transparent', '#fff'],
    backgroundPosition: ['100% 0', '0 0'],
};
const options = {
    duration: 1000,
    easing: 'ease',
};

heading.animate(keyframes, options);
```

> 글자색을 투명에서 흰색으로

> 배경 위치를 움직여서 사각형이 늘어나는 것처럼 보이게 한다.

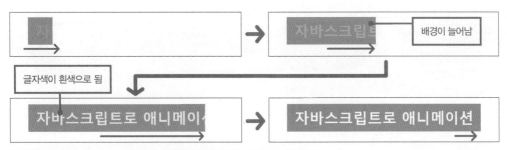

글자색은 투명에서 흰색으로, 배경색은 왼쪽에서 오른쪽으로 스윽 늘어납니다.

■ 흐물흐물 움직이는 제목 만들기   ▶ 예제   chapter6/08-demo4

제목의 네 모서리 둥글기를 borderRadius로 지
정합니다. 타원의 가로 반경과 세로 반경을 '/(슬
래시)'로 구분하고 왼쪽 위를 기준으로 왼쪽 위,
오른쪽 위, 오른쪽 아래, 왼쪽 아래의 시계 방향
순서로 작성합니다. 값에 조금씩 변화를 주면 흔
들흔들 움직이는 유체 모양이 완성됩니다.

css css/style.css

```css
body {
    text-align: center;
}
h1 {
    background: #0bd;
    color: #fff;
    display: inline-block;
    padding: 6rem 3rem;
    border-radius: 50%;
}
```

JS js/script.js

```js
const heading = document.
querySelector('#heading');

const keyframes = {
    borderRadius: [
        '20% 50% 50% 70%/50% 50% 70% 50%',
        '50% 20% 50% 50%/40% 40% 60% 60%',
        '50% 40% 20% 40%/40% 50% 50% 80%',
        '50% 50% 50% 20%/40% 40% 60% 60%',
    ],
};
const options = {
    duration: 8000,
    direction: 'alternate',
    iterations: Infinity,
};

heading.animate(keyframes, options);
```

타원 반경의 크기를 조금씩 변경

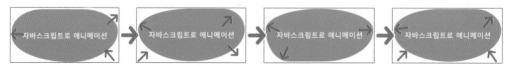

배경이 늘었다가 줄었다가 하면서 신기한 움직임을 반복합니다.

제이쿼리란

제이쿼리^{jQuery}는 자바스크립트를 더욱 쉽게 작성할 수 있는 라이브러리입니다. 직접 작성해야 하는 내용이 줄기 때문에 초보자도 기능이나 움직임을 웹사이트에 부담 없이 구현할 수 있습니다.

제이쿼리 사용법

제이쿼리를 사용하려면 우선 제이쿼리 본체가 되는 파일을 불러와야 하는데 그 방법은 다음 두 가지입니다.

방법 ① 파일 다운로드

제이쿼리 웹사이트(https://jquery.com/)에서 코드를 다운로드하여 불러올 수 있습니다. 화면 오른쪽에 있는 [Download jQuery] 버튼을 클릭합니다.

이동한 페이지에서 'Download the compressed, production jQuery 3.7.1*'을 우클릭하고 '다른 이름으로 링크 저장'을 클릭하여 파일을 저장합니다.

제이쿼리 본체의 파일 아래에 자체 제작한 자바스크립트 파일을 불러와 사용합니다. 다음 예시에서는 js 폴더 안에 다운로드한 jquery-3.7.1.min.js와 자체 작성한 script.js를 저장하여 불러옵니다.

```
<!-- 제이쿼리 불러오기 -->
<script src="js/jquery-3.7.1.min.js"></script>

<!-- 자체 작성한 자바스크립트 파일 -->
<script src="js/script.js"></script>
```

제이쿼리 파일을 HTML 안에 불러오기

★ 이 책을 집필할 당시의 최신 버전인 3.7.1을 예로 들었습니다.

방법 ② 웹에서 불러오기

온라인에 공개된 제이쿼리 파일을 직접 불러올 수 있습니다.* 파일 공유 페이지(https://releases.jquery.com/)에 있는 jQuery Core 3.7.1 옆의 'minified'를 클릭합니다.

코드가 적혀 있는 팝업 창이 나타나면 오른쪽 끝의 복사 아이콘을 클릭하여 텍스트를 복사합니다.

앞에서 설명한 것과 동일하게 제이쿼리를 불러온 후 자체 제작한 자바스크립트 파일을 불러옵니다.

```
<!-- 제이쿼리 불러오기 -->

<script src="https://code.jquery.com/jquery-3.7.1.min.js" integrity="sha256-/
JqT3SQfawRcv/BIHPThkBvs0OEvtFFmqPF/lYI/Cxo=" crossorigin="anonymous"></script>

<!-- 자체 작성한 자바스크립트 파일 -->
<script src="js/script.js"></script>
```

> 복사한 텍스트 붙여넣기

작성법에 따른 차이점

이 책에서 소개하는 기본적인 자바스크립트 작성법에서는 HTML 요소를 가져올 때 `document.querySelector`를 사용했습니다. 다음 예시에서는 `list`라는 클래스가 붙은 요소를 가져옵니다.

```
document.querySelector('.list')
```

제이쿼리를 사용하는 경우 요소를 가져올 때는 '$(달러)'에 이어서 소괄호 안에 필요한 셀렉터를 작성합니다.

```
$('.list')
```

★ 방법 ②는 인터넷에 연결되어 있지 않은 환경에서 동작하지 않으므로 주의하세요.

이렇게 하면 요소를 가져오는 것뿐만 아니라 클릭이나 이벤트, 함수 등을 작성하는 방법도 간단해져서 코드를 깔끔하게 작성할 수 있습니다. 하지만 제이쿼리 본체의 방대한 코드를 불러오고 이를 다시 간략하게 만든 코드이므로 작성 내용에 따라 불러오는 파일 사이즈가 커질 가능성도 있습니다. 또한 제이쿼리는 자바스크립트의 본래 작성법과 다르기 때문에 자바스크립트를 깊이 이해하기 어려울 수 있습니다. 자바스크립트는 제이쿼리를 사용하지 않아도 구현할 수 있는 범위가 넓으므로 제이쿼리 사용 여부를 사전에 검토하는 것이 좋습니다.

제이쿼리 본체 코드의 일부를 확대한 것

제이쿼리 본체 파일 내용

바닐라 자바스크립트란?

자바스크립트 라이브러리를 조사하다가 바닐라 자바스크립트(바닐라 JS^{Vanilla JS})라는 단어를 본 적이 있을 것입니다. 이것은 아무 토핑도 없는 바닐라 아이스크림처럼 제이쿼리 등의 라이브러리를 사용하지 않는 기본 자바스크립트를 의미합니다. 예전에는 HTML 요소를 가져오거나 이벤트를 작성하는 방법이 지금처럼 간단하지 않았으며 많은 웹사이트에서 제이쿼리처럼 편리한 라이브러리를 사용했습니다. 그 후 `querySelector`나 `addEventListener` 등 여러 기능을 자바스크립트 표준으로 사용할 수 있게 되면서 '외부 라이브러리를 사용하지 않아도 평범한 자바스크립트로 작성할 수 있는 것이 많다'라는 의미를 담아 바닐라 JS와 같은 사이트가 등장했습니다. 즉, '바닐라 JS를 사용했다' 또는 '바닐라 자바스크립트로 작성했다'는 것은 '아무 라이브러리도 사용하지 않은 순수한 자바스크립트로 작성했다'는 의미입니다.

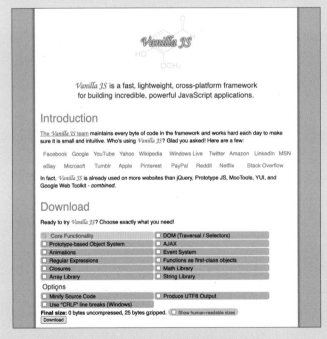

http://vanilla-js.com/

6.9 여러 이미지를 순서대로 표시하기

여러 이미지를 보여주고 싶을 때 한 장씩 부드럽게 보여주면 우아하고 세련된 분위기를 연출할 수 있습니다. 이것은 앞에서 소개한 Web Animations API를 사용하여 표시하는 데까지 걸리는 시간을 조금 변경하면 쉽게 구현할 수 있습니다.

■ 작성할 웹 페이지 소개　▶ 예제　chapter6/09-demo

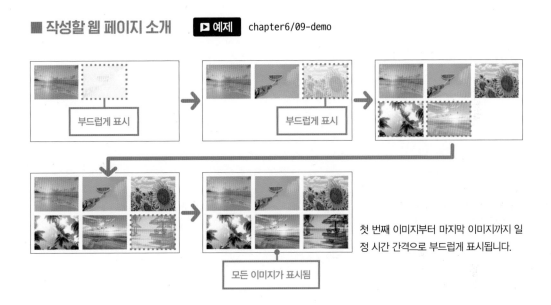

첫 번째 이미지부터 마지막 이미지까지 일정 시간 간격으로 부드럽게 표시됩니다.

■ 완성 코드

index.html

```html
<!DOCTYPE html>
<html lang="ko">
<head>
    <meta charset="UTF-8">
    <meta name="viewport" content="width=device-width, initial-scale=1.0">
    <title>6.9 여러 이미지를 순서대로 표시하기</title>
    <link rel="stylesheet" href="css/style.css">
    <script src="js/script.js" defer></script>
</head>
<body>
```

```html
    <div class="grid">
        <img class="img-item" src="images/summer1.jpg" alt="">
        <img class="img-item" src="images/summer2.jpg" alt="">
        <img class="img-item" src="images/summer3.jpg" alt="">
        <img class="img-item" src="images/summer4.jpg" alt="">
        <img class="img-item" src="images/summer5.jpg" alt="">
        <img class="img-item" src="images/summer6.jpg" alt="">
    </div>
</body>
</html>
```

📜 js/script.js

```js
const items = document.querySelectorAll('.img-item');

for (let i = 0; i < items.length; i++) {
    const keyframes = {
        opacity: [0, 1]
    };
    const options = {
        duration: 600,
        delay: i * 300,
        fill: 'forwards',
    };
    items[i].animate(keyframes, options);
}
```

🎨 css/style.css

```css
.grid {
    display: grid;
    gap: 30px;
    grid-template-columns: repeat(auto-fit, minmax(300px, 1fr));
    max-width: 1020px;
    margin: auto;
    padding: 30px;
}
.img-item {
    opacity: 0;
    width: 100%;
    aspect-ratio: 4 / 3;
    object-fit: cover;
}
```

■ 디렉터리 구성

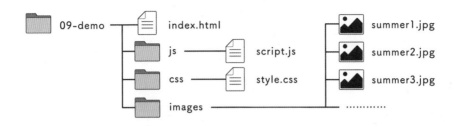

6.10 여러 이미지를 순서대로 표시하기
   - 모든 클래스 가져오기

지금까지는 특정 HTML 요소를 사용하기 위해 ID 속성으로 지정했습니다. 이번에는 클래스 속성이
붙은 요소를 가져와서 여러 이미지에 움직임을 더할 수 있도록 준비해봅시다.

■ 기본 코딩

우선 필요한 이미지, 스타일을 작성했습니다. HTML에는 `img-item`이라는 클래스가 붙은 이미지를
여러 개 준비합니다.

`index.html`

```html
<!DOCTYPE html>
<html lang="ko">
<head>
    <meta charset="UTF-8">
    <meta name="viewport" content="width=device-width, initial-scale=1.0">
    <title>6.9 여러 이미지를 순서대로 표시하기</title>
    <link rel="stylesheet" href="css/style.css">
    <script src="js/script.js" defer></script>
</head>
<body>
    <div class="grid">
```

```
            <img class="img-item" src="images/summer1.jpg" alt="">
            <img class="img-item" src="images/summer2.jpg" alt="">
            <img class="img-item" src="images/summer3.jpg" alt="">
            <img class="img-item" src="images/summer4.jpg" alt="">
            <img class="img-item" src="images/summer5.jpg" alt="">
            <img class="img-item" src="images/summer6.jpg" alt="">
        </div>
    </body>
</html>
```

클래스 명이 붙은
여러 이미지 준비

CSS에는 이미지가 타일 형태로 보이도록 5장과 거의 유사한 스타일을 지정합니다.

css css/style.css

```
.grid {
    display: grid;
    gap: 30px;
    grid-template-columns: repeat(auto-fit, minmax(300px, 1fr));
    max-width: 1020px;
    margin: auto;
    padding: 30px;
}
.img-item {
    opacity: 0;
    width: 100%;
    aspect-ratio: 4 / 3;
    object-fit: cover;
}
```

그리고 자바스크립트에는 6.8절에서 설명한 작성법을 기반으로 애니메이션을 지정했습니다. 이번에 가져올 요소는 ID가 아닌 클래스이므로 querySelector의 괄호 안에 .img-item이 들어갑니다. 움직이게 하려는 내용 부분에서는 opacity로 투명에서 불투명하게 변하도록 설정했고 움직임의 상세 내용 부분에서는 재생시간인 duration을 600밀리초로 지정했으며 애니메이션 재생 후 불투명한 상태를 유지하기 위해 fill: 'forwards'도 작성했습니다.

js js/script.js

```
const items = document.querySelector('.img-item');

const keyframes = {
```

클래스 지정

```
    opacity: [0, 1]                         ─────── 투명에서 불투명으로 변하도록 설정
};
const options = {
    duration: 600,                          ─────── 재생 시간 600밀리초
    fill: 'forwards',
};
                                            ─────── 재생 후 불투명 유지
items.animate(keyframes, options);
```

브라우저로 확인해보면 다음 그림과 같이 됩니다.

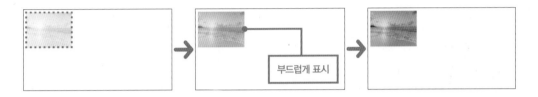

부드럽게 표시

이미지가 투명에서 불투명으로 부드럽게 표시되지만 첫 번째 이미지만 보입니다. 이것은 query
Selector()에서 여러 HTML 요소를 발견했을 때 가장 첫 번째 것만 가져오기 때문입니다.

■ 각 클래스의 요소를 모두 가져오기

지정한 모든 요소를 가져오려면 querySelector()가 아니라 querySelectorAll()을 사용해야 합니
다. 사용법은 querySelector()와 동일하며 괄호 안에 CSS 셀렉터를 적으면 됩니다.

JS 작성 예

```
document.querySelectorAll('CSS셀렉터')
```

querySelectorAll()로 바꾸면 어떻게 가져오는지 콘솔로 확인해봅시다.

JS js/script.js

```
const items = document.querySelectorAll('.img-item');      ─────── All 추가
console.log(items);

(…이하 생략…)                                             ─────── 콘솔로 확인
```

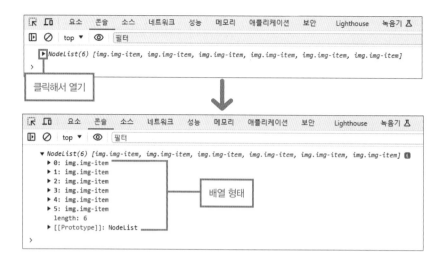

콘솔에서 보면 NodeList(6)이라고 표시되어 있습니다. querySelectorAll()로 여러 HTML 요소를 가져오면 NodeList라는 배열 형식으로 된 데이터를 리턴합니다. 왼쪽 삼각형을 클릭하면 5.3절에서 본 것과 동일한 배열 형태로 출력

> **✔ TIP**
>
> 혹시 배열이나 for문에 대해 잘 모르겠다면 5장 또는 책 마지막 부분의 색인에서 해당 단어가 나오는 각 페이지의 내용을 참고하세요.

되고 있는 것을 알 수 있습니다. 배열이므로 요소 하나하나를 각각 가져오려면 for문을 사용해야 합니다.

일반적인 배열과 같이 length로 요소 개수를 가져올 수 있으므로 for문으로 다음 코드와 같이 작성하면 이미지 6개를 각각 표시할 수 있습니다. 배열의 각 요소는 인덱스를 사용하여 가져오므로 상수 items 뒤에 인덱스를 붙여 items[i]로 작성합니다. 또한 더 이상 콘솔에서 확인하지 않아도 되므로 주석 처리합니다.

JS js/script.js

```js
const items = document.querySelectorAll('.img-item');
//console.log(items);                                          // 주석 처리

for (let i = 0; i < items.length; i++) {                       // for문으로 6개 이미지 모두 표시
    const keyframes = {
        opacity: [0, 1]
    };
    const options = {
```

```
          duration: 600,
      fill: 'forwards',
    };
    items[i].animate(keyframes, options);
}
```

상수 items 뒤에 인덱스를 붙여
items[i]로 한다.

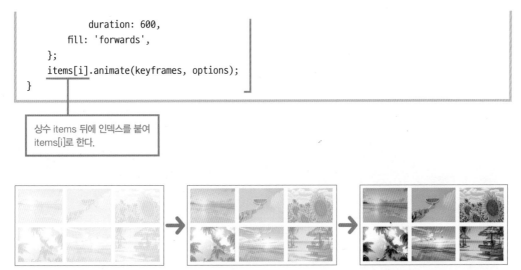

이제 모든 이미지가 부드럽게 표시됩니다.

지금은 모든 이미지가 같은 타이밍에 표시되므로 다음에는 순서대로 표시될 수 있도록 조절해
봅시다.

6.11 여러 이미지를 순서대로 표시하기
   – 하나씩 늦추기

이미지를 한 장씩 표시할 수 있습니다. 이미지 표시를 늦출 수 있도록 움직임의 상세에서 애니메이션
시작 시간을 조절해봅시다.

■ delay로 애니메이션 시작 시간 늦추기

움직임의 상세 내용에서 타이밍을 지정할 수 있습니다. delay는 애니메이션의 시작 시간을 늦출 수
있으며 정숫값을 밀리초로 작성합니다. 예를 들어 0.3초의 경우 값은 300이라고 작성합니다. 이때
단순하게 delay:300이라고 작성하면 모든 이미지가 0.3초 지연되므로 결국 동시에 표시됩니다. 1장
씩 타이밍을 늦추려면 값에 i를 곱하는 것이 좋습니다. 변수 i는 배열의 인덱스를 저장하고 있으므로
첫 번째 이미지에는 '0'이 곱해져서 0초 지연, 즉 페이지가 읽힌 타이밍에 애니메이션이 시작됩니다.

두 번째 이미지는 인덱스가 '1'이므로 1이 곱해져서 0.3초 지연, 세 번째 이미지는 인덱스가 '2'이므로 0.6초 지연…과 같이 조금씩 타이밍이 늦춰지면서 애니메이션이 시작됩니다.

js js/script.js

```js
const items = document.querySelectorAll('.img-item');

for (let i = 0; i < items.length; i++) {
    const keyframes = {
        opacity: [0, 1]
    };
    const options = {
        duration: 600,
        delay: i * 300,          ┐─────────────── 추가
        fill: 'forwards',
    };
    items[i].animate(keyframes, options);
}
```

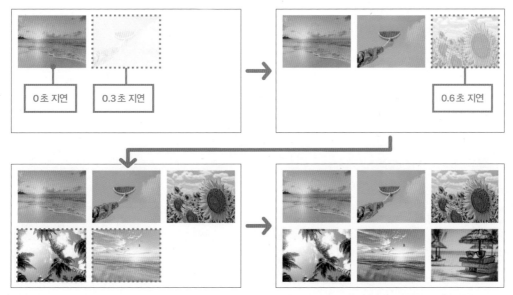

| 0초 지연 | 0.3초 지연 | | 0.6초 지연 |

이처럼 Web Animations API로 변수를 애니메이션에 포함시켜 지정할 수 있으므로 훨씬 폭넓게 표현할 수 있습니다.

6.12 이미지에 사용할 수 있는 여러 애니메이션

지금까지 작성한 6.9절과 같은 HTML을 사용하여 이미지에 여러 움직임을 추가하여 표시해봅시다.

■ 회전하는 이미지 만들기   ▶ 예제   chapter6/12-demo1

앞에서는 opacity 값을 바꿔 투명한 이미지가 불투명하게 되도록 만들었는데 거기에 rotate 속성을 더해 회전까지 시켜보겠습니다. 애니메이션을 시작할 때 'x90 deg'라고 지정하면 가로축으로 90도 회전하면서 이미지가 나타납니다.

🗒 js/script.js

```
const items = document.querySelectorAll('.img-item');

for (let i = 0; i < items.length; i++) {
    const keyframes = {
```

```
        opacity: [0, 1],
        rotate: ['x 90deg', 0],                                          추가
    };
    const options = {
        duration: 600,
        delay: i * 300,
        fill: 'forwards',
    };
    items[i].animate(keyframes, options);
}
```

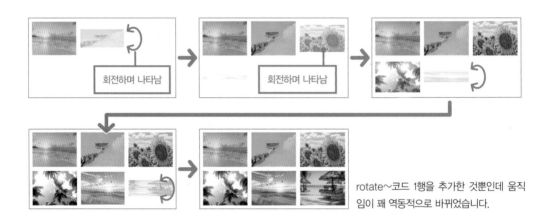

회전하며 나타남   회전하며 나타남

rotate~코드 1행을 추가한 것뿐인데 움직
임이 꽤 역동적으로 바뀌었습니다.

■ 밑에서부터 떠오르는 것처럼 나타나는 이미지 만들기   ▶ 예제 chapter6/12-demo2

이번에는 translate 속성으로 표시할 위치를 변경해보겠습니다. 6.4절과 같은 움직임입니다. 예시
에서는 아래에서 위로 움직이지만 옆으로 움직이거나 위에서 떨어지는 것처럼 변경해도 재미있는 표
현이 될 것입니다.

js js/script.js

```
const items = document.querySelectorAll('.img-item');

for (let i = 0; i < items.length; i++) {
    const keyframes = {
        opacity: [0, 1],
        translate: ['0 50px', 0],                                        추가
```

```
    };
    const options = {
        duration: 600,
        delay: i * 300,
        fill: 'forwards',
    };
    items[i].animate(keyframes, options);
}
```

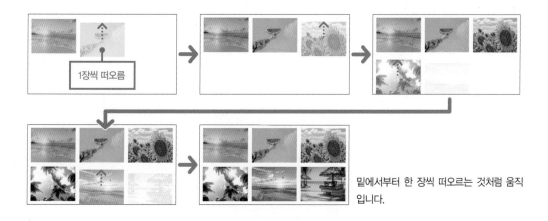

밑에서부터 한 장씩 떠오르는 것처럼 움직입니다.

■ 부드럽게 떨어지는 이미지 만들기   ▶ 예제   chapter6/12-demo3

이제는 여러 움직임을 더해봐도 좋을 것 같습니다. 이번 예시에서는 rotate로 회전, scale로 확대합니다. 그리고 rotate의 값에는 단위가 필요하므로 문자열 지정을 위해 작은따옴표로 둘러싸야 합니다. 이때 값이 0이라면 작은따옴표는 필요 없습니다. scale은 얼마나 확대할지의 비율을 지정하며 여기서는 단위가 필요하지 않으므로 작은따옴표가 없는 숫자로 취급합니다.

js/script.js

```
const items = document.querySelectorAll('.img-item');

for (let i = 0; i < items.length; i++) {
    const keyframes = {
        opacity: [0, 1],
        rotate: ['5deg', 0],            ┐
        scale: [1.1, 1],                ┘                              추가
```

```
    };
    const options = {
        duration: 600,
        delay: i * 300,
        fill: 'forwards',
    };
    items[i].animate(keyframes, options);
}
```

부드럽게 회전하면서 떨어짐

부드럽게 회전하면서 떨어짐

마치 낙엽이 위에서부터 둥실둥실 땅으로 떨어지는 듯한 움직임을 보입니다.

■ 흐릿함이 사라지고 선명해지는 이미지 만들기　▶ 예제　chapter6/12-demo4

filter로도 재미있는 효과를 낼 수 있습니다. 다음 예시에서는 초깃값으로 blur(20px)을 지정하여 흐린 상태로 시작하고 blur(0)으로 변화시켜 이미지를 서서히 선명하게 되도록 표시합니다.

css css/style.css

```
.img-item {
    filter: blur(20px);                                              추가
    width: 100%;
    aspect-ratio: 4 / 3;
    object-fit: cover;
}
```

JS js/script.js

```js
const items = document.querySelectorAll('.img-item');

for (let i = 0; i < items.length; i++) {
    const keyframes = {
        filter: ['blur(20px)', 'blur(0)'],                          추가
    };
    const options = {
        duration: 600,
        delay: i * 300,
        fill: 'forwards',
    };
    items[i].animate(keyframes, options);
}
```

흐릿함
왼쪽 위의 이미지부터 선명하게 표시

흐릿한 이미지에서 안개가 조금씩 걷히듯이 바뀌므로 상쾌함을 느낄 수 있습니다!

filter 속성은 그 밖에도 brightness()로 명도, saturate()로 채도, grayscale()로 흑백 등 다양한 효과를 줄 수 있으므로 시도해보기 바랍니다.*

---

* 참고: MDN | filter – CSS https://developer.mozilla.org/ko/docs/Web/CSS/filter

6.13 스크롤과 애니메이션 조합하기

최근에 움직이는 웹 페이지를 보면 스크롤과 연동해서 요소가 나타나거나 동작하는 것을 자주 볼 수 있습니다. 심플한 것이라면 의외로 짧은 코드로도 구현할 수도 있습니다.

■ 작성할 웹 페이지 소개   ▶ 예제   chapter6/13-demo

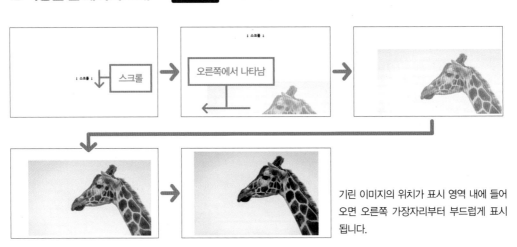

기린 이미지의 위치가 표시 영역 내에 들어오면 오른쪽 가장자리부터 부드럽게 표시됩니다.

■ 완성 코드

index.html

```html
<!DOCTYPE html>
<html lang="ko">
<head>
    <meta charset="UTF-8">
    <meta name="viewport" content="width=device-width, initial-scale=1.0">
    <title>6.13 스크롤과 애니메이션 조합하기</title>
    <link rel="stylesheet" href="css/style.css">
    <script src="js/script.js" defer></script>
</head>
<body>
    <h1>↓ 스크롤 ↓</h1>
    <img src="images/kirin.jpg" id="kirin" alt="기린">
```

```
  </body>
</html>
```

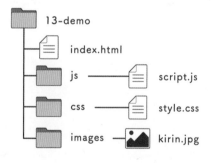 js/script.js

```javascript
// 관찰 대상이 범위 안에 나타나면 실행하는 동작
const showKirin = (entries) => {
    const keyframes = {
        opacity: [0, 1],
        translate: ['200px 0', 0],
    };
        entries[0].target.animate(keyframes, 600);
};

// 관찰 로봇 설정
const kirinObserver = new IntersectionObserver(showKirin);

// #kirin을 관찰하도록 지시
kirinObserver.observe(document.querySelector('#kirin'));
```

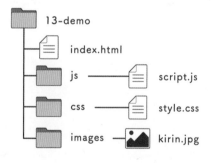 css/style.css

```css
body {
    text-align: center;
    padding: 1rem;
}
h1 {
    margin: 50vh 0 50vh;
}
img {
    max-width: 100%;
}
```

■ 디렉터리 구성

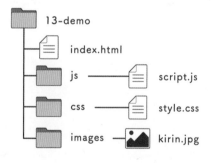

6.14 스크롤과 애니메이션 조합하기 – Intersection Observer 조합

페이지를 스크롤해서 원하는 동작을 실행시키기 위한 기본 구조와 방식을 살펴보겠습니다. 바로 이해하기 어려울 수 있으므로 '동물원에 관찰 로봇을 도입했다'는 이야기를 예로 들어 설명하겠습니다.

■ 기본 HTML/CSS

우선 지금까지와 같이 기본이 되는 HTML/CSS 파일을 준비합시다. HTML에는 기린 이미지를 준비하고 이 이미지를 조작하기 위해 kirin이라는 아이디를 부여해둡니다.

 index.html

```html
<!DOCTYPE html>
<html lang="ko">
<head>
    <meta charset="UTF-8">
    <meta name="vicwport" content="widlh=device-width, initial-scale=1.0">
    <title>6.13 스크롤과 애니메이션 조합하기</title>
    <link rel="stylesheet" href="css/style.css">
    <script src="js/script.js" defer></script>
</head>
<body>
    <h1>↓ 스크롤 ↓</h1>
    <img src="images/kirin.jpg" id="kirin" alt="기린">
</body>
</html>
```

> 이미지에 kirin이라는 ID 부여

css/style.css

```css
body {
    text-align: center;
    padding: 1rem;
}
h1 {
    margin: 50vh 0 50vh;
}
img {
    max-width: 100%;
}
```

> CSS에서는 스크롤했을 때의 동작을 쉽게 알 수 있도록 제목 위아래에 여백을 넉넉하게 두었지만 특별한 설정은 하지 않았다.

■ Intersection Observer API란

이전에는 스크롤에 맞춰 요소를 조작하려면 4.14절에서도 소개한 scroll 이벤트를 사용했습니다. 단, 이를 사용했을 때 화면 크기가 바뀌면 다시 계산해야 할 수 있고 스크롤할 때마다 함수를 호출하므로 성능이 떨어질 우려가 있습니다. 이번 예시에서는 특정 요소가 관찰 영역에 들어가면 어떤 동작을 합니다. 이를 위해 **Intersection Observer**를 사용합니다. Intersection Observer는 직역하면 '교차 관찰자'라는 뜻으로 특정 요소가 지정 영역 내에 들어갔는지 탐지하는 자바스크립트의 기능 중 하나입니다. 특정 요소가 지정 영역 내에 들어간 상태를 **'교차하고 있다'**고 표현합니다. Intersection Observer에서는 교차가 감지되면 미리 준비해둔 함수를 호출하여 동작을 실행합니다. scroll과 같이 스크롤할 때마다 반응하는 것이 아니므로 브라우저에 부담을 적게 주도록 구현할 수 있습니다.

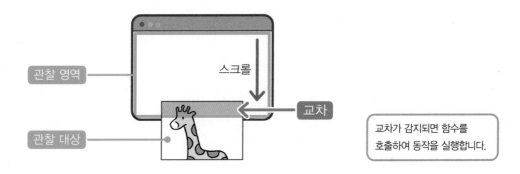

이 단계에서 이미 생소한 단어들이 난무하므로 앞서 언급한 '동물원에 관찰 로봇을 도입했다'라는 스토리를 예로 들어 생각해보겠습니다. 어떤 동물원에서 관찰 로봇을 도입하기로 했습니다. 지정한 구역에 특정 기린이 들어오면 '기린입니다'라고 공지하도록 설정하고 싶습니다. 그러면 최종 이미지는 다음 그림과 같은 모습이 됩니다.

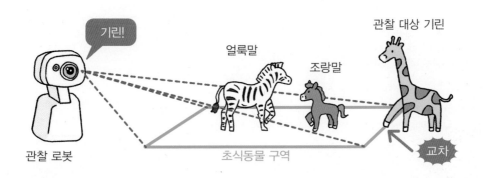

▨ 기본 작성법

기본적인 작성법은 다음 4단계와 같습니다.

❶ 관찰 로봇이 수행해야 하는 내용을 정해둠
❷ 새로운 이름을 붙여 관찰 로봇 도입
❸ 관찰 로봇에게 ❶에서 정해둔 동작 내용 지시
❹ 관찰 로봇에게 관찰 대상을 알려주고 실행

❶ 관찰 로봇이 수행해야 하는 내용을 정해둠

먼저 함수로 동작할 내용을 정의합니다. 여기서는 함수명을 showKirin으로 하고 동작 내용은 콘솔에 '기린입니다'라고 출력하는 간단한 내용으로 작성했습니다.

📜 js/script.js

```
// 관찰 대상이 범위 안에 나타나면 실행하는 동작
const showKirin = () => {                                                  함수명
    console.log('기린입니다');
};
```

❷ 새로운 이름을 붙여 관찰 로봇 도입

Intersection Observer 기능을 사용하려면 new IntersectionObserver()라고 작성해야 합니다. 여기서는 '기린 관찰자'라는 뜻을 담아 kirinObserver라는 상수명을 붙였습니다. 다른 관찰 로봇과 구별하기 위해 이름을 붙여 초기 설정하는 것입니다.

📜 js/script.js

```
// 관찰 대상이 범위 안에 나타나면 실행하는 동작
const showKirin = () => {
    console.log('기린입니다');
};

// 관찰 로봇 설정
const kirinObserver = new IntersectionObserver();          kirinObserver라는 상수명을 붙임
```

❸ 관찰 로봇에게 ❶에서 정해둔 동작 내용 지시

❷에서 작성한 new IntersectionObserver()의 괄호 안에 ❶에서 정한 함수명 showKirin을 지정합니다. 이제 관찰 로봇 kirinObserver에게 무엇을 해야 하는지 알려주었습니다.

js/script.js

```js
// 관찰 대상이 범위 안에 나타나면 실행하는 동작
const showKirin = () => {
    console.log('기린입니다');
};

// 관찰 로봇 설정
const kirinObserver = new IntersectionObserver(showKirin);
```

> 함수명을 동작 내용에 넣기

❹ 관찰 로봇에게 관찰 대상을 알려주고 실행

지금까지는 초기 설정만 했을 뿐 시작버튼을 누르지 않았습니다. 실제로 관찰을 시작하려면 IntersectionObserver에 준비된 observe()라는 메서드를 사용합니다. 이는 '관찰하다'라는 뜻인데요. 상수 kirinObserver에 마침표로 연결하여 observe()를 작성하면 관찰이 시작됩니다.

js/script.js

```js
// 관찰 대상이 범위 안에 나타나면 실행하는 동작
const showKirin = () => {
    console.log('기린입니다');
};

// 관찰 로봇 설정
const kirinObserver = new IntersectionObserver(showKirin);

// #kirin을 관찰하도록 지시
kirinObserver.observe();
```

> 관찰하도록 설정

하지만 아직 '무엇을 관찰할 것인가'가 지정되지 않았습니다. observe() 메서드의 괄호 안에 관찰 대상을 지시합니다. 이번에는 kirin이라는 ID를 관찰하고 싶으므로 document.querySelector('#kirin')이라고 하면 됩니다.

```
// 관찰 대상이 범위 안에 나타나면 실행하는 동작
const showKirin = () => {
    console.log('기린입니다');
};

// 관찰 로봇 설정
const kirinObserver = new IntersectionObserver(showKirin);

// #kirin을 관찰하도록 지시
kirinObserver.observe(document.querySelector('#kirin'));
```

kirin을 관찰하도록 지시

이제 관찰 로봇 kirinObserver에게 '#kirin을 관찰하다가 구역 안에 들어가면 콘솔에 '기린입니다'라고 출력하세요'를 지시할 수 있게 되었습니다.

콘솔로 확인해보면 페이지를 불러오는 순간 '기린입니다'라고 한 번 출력됩니다. 그리고 천천히 스크롤하다가 관찰 대상인 기린 이미지가 조금 표시되면, 즉 이미지와 가시 영역이 교차했을 때 '기린입니다'라고 또 출력됩니다(카운트가 증가합니다).

이번에는 위로 스크롤해보겠습니다. 점점 이미지가 안보이다가 완전히 보이지 않게 되었을 때 다시 '기린입니다'라고 출력됩니다(카운트가 증가합니다). 즉, IntersectionObserver에서는 다음과 같은 세 개의 타이밍에 함수가 실행되는 것을 알 수 있습니다.

- 관찰이 시작될 때
- 관찰 대상이 구역 안(화면)에 들어갔을 때
- 관찰 대상이 구역 안(화면)에서 나왔을 때

이번 예시에서 실제로 애니메이션을 적용하여 움직이도록 하려는 것은 관찰 대상인 ID명 kirin의 HTML 요소입니다. 다음에는 무언가 처리가 가능하도록 준비해봅시다.

6.15 스크롤과 애니메이션 조합하기 - 교차 상태 정보 살펴보기

관찰 대상이 된 HTML 요소 그 자체에 어떤 동작을 지시하기 위해서는 관찰 대상에 대한 정보를 가져와야 합니다. 여기서는 kirin이라는 ID명의 이미지를 가져옵니다.

■ 관찰 대상 정보 가져오기

앞에서 유능한 관찰 로봇을 도입했습니다. 단지 관찰만 하는 것이 아니라 관찰 대상의 크기, 이름, 구역에 들어왔는지 등의 정보도 모두 파악할 수 있습니다. 이는 IntersectionObserver로 관찰이 시작되어 준비해둔 함수가 호출될 때 교차 상태 정보가 포함된 객체가 자동으로 전달되기 때문입니다. 관찰 대상이 여러 개일 수도 있으므로 이러한 정보는 배열로 전달됩니다. 실제로 보기 전에는 이해하기 어려우므로 코드를 적으면서 확인해봅시다. 함수 showKirin의 소괄호 안에 entries라고 씁니다. 이 entries 안에 교차 상태 정보가 배열로 들어옵니다. 여기에는 대부분 entries라는 이름을 사용하지만 다른 이름을 사용해도 동작합니다. 제대로 정보를 가져오는지 확인해봅시다. 앞에서 '기린입니다'라고 입력했던 부분을 entries로 바꿔 콘솔에 출력합니다.

```
// 관찰 대상이 범위 안에 나타나면 실행하는 동작
const showKirin = (entries) => {
    console.log(entries);                                              추가
};

                                                                      변경
// 관찰 로봇 설정
const kirinObserver = new IntersectionObserver(showKirin);

// #kirin을 관찰하도록 지시
kirinObserver.observe(document.querySelector('#kirin'));
```

IntersectionObserverEntry라는 배열을 가져왔습니다.

왼쪽에 있는 삼각형을 클릭하면 배열 안에 있는 각 요소들을 확인할 수 있습니다.

이번에는 배열 안의 값이 하나만 있으므로 0번째 인덱스 정보만 표시됩니다. 즉, entries 배열의 0
번째를 지정하면 관찰 대상인 kirin이라는 ID의 이미지 정보를 얻을 수 있습니다. entries[0]라고
다시 써봅시다.

js/script.js

```
// 관찰 대상이 범위 안에 나타나면 실행하는 동작
const showKirin = (entries) => {
    console.log(entries[0]);
};                                                                    변경

// 관찰 로봇 설정
const kirinObserver = new IntersectionObserver(showKirin);
```

```
// #kirin을 관찰하도록 지시
kirinObserver.observe(document.querySelector('#kirin'));
```

아까와 비슷한 내용이지만 인덱스 0 표시가 사라졌습니다.

삼각형을 클릭해서 펼쳐보면 여러 가지 정보가 나옵니다. 정보가 객체로 정리되어 있습니다.

이것은 5.10절에서 배웠던 내용으로 배열 안에 객체를 넣은 상태입니다. 가져온 정보를 확인해보세요.

속성	의미
boundingClientRect	관찰 대상 요소의 크기와 위치. top, bottom, left, right, width, height, x, y를 참조할 수 있음
intersectionRect	관찰 대상 요소가 표시된 부분의 크기와 위치. top, bottom, left, right, width, height, x, y를 참조할 수 있음
intersectionRatio	관찰 대상 요소가 관찰 중인 구역과 교차한 비율. 0~1 사이의 값
isIntersecting	관찰 대상 요소가 관찰 중인 구역 안에 들어왔는지 여부
rootBounds	관찰 중인 구역의 크기와 위치. top, bottom, left, right, width, height, x, y를 참조할 수 있음
target	관찰 대상 요소
time	교차를 기록한 시간(밀리초)

이 정보를 기반으로 다시 콘솔에 출력된 정보를 살펴보면 '관찰 대상은 가로폭이 975px, 높이가 650px인데 아직 교차하지 않았고 ID명이 kirin인 img 요소가 있다' 등과 같이 다양한 내용을 알 수 있습니다. 세부적인 설정은 7장에서 진행하므로 지금은 '다양한 정보를 얻을 수 있구나' 정도만 생각하면 됩니다. 이번에는 관찰 대상 요소를 가져오고 싶으므로 이 중에서 target 속성을 사용해보겠습니다. 객체이므로 5.9절에서 학습한 점 표기법을 사용하여 속성을 지정하겠습니다.

📜 js/script.js

```
// 관찰 대상이 범위 안에 나타나면 실행하는 동작
const showKirin = (entries) => {
    console.log(entries[0].target);                              target 속성 추가
};

// 관찰 로봇 설정
const kirinObserver = new IntersectionObserver(showKirin);

// #kirin을 관찰하도록 지시
kirinObserver.observe(document.querySelector('#kirin'));
```

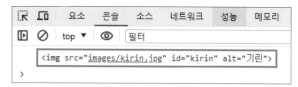

문제없이 관찰 대상 요소를 가져왔습니다.

6.16 스크롤과 애니메이션 조합하기 – 움직임 추가하기

앞에서 작성한 코드에 애니메이션을 더하면 완성됩니다. 관찰 대상인 기린 이미지에 Web Animations API를 이용하여 애니메이션을 설정합니다.

■ 동작하는 내용에 애니메이션 추가하기

6.5절을 참고하여 애니메이션을 설정합니다. 먼저 움직이게 할 내용을 준비하세요. 여기서는 투명

에서 반투명으로 바꾸는 opacity와 오른쪽 200px 위치에서 이동시키기 위한 translate를 상수명 keyframes에 작성했습니다.

📄 js/script.js

```
// 관찰 대상이 범위 안에 나타나면 실행하는 동작
const showKirin = (entries) => {
    const keyframes = {
        opacity: [0, 1],
        translate: ['200px 0', 0],
    };
    console.log(entries[0].target);
};

// 관찰 로봇 설정
const kirinObserver = new IntersectionObserver(showKirin);

// #kirin을 관찰하도록 지시
kirinObserver.observe(document.querySelector('#kirin'));
```
추가

그리고 관찰 대상인 entries[0].target에 animate() 메서드로 움직이게 할 내용과 재생시간을 지정합니다(콘솔에 표시하는 코드는 지웁니다). 움직일 내용은 아까 작성한 keyframes입니다. 재생시간은 600으로 하고 기린이 표시 영역에 들어가면 0.6초에 걸쳐 부드럽게 표시되는 애니메이션을 실행합니다.

📄 js/script.js

```
// 관찰 대상이 범위 안에 나타나면 실행하는 동작
const showKirin = (entries) => {
    const keyframes = {
        opacity: [0, 1],
        translate: ['200px 0', 0],
    };
    entries[0].target.animate(keyframes, 600);
};

// 관찰 로봇 설정
const kirinObserver = new IntersectionObserver(showKirin);

// #kirin을 관찰하도록 지시
kirinObserver.observe(document.querySelector('#kirin'));
```
추가

기린이 표시 영역에 들어오면 부드럽게 표시됨

스크롤에 따라 움직이는 애니메이션이 완성되었습니다.

기본적인 작성법만 기억해두면 다양한 커스터마이징이 가능합니다. 7장에서는 여러 요소를 다루는 작성법도 살펴보겠습니다.

rootMargin

앞서 설명한 root로부터의 거리입니다. 이를 이용하여 이벤트가 발생하는 위치를 조정하고 교차 여부를 판단할 수 있습니다. 예를 들어 10px을 지정했다면 교차를 판정하는 구역을 **root** 요소 주위에서 10px만큼 확대합니다. 보이기 전에 실행시키고 싶을 때 사용할 수 있습니다. 또한 요소가 보이기 시작하고 나서 실행시키고 싶으면 마이너스 값으로 설정합니다. 작성법은 CSS의 `margin`과 거의 같지만 단위는 **px**이나 **%**만 사용할 수 있습니다. CSS와 달리 0으로 하고 싶은 경우에도 0px이라고 써야 하며 단위를 생략할 수 없다는 점에 유의해야 합니다. 기본값은 0px입니다.

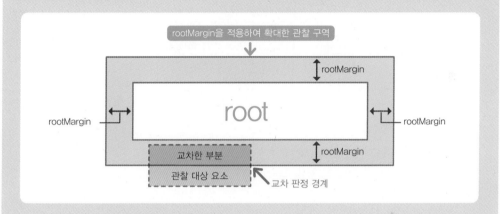

threshold

함수를 실행하는 타이밍을 '0~1' 사이로 작성합니다. 관찰 대상이 보이는 비율이라고도 할 수 있습니다. 타깃이 되는 요소가 보이기 시작하는 순간과 끝나는 순간이 '0', 반쯤 통과했을 때는 '0.5', 모두 보이는 상태가 '1'입니다. [0, 0.5, 1]과 같이 배열 형식으로도 작성할 수 있습니다. 이 예시라면 '0, 50%, 100%'로 교차했을 때 실행하고자 하는 함수가 실행됩니다. 기본값은 0입니다.

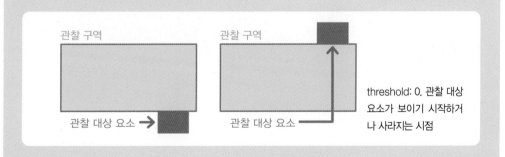

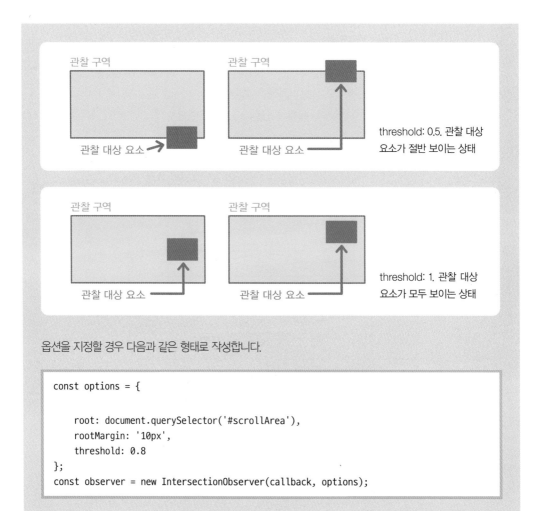

옵션을 지정할 경우 다음과 같은 형태로 작성합니다.

```
const options = {

    root: document.querySelector('#scrollArea'),
    rootMargin: '10px',
    threshold: 0.8
};
const observer = new IntersectionObserver(callback, options);
```

CSS 애니메이션과 다른점

CSS만으로도 **transition**이나 **animation** 속성을 사용하여 애니메이션을 구현할 수 있습니다. 그러면 CSS 애니메이션과 자바스크립트의 Web Animations API 애니메이션에는 어떤 차이가 있는지 비교해 봅시다.

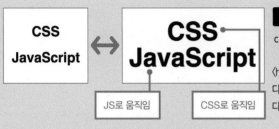

▶ 예제

chapter6/col-cssanimation-demo

⟨h2⟩ 태그의 텍스트를 2초에 걸쳐 2배로 확대했다가 원래 크기로 되돌리는 단순한 움직임입니다. 코드는 샘플 데이터를 확인해주세요.

- HTML – ⟨h2⟩ 태그에 제목을 넣었습니다. CSS와 자바스크립트용 클래스도 넣었습니다.
- CSS – @keyframs로 최초 지점(0%), 중간 지점(50%), 마지막 지점(100%)을 작성하고 각각 확대 비율을 지정합니다. 실제로 동작하는 요소, 즉 여기서는 .animation-css에 animation 속성을 사용하여 호출하고 재생 속도와 무한 루프 등을 설정했습니다.
- Javascript – heading이라는 정수에 animate()로 움직일 내용, 재생 시간, 무한 루프 등을 설정했습니다. 언뜻 보기에 코드 양이 크게 다르지 않으므로 이 예시라면 CSS, 자바스크립트 중 어느 쪽을 사용해도 문제가 없을 것 같습니다.

Web Animations API의 가장 큰 특징은 역시 자바스크립트 기반이므로 자바스크립트에서 지원되는 함수와 조합하거나 6.11절과 같이 변수를 더한 움직임도 구현할 수 있다는 점입니다. if문을 사용해서 조건을 붙일 수도 있습니다. 또 Web Animations API를 사용하면 움직임에 대한 설정을 일원화하여 관리할 수 있습니다. 즉, 콘텐츠 내용은 HTML, 꾸미기는 CSS, 기능이나 움직임은 자바스크립트라고 구분하는 것이 보다 명확합니다. 커서를 가져갔을 때 외형이 조금 바뀌는 정도라면 CSS로 구현하는 것이 좋습니다. 그러나 더 복잡하고 사용자 조작에 따라 움직이는 고급 애니메이션을 만들고 싶을 때는 자바스크립트를 이용하는 것이 좋습니다.

웹 페이지 만들기

지금까지는 주로 각 부분별로 작성하면서 자바스크립트의 기본 작성법에 대해 살펴보았습니다. 이제부터는 지금까지 배운 것을 집대성하여 하나의 웹 페이지를 만듭니다. 직접 웹 페이지를 완성하면서 자바스크립트를 넣는 방법을 배워봅시다.

CHAPTER

07

JavaScript

7.1 작성할 웹 페이지 소개

이 장에서는 패션 브랜드 웹사이트를 만들어보겠습니다. 애니메이션과 함께 큰 이미지를 띄워서 '보여주기'에 초점을 맞춘 디자인입니다. 자바스크립트로 만들겠습니다.

■ 완성 이미지 　▶ 예제　 chapter7/Fashion

데스크톱 사이즈

모바일 사이즈

■ 로딩 화면

페이지를 열면 Loading이라는 글자가 표시된 뒤 연녹색 스크린이 위로 올라가고 콘텐츠가 표시됩니다. 이 애니메이션을 만듭니다.

■ 이미지 갤러리

작은 섬네일 이미지에 커서를 갖다 대면 왼쪽에 큰 이미지가 표시됩니다. 커서를 갖다 댔을 때 빛나는 애니메이션도 구현합니다.

■ 슬라이드 메뉴

오른쪽 위에 있는 햄버거 아이콘을 클릭하면 오른쪽에 메뉴 패널이 표시됩니다. 그리고 각 메뉴 리스트는 위에서부터 순서대로 표시됩니다.

■ 스크롤로 요소 표시

페이지를 스크롤하면 조금 흐릿하게 투명했던 요소가 밑에서부터 부드럽게 떠오르는 것처럼 표시됩니다. 흐물흐물하게 움직이는 모습을 만들 수 있습니다.

■ 완성 코드

여기서 다루는 코드는 너무 길어서 전체 내용을 담기 어렵습니다. 자세한 내용은 샘플 데이터를 확인해 주세요. 다음부터 설명하는 각 절에 코드를 올려두었으므로 하나하나 배워가는 것도 좋을 것입니다.

index.html

```html
<!DOCTYPE html>
<html lang="ko">
<head>
    <meta charset="UTF-8">
    <meta name="viewport" content="width=device-width, initial-scale=1.0">
    <title>WCB Fashion Collection</title>
    <link rel="stylesheet" href="https://unpkg.com/ress/dist/ress.min.css">
    <link rel="preconnect" href="https://fonts.googleapis.com">
    <link rel="preconnect" href="https://fonts.gstatic.com" crossorigin>
    <link href="https://fonts.googleapis.com/css2?family=Oswald:wght@600&display=swap"
rel="stylesheet">
    <link rel="stylesheet" href="css/style.css">
    <script src="js/script.js" defer></script>
    <link rel="icon" href="images/favicon.svg" type="image/svg+xml">
</head>
<body>
```

> 자세한 코드는 예제 파일을 확인해주세요.

■ 미완성 샘플 데이터   ▶ 예제   chapter7/01-demo

이 장에서는 움직임이 없는 미완성 샘플 데이터를 준비했습니다. 설명을 읽으며 필요한 코드를 덧붙이면서 하나의 페이지를 함께 완성해봅시다! 샘플 데이터 파일을 다운받아서 직접 작업해보기 바랍니다.

■ 디렉터리 구성

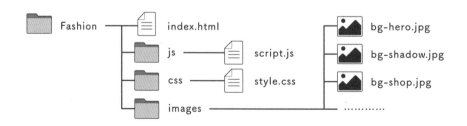

7.2 로딩에서 화면 바뀜

페이지나 콘텐츠를 읽는 동안 아무것도 표시되지 않는 새하얀 화면이 끝없이 이어진다면 어쩐지 불안할 것 같습니다. 그럴 때를 위해서라도 로딩 중이라고 인식할 수 있는 로딩 애니메이션을 도입하는 것이 좋습니다.

■ **이 부분의 완성 이미지** ▶ 예제 chapter7/02-demo

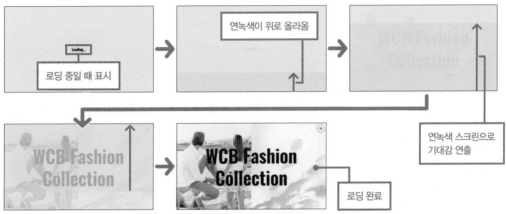

단순히 Loading 문자를 표시하는 것뿐만 아니라 연녹색의 스크린을 아래에서 위로 이동시키면서 서서히 로딩 화면을 투명하게 만들어 콘텐츠를 부드럽게 표시합니다. 앞으로 나타날 멋진 웹 페이지를 기대하게 만듭니다.

■ **완성 코드**

HTML index.html

```html
<div id="loading">
    <p>Loading...</p>
    <div id="loading-screen"></div>
</div>
```

```js
const loadingAreaGrey = document.querySelector('#loading');
const loadingAreaGreen = document.querySelector('#loading-screen');
const loadingText = document.querySelector('#loading p');

window.addEventListener('load', () => {
    // 로딩 중(회색 스크린)
    loadingAreaGrey.animate(
        {
            opacity: [1, 0],
            visibility: 'hidden',
        },
        {
            duration: 2000,
            delay: 1200,
            easing: 'ease',
            fill: 'forwards',
        }
    );

    // 로딩 중(연녹색 스크린)
    loadingAreaGreen.animate(
        {
            translate: ['0 100vh', '0 0', '0 -100vh']
        },
        {
            duration: 2000,
            delay: 800,
            easing: 'ease',
            fill: 'forwards',
        }
    );

    // 로딩 중 텍스트
    loadingText.animate(
        [
            {
                opacity: 1,
                offset: .8  //80%
            },
            {
                opacity: 0,
                offset: 1  //100%
            },
```

```
            ],
            {
                duration: 1200,
                easing: 'ease',
                fill: 'forwards',
            }
        );
    });
```

CSS css/style.css

```css
#loading {
    background-color: var(--light-grey);
    position: fixed;
    inset: 0;
    z-index: 9999;
    display: grid;
    place-items: center;
}
#loading-screen {
    background-color: var(--light-green);
    position: fixed;
    inset: 0;
    z-index: 9998;
    translate: 0 100vh;
}
#loading p {
    font-size: 2rem;
    font-family: var(--oswald-font);
}
```

7.3 로딩에서 화면 바뀜 – 화면이 바뀌는 스크린 만들기

여기서 작성하는 웹 페이지 로딩화면에서는 'Loading…'이라는 텍스트를 비롯하여 '회색 스크린', '연녹색 스크린'까지 세 가지 요소가 움직입니다. 우선 회색과 연녹색 스크린부터 만들어보겠습니다.

■ 로딩 화면 추가

<body> 태그 가장 위에 로딩 화면 용도인 <div> 태그를 추가합니다. 여기서는 loading이라는 ID를
부여했습니다.

 index.html

```html
<!DOCTYPE html>
<html lang="ko">
<head>
    (…생략…)
</head>
<body>
    <!-- 로딩 화면-->
    <div id="loading"></div>          ⎤━━━━━━━━━━━━━ <div> 태그로 loading이라는 ID 부여

    <section class="hero">
        <h1 class="title">WCB Fashion<br>Collection</h1>
    </section>

(…생략…)
</body>
</html>
```

CSS에서는 연한 회색 스크린을 화면에 꽉 차도록 펼치기 위해 폭과 높이, 배경색, 위치 등을 지정합
니다.

css/style.css

```css
@charset 'UTF-8';

(…생략…)

/*
LAYOUT
========================================= */
.wrapper {
    max-width: 38rem;
    margin: auto;
    padding: 0 1rem;
}
```

```
/*
LOADING
============================================ */
#loading {
    background-color: var(--light-grey);
    position: fixed;
    inset: 0;
    z-index: 9999;
    display: grid;
    place-items: center;
}

(...생략...)
```

CSS로 연한 회색 스크린 지정

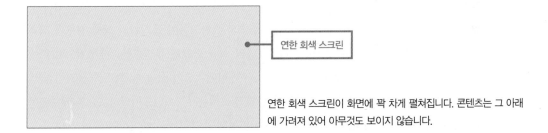

연한 회색 스크린

연한 회색 스크린이 화면에 꽉 차게 펼쳐집니다. 콘텐츠는 그 아래
에 가려져 있어 아무것도 보이지 않습니다.

■ 회색 스크린을 점점 투명하게 만듦

자바스크립트 이벤트를 사용하여 페이지 로딩이 완료되면 회색 스크린을 투명하게 만들기 위한 설정
을 추가합니다. 4.2절을 참고하여 '화면 로딩이 끝나면'이라는 이벤트를 준비합니다.

js/script.js

```
/*
로딩에서 화면으로 이동
============================================ */
window.addEventListener('load', () => {
    // 로딩이 끝났을 때 처리
});
```

여기서 서서히 투명하게 만들어 결국 보이지 않게 만들고 싶은 것은 loading이라는 ID가 붙은
<div> 태그입니다. 우선 이 요소를 loadingAreaGrey라는 상수로 만듭니다. 이어서 이벤트 중에는

animate()를 사용하여 애니메이션을 지정합니다. 이 괄호 안에는 '움직이게 하려는 내용'과 '움직임의 상세 정보'를 ', (쉼표)'로 구분하여 지정합니다.

Js js/script.js

```
/*
로딩에서 화면으로 이동
=========================================== */
const loadingAreaGrey = document.querySelector('#loading');          ──── 상수 선언

window.addEventListener('load', () => {                               ──── 애니메이션 설정
    // 로딩 중(회색 스크린)
    loadingAreaGrey.animate(움직이게 하려는 내용, 움직임의 상세 정보);   ──── 쉼표로 구분
});
```

6.5절을 참고하여 움직일 내용을 작성합니다. 그리고 6.7절을 참고하여 움직임의 상세 정보를 객체 형태로 작성합니다. 움직이게 하려는 내용에는 opacity의 회색 스크린 투명도를 1에서 0으로 하여 불투명하게 만들고 visibility를 hidden으로 함으로써 애니메이션이 끝날 때 요소를 숨기며 클릭할 수 없는 상태로 만들도록 작성합니다. 움직임의 상세 정보에는 1.2초(1200밀리초) 후 애니메이션을 시작하도록 설정합니다. 이것은 이후에 지정하는 연녹색 스크린 애니메이션이 끝나고 나서 투명도를 바꿀 수 있게 설정합니다. 이번에는 페이지 내에서 움직이는 요소가 많기 때문에 움직이는 내용이나 움직임의 상세 정보를 하나씩 함수로 정리하면 무엇이 무슨 함수인지 알기 어려우므로 직접 객체 형식으로 지정합니다.

Js js/script.js

```
/*
로딩에서 화면으로 이동
=========================================== */
const loadingAreaGrey = document.querySelector('#loading');

window.addEventListener('load', () => {
    // 로딩 중(회색 스크린)
    loadingAreaGrey.animate(
        {
            opacity: [1, 0],                          ──── 움직이는 내용 설정
            visibility: 'hidden',
        },
```

```
        {
            duration: 2000,
            delay: 1200,
            easing: 'ease',
            fill: 'forwards',
        }
);
```

움직임의 상세 내용 설정

페이지를 로딩한 후 회색 스크린이 서서히 사라지고 콘텐츠 내용이 표시됩니다.

■ 연녹색 스크린 이동

이어서 회색 스크린과 겹치는 형태로 연녹색 스크린을 표시해보겠습니다. HTML에서는 `<div id="loading">` 안에 `loading-screen`이라는 ID가 붙은 `<div>` 태그를 추가합니다.

index.html

```
<!DOCTYPE html>
<html lang="ko">
<head>
    (…생략…)
</head>
<body>
    <!-- 로딩 화면-->
    <div id="loading">
        <div id="loading-screen"></div>
    </div>

    <section class="hero">
        <h1 class="title">WCB Fashion<br>Collection</h1>
    </section>

    (…생략…)
</body>
</html>
```

추가

회색 스크린과 같은 요령으로 크기와 배경색 등을 지정합니다. 이 부분의 핵심은 translate 속성에서 세로 방향으로 100vh를 설정하여 화면 밖 보이지 않는 아래쪽에 이 #loading-screen을 설치해놓는 것입니다. 그런 다음 자바스크립트로 이 값을 변화시켜 연녹색 스크린을 이동시킵니다.

css css/style.css

```
/*
LOADING
=========================================== */
#loading {
    width: 100vw;
    height: 100vh;
    background-color: var(--light-grey);
    position: fixed;
    z-index: 9999;
    display: grid;
    place-items: center;
}
#loading-screen {
    background-color: var(--light-green);
    position: fixed;
    inset: 0;
    z-index: 9998;
    translate: 0 100vh;
}

(...생략...)
```

연녹색 스크린 설정

세로 방향으로 100vh 설정

자바스크립트로 이 부분을 상수 loadingAreaGreen에 넣고 animate()로 움직임을 추가합니다. translate 속성값을 처음 설정한 '0 100vh(가로 방향은 기준값 그대로, 세로 방향은 화면 밖 아래쪽에 배치)'에서 '0 0(가로와 세로 모두 기준값, 즉 화면 가득 펼쳐진 상태)'과 '0 -100vh(가로는 같은 위치, 세로는 화면 밖 위쪽)'를 추가하여 이동할 수 있도록 설정합니다.

지금은 보이지 않지만 이 그림의 점선 범위에 연녹색 스크린이 있습니다.

```
/*
로딩에서 화면으로 이동
============================================ */
const loadingAreaGrey = document.querySelector('#loading');
const loadingAreaGreen = document.querySelector('#loading-screen');

window.addEventListener('load', () => {
    // 로딩 중(회색 스크린)
    loadingAreaGrey.animate(
        {
            opacity: [1, 0],
            visibility: 'hidden',
        },
        {
            duration: 2000,
            delay: 1200,
            easing: 'ease',
            fill: 'forwards',
        }
    );

    // 로딩 중(연녹색 스크린)
    loadingAreaGreen.animate(
        {
            translate: ['0 100vh', '0 0', '0 -100vh']
        },
        {
            duration: 2000,
            delay: 800,
            easing: 'ease',
            fill: 'forwards',
        }
    );
});
```

상수 loadingAreaGreen으로 연녹색 설정

앞에서 설정한 상수

가로는 같은 위치, 세로는 화면 밖 위쪽

가로 방향은 기준값 그대로, 세로 방향은 화면 밖 아래쪽에 배치

가로와 세로 모두 기준값, 즉 화면 가득 펼쳐진 상태

animate( )로 움직임 더하기

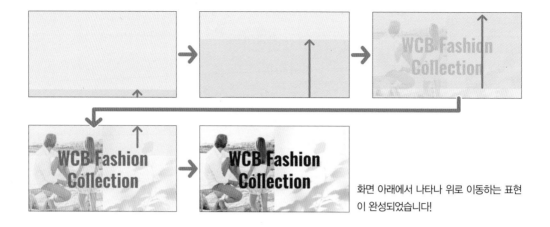

화면 아래에서 나타나 위로 이동하는 표현
이 완성되었습니다!

7.4 로딩에서 화면 바뀜 – 애니메이션 타이밍 조절

Web Animations API에서 offset을 지정하면 애니메이션 타이밍을 설정할 수 있습니다. 이
offset으로 텍스트기 사라지는 타이밍을 조절해봅시다.

■ 텍스트 투명하게 만들기

로딩 화면에 'Loading…'이라고 표시해보겠습니다. loading이라는 ID의 div 안에 \<p\> 태그로 작성
합니다.

📄 index.html

```
<!DOCTYPE html>
<html lang="ko">
<head>
    (…생략…)
</head>
<body>
    <!-- 로딩 화면 -->
    <div id="loading">
        <p>Loading...</p>          ─────────────────── 추가
        <div id="loading-screen"></div>
    </div>
```

```
    <section class="hero">
        <h1 class="title">WCB Fashion<br>Collection</h1>
    </section>

    (...생략...)
</body>
</html>
```

CSS에서는 글자 크기와 글꼴만 지정합니다.

css css/style.css

```
/*
LOADING
=========================================== */
#loading {
    background-color: var(--light-grey);
    position: fixed;
    inset: 0;
    z-index: 9999;
    display: grid;
    place-items: center;
}
#loading-screen {
    background-color: var(--light-green);
    position: fixed;
    inset: 0;
    z-index: 9998;
    translate: 0 100vh;
}
#loading p {
    font-size: 2rem;                                              추가
    font-family: var(--oswald-font);
}

(...생략...)
```

한 번 사라졌다가 다시 표시
되는 등 이상하게 동작한다.

화면 중앙에 텍스트가 표시되었습니다. 부모 요소인
loading ID의 div가 사라짐과 동시에 이 텍스트도
사라집니다. 그런데 한 번 사라진 텍스트가 다시 나타
나면 좀 이상하게 보이므로 자바스크립트도 수정하겠
습니다.

지금까지 했던 것처럼 우선 <p> 태그 부분을 상수 loadingText로 정의합니다. 그리고 1.2(1200밀
리초)초에 걸쳐 opacity가 0으로 변하도록 투명도 설정 부분을 작성합니다.

_{JS} js/script.js

```
/*
로딩에서 화면으로 이동
============================================= */
const loadingAreaGrey = document.querySelector('#loading');
const loadingAreaGreen = document.querySelector('#loading-screen');
const loadingText = document.querySelector('#loading p');          ← 추가

window.addEventListener('load', () => {
    // 로딩 중(회색 스크린)
    loadingAreaGrey.animate(
        {
            opacity: [1, 0],
            visibility: 'hidden',
        },
        {
            duration: 2000,
            delay: 1200,
            easing: 'ease',
            fill: 'forwards',
        }
    );

    // 로딩 중(연녹색 스크린)
    loadingAreaGreen.animate(
        {
            translate: ['0 100vh', '0 0', '0 -100vh'],
        },
```

```
    {
        duration: 2000,
        delay: 800,
        easing: 'ease',
        fill: 'forwards',
    }
);

// 로딩 중 텍스트
loadingText.animate(
    {
        opacity: [1, 0],
    },
    {
        duration: 1200,
        easing: 'ease',
        fill: 'forwards',
    }
);
});
```

1.2초
(1200밀리초)

추가

처음에 텍스트가 표시되었다가 스윽 사라집니다.

하지만 지금 이대로는 텍스트가 표시될 때 애니메이션도 투명해지므로 사용자가 텍스트를 읽기도 전에 사라져버릴 것입니다.

■ offset 속성으로 타이밍 조정

타이밍을 조정하기 위해 offset 속성을 추가합니다. 기본값으로 지정한 애니메이션은 동일한 간격의 타이밍에만 실행되지만 offset 속성을 지정하면 원하는 타이밍에 실행할 수 있습니다. 값은 '0.0'부터 '1.0' 중에서 지정할 수 있으며 '0.0'이 시작할 때, '1.0'이 끝날 때를 의미합니다.

타이밍 기본값

애니메이션 시작과 동시에 같은 간격으로 텍스트가 흐릿해집니다.

offset으로 지정한 타이밍

80%의 타이밍에 투명하게 변하는 애니메이션을 추가해봅시다. 0~80%까지는 변하지 않고 80%가 지난 곳부터 텍스트가 서서히 투명해집니다.

Web Animations API로 움직이는 내용을 지정하는 방법은 객체 형식과 배열 형식 두 가지입니다. 여기서는 6.6절에서도 소개한 배열로 작성히는 빙법을 통해 코드를 수정해보겠습니다. 이 방법을 사용하면 타이밍에 따라 움직임을 파악하기 쉽습니다.

🗒 js/script.js

```
/*
로딩에서 화면으로 이동
============================================ */
(…생략…)

    // 로딩 중 텍스트
    loadingText.animate(
        [
            {
                opacity: 1,
            },
            {
                opacity: 0,
            },
        ],                                              배열로 움직일 내용 지정
        {
            duration: 1200,
```

```
                easing: 'ease',
                fill: 'forwards',
            }
        );
    });
```

그리고 각 중괄호 안에 **offset** 키를 추가합니다. 80%의 타이밍까지는 불투명한 텍스트로, 그 이후부터는 서서히 투명하게 변하는 내용입니다.

JS js/script.js

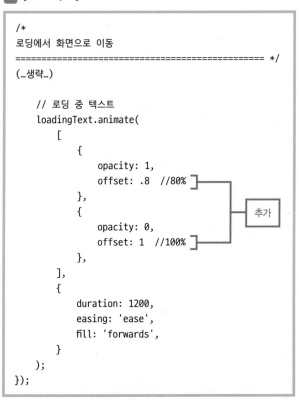

```
/*
로딩에서 화면으로 이동
============================================= */
(…생략…)

    // 로딩 중 텍스트
    loadingText.animate(
        [
            {
                opacity: 1,
                offset: .8  //80%
            },
            {
                opacity: 0,
                offset: 1  //100%
            },
        ],
        {
            duration: 1200,
            easing: 'ease',
            fill: 'forwards',
        }
    );
});
```

> **✅ TIP**
>
> 값이 소수점이면 1의 단위인 '0'을 생략하고 '.8'과 같이 작성할 수도 있습니다.

이번에는 내용이 간단했지만 보다 세세하게 지정하면 복잡한 애니메이션도 만들 수 있습니다. 이러한 설정 방법도 기억해두기 바랍니다.

로딩 화면을 구현할 수 있는 라이브러리

앞에서 설명한 로딩 화면에서는 'Loading...'이라는 텍스트만 표시되었는데 로딩이 얼마나 진행되고 있는지 알 수 있는 %나 프로그레스 바 등을 표시하면 더 좋을 것입니다. 이러한 표현을 간단하게 구현할 수 있는 라이브러리를 소개합니다.

ProgressBar.js

로딩이 얼마나 되었는지 선이나 원으로 표시할 수 있습니다. 또한 값을 표시하거나 SVG를 사용하여 모양을 바꿀 수도 있습니다.
https://kimmobrunfeldt.github.io/progressbar.js/

LoadingBar.js

SVG를 사용하여 원이나 선을 기반으로 모양을 커스텀함으로써 로딩이 얼마나 되었는지 표시할 수 있습니다. 그리고 움직이는 그라데이션이나 거품, 구름 등과 조합할 수도 있습니다.
https://loading.io/progress/

ProgressJs

화면 전체를 덮는 형태로 로딩이 얼마나 되었는지 표시하거나 지정한 요소 위에 프로그레스 바를 표시할 수 있습니다. 텍스트 영역과 조합하여 입력한 문자 수를 막대로 표시할 수도 있습니다.
https://usablica.github.io/progress.js/

로딩할 때의 애니메이션 ①
흐릿한 화면을 서서히 선명하게 표시

CSS와 Web Animations API의 조합에 따라 다양한 애
니메이션을 추가할 수 있습니다. 화면이 이동했을 때 사

▶ 예제   chapter7/col-loading-demo1

용하기 좋은 애니메이션 관련 아이디어를 소개합니다. CSS의 backdrop-filter를 사용하면 배경 화면에
나타나는 요소를 흐리게 표시할 수 있습니다. 예시에서는 콘텐츠를 조금 흐린 상태에서 서서히 선명하게 보
여주는 애니메이션으로 만들어봤습니다. opacity로 배경색 투명도를 설정하면 backdrop-fillter가 제
대로 동작하지 않으므로 배경색에 rgba를 사용하여 투명한 상태에서 불투명하게 변하도록 했습니다.

index.html

```
(…생략…)
<body>
    <div id="loading">
        <p>Loading...</p>
    </div>

    <div class="container">
        <h1>자바스크립트란 프로그램 언어 중 하나</h1>
        (…생략…)
```

css/style.css

```
#loading {
    background: rgba(238, 221, 136, 1);
    backdrop-filter: blur(10px);
    position: fixed;
    inset: 0;
    display: grid;
    place-items: center;
}
```

js/script.js

```
const loadingArea = document.querySelector('#loading');
const loadingText = document.querySelector('#loading p');

window.addEventListener('load', () => {
```

```javascript
    // 로딩 중(흐릿한 화면)
    loadingArea.animate(
        {
            backdropFilter: ['blur(10px)', 'blur(0)'],
            background: ['rgba(238, 221, 136, 1)', 'rgba(238, 221, 136, 0)'],
            visibility: 'hidden',
        },
        {
            duration: 2000,
            delay: 1200,
            easing: 'ease',
            fill: 'forwards',
        }
    );

    // 로딩 중 텍스트
    loadingText.animate(
        [
            {
                opacity: 1,
                offset: .8  //80%
            },
            {
                opacity: 0,
                offset: 1  //100%
            },
        ],
        {
            duration: 1200,
            easing: 'ease',
            fill: 'forwards',
        }
    );
});
```

배경색이 서서히 투명해지고 흐릿했던 내용이 선명하게 보입니다.

로딩할 때의 애니메이션 ②
화면 중앙에서 펼쳐짐

2개의 **\<div\>** 태그를 준비하고 각각의 폭을 '50vw'로
설정하여 화면의 절반을 덮도록 배치합니다. 애니메이션

▶ 예제　chapter7/col-loading-demo2

에는 **scaleX**를 사용하여 가로 방향으로 확대 표시했던 **\<div\>** 태그를 원래 크기로 되돌림으로써 중앙에서 문이 열리는 것 같은 표현을 만듭니다. 움직이는 내용이나 움직임에 대한 상세 내용은 공통 항목이므로 자바스크립트에서 상수를 만들어 설정합니다.

 index.html

```html
<!DOCTYPE html>
<html lang="ko">
<head>
    (…생략…)
</head>
<body>
    <div id="loading-left"></div>
    <div id="loading-right"></div>

    <div class="container">
        <h1>자바스크립트란 프로그램 언어 중 하나</h1>
        (…생략…)
    </div>
</body>
</html>
```

〈div〉 태그 2개 준비

css/style.css

```css
#loading-left,
#loading-right {
    background: #ed8;
    position: fixed;
    width: 50vw;
    height: 100vh;
}
#loading-left {
    left: 0;
    transform-origin: left top;
```

```css
}
#loading-right {
    right: 0;
    transform-origin: right top;
}
```

js/scipt.js

```js
const loadingAreaLeft = document.querySelector('#loading-left');
const loadingAreaRight = document.querySelector('#loading-right');
const keyframes = {
    transform: ['scaleX(1)', 'scaleX(0)'],
};
const options = {
    duration: 1000,
    easing: 'ease',
    fill: 'forwards',
};

window.addEventListener('load', () => {
    // 로딩 중(왼쪽)
    loadingAreaLeft.animate(keyframes, options);

    // 로딩 중(오른쪽)
    loadingAreaRight.animate(keyframes, options);
});
```

왼쪽 div는 transform-origin에서 화면 왼쪽 끝을 변형 원점으로 설정하고 오른쪽 div는 오른쪽 끝을 변형 원점으로 설정합니다. transform에서 변형할 때 각각 화면 양쪽 끝으로 이동하는 것처럼 보입니다

7.5 이미지 갤러리

이미지를 확대하는 방법은 다양하지만 섬네일 이미지에 마우스 커서를 갖다 대기만 해도 표시되도록
하면 사용자 입장에서 편리하게 느껴집니다. 애니메이션과 조합하면 드라마틱한 표현도 가능합니다.

■ 이 부분의 완성 이미지 　▶ 예제　 chapter7/05-demo

작은 섬네일 이미지에 커서를 대면 왼쪽의 큰 이미지가 순간적으로 확 사라졌다가 선택한 이미지가
조금씩 나타나는 애니메이션입니다. 여러 HTML 요소를 가져올 때의 **forEach** 반복문 작성에도 도전
해봅시다.

■ 완성 코드

index.html

```html
<section class="gallery">
    <div class="gallery-image">
        <img src="images/img1.jpg" alt="">
    </div>
        <div class="gallery-content wrapper">
        <h2 class="title">Lookbook</h2>
        <ul class="gallery-thumbnails">
            <li><img src="images/img1.jpg" alt=""></li>
            <li><img src="images/img2.jpg" alt=""></li>
            <li><img src="images/img3.jpg" alt=""></li>
            <li><img src="images/img4.jpg" alt=""></li>
            <li><img src="images/img5.jpg" alt=""></li>
            <li><img src="images/img6.jpg" alt=""></li>
```

```
                <li><img src="images/img7.jpg" alt=""></li>
                <li><img src="images/img8.jpg" alt=""></li>
                <li><img src="images/img9.jpg" alt=""></li>
            </ul>
        </div>
    </section>
```

js/script.js

```
/*
이미지 갤러리
============================================= */
const mainImage = document.querySelector('.gallery-image img');
const thumbImages = document.querySelectorAll('.gallery-thumbnails img');

thumbImages.forEach((thumbImage)=>{
    thumbImage.addEventListener('mouseover', (event) => {
        mainImage.src = event.target.src;
        mainImage.animate({opacity: [0, 1]}, 500)
    });
});
```

css/style.css

```
/*
GALLERY
============================================= */
.gallery {
    display: flex;
    flex-direction: column-reverse;
}
.gallery-image {
    width: min(100%, calc(38rem - 2rem));
    margin: auto;
    position: relative;
}
.gallery-image::after {
    display: block;
    content: '';
    width: calc(100% - 2rem);
    height: calc(100% - 2.5rem);
    z-index: 3;
    border: 3px solid var(--white);
```

```css
        top: 1rem;
        left: 1rem;
        position: absolute;
    }
    .gallery-image img {
        aspect-ratio: 3/4;
        object-fit: cover;
        width: 100%;
    }
    .gallery-thumbnails {
        display: grid;
        gap: 1rem;
        grid-template-columns: repeat(5, 1fr);
        list-style: none;
        margin: 1rem 0;
    }
    .gallery-thumbnails img {
        aspect-ratio: 3/4;
        object-fit: cover;
        cursor: pointer;
    }

    /*
    DESKTOP SIZE
    ============================================= */
    @media(min-width: 800px){

    /* GALLERY */
        .gallery {
            flex-direction: row;
        }
        .gallery-image {
            width: 50vw;
            margin: 0;
        }
        .gallery-image img {
            height: 100vh;
        }
        .gallery-content {
            width: 30vw;
        }
        .gallery-thumbnails {
            gap: 2vw;
            grid-template-columns: repeat(3, 1fr);
        }
```

```
    .gallery-thumbnails img:hover {
        box-shadow: 0 0 1rem rgba(0,0,0,.4);
        transition: .4s;
    }
}
```

7.6 이미지 갤러리 – 커서를 갖다 댔을 때의 애니메이션

웹 페이지 화면 중간 오른쪽에 있는 여러 개의 작은 섬네일 이미지를 먼저 살펴보겠습니다. 커서를 갖다 대면 왼쪽의 큰 이미지가 번쩍 빛나는 애니메이션을 만들어보세요.

■ 여러 HTML 요소 가져오기

우선 큰 이미지를 상수 mainImage에 넣고 여러 작은 이미지를 상수 thumbImages에 넣습니다. 이미지가 여러 개일 때는 querySelector가 아닌 querySelectorAll을 사용해야 한다는 점에 유의해야합니다. 여러 가지 요소를 잘 가져왔는지 콘솔에서 확인해보겠습니다.

🗋 js/script.js

```
/*
이미지 갤러리
============================================ */
const mainImage = document.querySelector('.gallery-image img');
const thumbImages = document.querySelectorAll('.gallery-thumbnails img');

console.log(thumbImages);
```
querySelectorAll 사용

이미지가 9개인 것을 알 수 있음

여러 img 요소를 배열로 가져옵니다. length가 9라서 9개의 섬네일 이미지가 있음을 알 수 있습니다.

배열로 가져온 HTML 요소는 6.10절에서 설명한 대로 for를 사용하여 각각 따로 열 수 있습니다. 배열 번호인 인덱스는 변수 i로, 배열 요소 개수는 thumbImages.length로 지정합니다. 요소를 각각 가져올 수 있는지 확인하기 위해 for 안에 콘솔을 사용하여 호출해봅시다.

📄 js/script.js

```
/*
이미지 갤러리
============================================ */
const mainImage = document.querySelector('.gallery-image img');
const thumbImages = document.querySelectorAll('.gallery-thumbnails img');

for(let i = 0; i < thumbImages.length; i++) {
    console.log(thumbImages[i]);                        ─── for 안에 콘솔로 호출하기
}
```

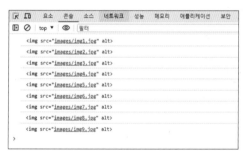

9개의 img 요소를 가져온다는 것을 확인할 수 있습니다.

■ 마우스 커서가 겹쳐졌을 때 실행할 이벤트 설정

하나하나의 이미지에 마우스 커서가 겹쳐졌을 때의 이벤트를 작성해봅시다. 이미지 하나하나는 thumbImages[i]이므로 이어서 addEventListener로 이벤트를 설정합니다. 마우스 커서가 겹쳐졌다는 이벤트는 mouseover입니다. 일단 커서가 겹쳐졌을 때 제대로 작동하는지 콘솔에서 확인합니다.

📄 js/script.js

```
/*
이미지 갤러리
============================================ */
const mainImage = document.querySelector('.gallery-image img');
```

```
const thumbImages = document.querySelectorAll('.gallery-thumbnails img');

for(let i = 0; i < thumbImages.length; i++) {
    thumbImages[i].addEventListener('mouseover', () => {
        console.log(thumbImages[i]);
    });
}
```

addEventListener로
이벤트 설정

커서 갖다 대기

작은 섬네일 이미지에 커서를 갖다 대면 그 HTML 요소가 콘솔에
표시됩니다.

큰 이미지에 애니메이션 추가

이번에는 큰 이미지인 `mainImage`에 `animate()`로 애니메이션을 추가합니다. 앞의 `console.log(thumbImages[i]);`는 삭제하고 그 부분에 '0.5초(500밀리초)에 걸쳐 불투명도(`opacity`)를 0에서 1로 변화시킨다'라고 설정합니다. 미리 표시되어 있던 큰 이미지가 갑자기 불투명도 0으로, 즉 투명해져서 사라진 것 같은 상태가 되고 그 후 조금씩 불투명하게 변합니다.

JS js/script.js

```
/*
이미지 갤러리
============================================= */
const mainImage = document.querySelector('.gallery-image img');
const thumbImages = document.querySelectorAll('.gallery-thumbnails img');

for(let i = 0; i < thumbImages.length; i++) {
    thumbImages[i].addEventListener('mouseover', () => {
        mainImage.animate({opacity: [0, 1]}, 500);
    });
}
```

추가

커서를 갖다 대면 · 번쩍 빛나는 것처럼 보임

순간적으로 불투명도가 0이 되어 빛나는 것처럼 나타나며 이후 조금씩 불투명하게 변합니다.

이렇게 해서 작은 이미지에 커서를 갖다 대면 왼쪽의 큰 이미지가 번쩍 빛나는 애니메이션이 더해졌습니다. 그러나 아직 이미지를 바꾸도록 설정하지 않았기 때문에 어떤 섬네일 이미지에 커서를 맞춰도 왼쪽에는 같은 이미지가 표시됩니다. 다음에는 이미지를 변경하는 방법에 대해 알아보겠습니다.

7.7 이미지 갤러리 – 커서를 갖다 댔을 때 크게 표시

섬네일을 큰 이미지로 표시하려면 먼저 섬네일 이미지의 src 속성값을 가져온 후 그 값을 큰 이미지의 src 속성에 반영하는 두 단계가 필요합니다. 순차적으로 구현해봅시다.

■ 이벤트 정보 가져오기

6.15절을 떠올려봅시다. 거기에서는 IntersectionObserver를 사용하여 관찰하다가 준비해둔 함수가 호출될 때 인수를 사용하여 교차 상태 정보가 포함된 객체를 자동으로 전달했습니다. 이벤트에도 비슷한 기능이 있습니다. addEventListener() 메서드를 사용하면 인수로 발생한 이벤트 정보가 포함된 객체가 자동으로 전달됩니다. 이것을 **이벤트 객체**라고 부르며 대개 event나 e라는 이름을 사용합니다. 하지만 어떤 이름을 붙여도 상관없습니다. 여기서는 event로 설정해보겠습니다. 콘솔에 어떤 정보가 전달되었는지 확인해봅시다.

JS js/scipt.js

```
/*
이미지 갤러리
============================================= */
const mainImage = document.querySelector('.gallery-image img');
```

```
const thumbImages = document.querySelectorAll('.gallery-thumbnails img');

for(let i = 0; i < thumbImages.length; i++) {
    thumbImages[i].addEventListener('mouseover', (event) => {        ┌─── event로 설정
        console.log(event);                                          ┘
        mainImage.animate({opacity: [0, 1]}, 500);                   ┌─── 콘솔로 확인
    });                                                              ┘
}
```

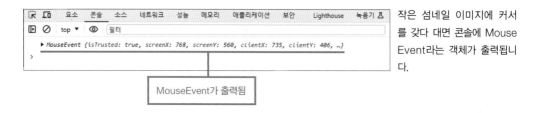

작은 섬네일 이미지에 커서를 갖다 대면 콘솔에 Mouse Event라는 객체가 출력됩니다.

MouseEvent가 출력됨

왼쪽 삼각형을 클릭하면 발생한 이벤트의 유형, 위치 등 보다 상세한 정보가 표시됩니다. 이번에 사용하는 것은 이벤트를 발생시킨 HTML 요소인 target입니다.

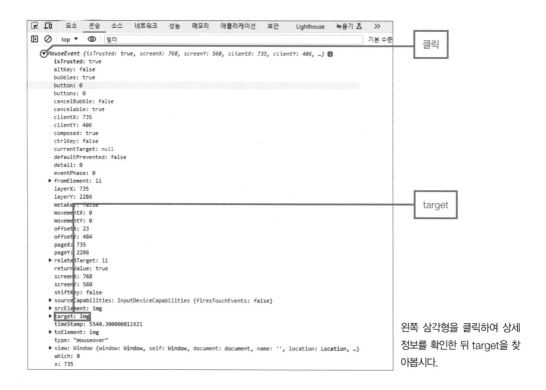

왼쪽 삼각형을 클릭하여 상세 정보를 확인한 뒤 target을 찾아봅시다.

어떻게 가져오는지 살펴보기 위해 event에 마침표를 붙여서 event.target을 확인해봅시다.

JS js/scipt.js

```
/*
이미지 갤러리
============================================ */
const mainImage = document.querySelector('.gallery-image img');
const thumbImages = document.querySelectorAll('.gallery-thumbnails img');

for(let i = 0; i < thumbImages.length; i++) {
    thumbImages[i].addEventListener('mouseover', (event) => {
        console.log(event.target);                    ┌─────────────────────┐
        mainImage.animate({opacity: [0, 1]}, 500);    │ 콘솔에서 event.target 확인 │
    });                                               └─────────────────────┘
}
```

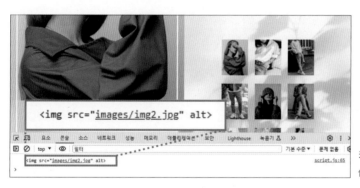

커서를 갖다 댄 이미지 요소를 가져왔습니다.

그리고 가져온 요소의 src 속성 부분에 접근하려면 마침표를 붙여서 event.target.src를 확인합니다.

JS js/scipt.js

```
/*
이미지 갤러리
============================================ */
const mainImage = document.querySelector('.gallery-image img');
const thumbImages = document.querySelectorAll('.gallery-thumbnails img');

for(let i = 0; i < thumbImages.length; i++) {
    thumbImages[i].addEventListener('mouseover', (event) => {
        console.log(event.target.src);
                                              ┌──────────────┐
                                              │ 콘솔로 src     │
                                              │ 속성에 접근    │
                                              └──────────────┘
```

```
        mainImage.animate({opacity: [0, 1]}, 500);
    });
}
```

콘솔로 src 속성에 접근

콘솔에 커서를 갖다 댄 섬네일 이미지의 src 속성값인 이미지 파일 경로가 출력됩니다!

▓ HTML 요소 속성 변경하기

가져온 섬네일 이미지의 파일 경로를 큰 이미지의 src 속성으로 설정해주면 완성됩니다. 3.10절에서는 HTML 요소의 style 속성을 변경할 때 마침표로 연결하여 'HTML 요소.style'이라는 형태로 작성했습니다. 이번에는 큰 이미지인 상수 mainImage의 src 속성을 다루므로 mainImage.src라고 지정하면 됩니다. 거기에 방금 가져온 섬네일 이미지의 파일 경로를 대입합니다.

📄 js/scipt.js

```
/*
이미지 갤러리
============================================= */
const mainImage = document.querySelector('.gallery-image img');
const thumbImages = document.querySelectorAll('.gallery-thumbnails img');

for(let i = 0; i < thumbImages.length; i++) {
    thumbImages[i].addEventListener('mouseover', (event) => {
        mainImage.src = event.target.src;                      ┐ ──── mainImage의
        mainImage.animate({opacity: [0, 1]}, 500);                     src 속성 가져오기
    });
}
```

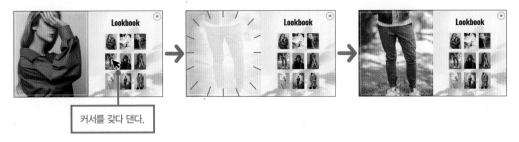

커서를 갖다 댄다.

이제 커서를 갖다 대면 섬네일 이미지의 src 속성값을 가져오고 이를 큰 이미지의 src 속성값으로 설정할 수 있게 되었습니다.

7.8 이미지 갤러리 – 여러 요소를 forEach로 작성하기

지금까지 갤러리 부분이 잘 동작하도록 만들었는데 배열에 저장된 데이터는 다른 작성법으로도 가져올 수 있습니다. 여기서는 여러 요소를 forEach로 지정하여 작성하는 방법에 대해 소개하겠습니다.

■ 배열을 forEach로 가져오기 ▶ 예제 chapter7/08-demo

querySelectorAll()에서 가져온 여러 HTML 요소들은 배열로 인식되므로 for문을 사용하여 하나씩 꺼내서 사용했습니다. 반복문 내에 배열을 넣어 내용물을 가져오는 것은 다른 방법을 사용할 수도 있습니다. 여기서는 forEach() 메서드를 사용하여 다시 작성해보겠습니다.

forEach() 메서드는 for와 달리 반복 조건이나 반복 후 처리 등을 지정할 필요가 없습니다. 그대로 반복할 수 있는 것이 특징이며 배열 처리를 효율적이고 깔끔하게 작성할 수 있습니다. 작성할 때는 배열 이름 뒤에 마침표로 연결하여 **배열.forEach();**라고 쓰면 됩니다. 소괄호 안에 함수를 작성하고 배열 요소를 지정한 이름으로 하나씩 받아서 이 함수의 인수로 반복 처리합니다. 지정하는 함수는 함수명을 붙여 호출할 수도 있지만 대부분 익명 함수로 이용하는 경우가 많습니다. 화살표 함수*를 사용하면 다음과 같은 형태가 됩니다.

★ 익명 함수와 화살표 함수는 3.9절을 참고해주세요.

```
배열명.forEach((각 배열 요소) => {
    실행할 내용
});
```

이 설명만으로는 이해하기 어려울 수도 있으므로 실제 예시를 살펴보겠습니다. 상수 animals에 동물명 4개가 들어간 배열을 준비했습니다. 함수 인수에는 animal이라는 이름을 준비했습니다. 이 animal 안에 '고양이', '소', '호랑이', '토끼' 순으로 데이터를 저장하고 요소가 없어질 때까지 중괄호 안의 처리 내용이 하나씩 수행됩니다.

> 💠 TIP
>
> 인수 이름은 마음대로 붙일 수 있지만 대부분 배열은 복수형, 인수는 단수형을 사용하는 경우가 많습니다. 이번 배열에는 동물을 뜻하는 영어 단어인 복수형 animals를, 인수에는 그 단수형인 animal이라고 이름 붙였습니다.

JS 작성 예

```
const animals = ['고양이', '소', '호랑이', '토끼'];

animals.forEach((animal) => {
    console.log(animal);
});
```

데이터 넣기

콘솔에서 보면 동물 이름이 하나씩 출력됩니다.

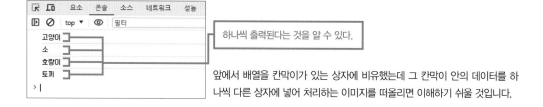

하나씩 출력된다는 것을 알 수 있다.

앞에서 배열을 칸막이가 있는 상자에 비유했는데 그 칸막이 안의 데이터를 하나씩 다른 상자에 넣어 처리하는 이미지를 떠올리면 이해하기 쉬울 것입니다.

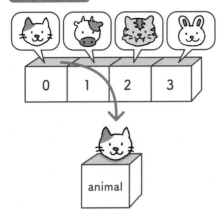
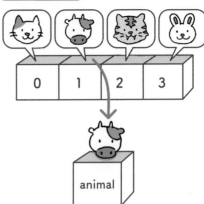

익명 함수가 아니라 함수명이 있는 경우 forEach() 메서드 파라미터에 함수명을 작성합니다.

JS 작성 예

```
const animals = ['고양이', '소', '호랑이', '토끼'];

const showAnimals = (animal) => {          ┐
    console.log(animal);                    ├  showAnimals라는 함수 작성
}                                           ┘

animals.forEach(showAnimals);    ┐  괄호 안에 작성한 함수명 넣기
```

■ for문을 forEach문으로 바꾸기

이번에는 작성하던 Fashion 사이트의 for문에서 구현한 부분을 forEach문으로 바꿔봅시다. 지금까지 작성했던 for문은 주석 처리하고 배열명인 thumbImages에 forEach() 메서드를 추가합니다. 화살표 함수 인수에는 단수형인 thumbImage를 준비하여 콘솔로 표시해보겠습니다.

JS js/script.js

```
/*
이미지 갤러리
=========================================== */
const mainImage = document.querySelector('.gallery-image img');
const thumbImages = document.querySelectorAll('.gallery-thumbnails img');
```

```
// for(let i = 0; i < thumbImages.length; i++) {
//     thumbImages[i].addEventListener('mouseover', (event) => {
//         mainImage.src = event.target.src;
//         mainImage.animate({opacity: [0, 1]}, 500);
//     });
// }
thumbImages.forEach((thumbImage)=>{
    console.log(thumbImage);
});
```

for문은 주석 처리

화살표 함수 추가

인수에 단수형인 thumbImage 준비

7.6절에서 for문을 사용하여 작성했을 때와 마찬가지로 콘솔에 img 요소
가 모두 출력되었습니다.

JS 작성 예

```
for(let i = 0; i < thumbImages.length; i++) {
    console.log(thumbImages[i]);
}
```

즉, for문에서 작성한 thumbImages[i]와 forEach()에서 작성한 thumbImage 모두 같은 것을 가져
올 수 있습니다. 나머지 이벤트나 애니메이션 등은 for문의 중괄호 내 블록과 동일하게 작성합니다.

JS js/script.js

```
/*
이미지 갤러리
========================================== */
const mainImage = document.querySelector('.gallery-image img');
const thumbImages = document.querySelectorAll('.gallery-thumbnails img');

// for(let i = 0; i < thumbImages.length; i++) {
//     thumbImages[i].addEventListener('mouseover', (event) => {
//         mainImage.src = event.target.src;
```

```
//          mainImage.animate({opacity: [0, 1]}, 500);
//      });
// }
thumbImages.forEach((thumbImage)=>{
    thumbImage.addEventListener('mouseover', (event) => {
        mainImage.src = event.target.src;
        mainImage.animate({opacity: [0, 1]}, 500);
    });
});
```

for문의 중괄호 내 블록과
동일하게 작성

이렇게 작성하면 지금까지 지정한 것처럼 섬네일 이미지에 커서를 갖다 댔을 때 큰 이미지가 나타나는 동작이 이루어집니다. 처음에는 forEach()를 사용하는 것이 조금 어려울 수 있지만 for문과 달리 요소 개수 등을 신경 쓰지 않고 직관적으로 처리할 수 있다는 장점도 있으므로 기억해두기 바랍니다.

COLUMN

커서를 갖다 댔을 때의 속성값 활용

이미지 갤러리에서는 작은 이미지에 커서를 갖다 대면 src 속성값을 가져와서 큰 이미지의 src 속성에 반영시켜 표시했습니다. 그 밖에도 속성값을 바꾼 표시 방법을 소개합니다.

alt 속성 텍스트 표시   ▶ 예제   chapter7/col-hover-demo1

<img> 태그에서는 이미지를 설명하는 alt 속성을 작성하는 것이 필수가 되고 있습니다. 이미지에 커서를 갖다 댔을 때 이 alt 속성의 텍스트를 표시합니다. 이벤트 객체로 취득한 alt 속성을 3.4절에 나온 textContent를 사용하여 대입하는 것으로 구조는 간단합니다. 이미지를 설명하는 문장을 크게 보여주고 싶을 때 사용할 수 있습니다.

HTML index.html

```
<!DOCTYPE html>
<html lang="ko">
<head>

    (…생략…)

</head>
<body>
    <p class="text">철인3종경기 기본 거리</p>
```

```
    <div class="gallery">
        <img src="images/swim.jpg" alt="수영 1.5km">
        <img src="images/bike.jpg" alt="사이클 40km">
        <img src="images/run.jpg" alt="달리기 10km">
    </div>
</body>
</html>
```

JS js/script.js

```
const images = document.querySelectorAll('.gallery img');
const text = document.querySelector('.text');

images.forEach((image)=>{
    image.addEventListener('mouseover', (event) => {
        text.textContent = event.target.alt;
        event.target.animate({opacity: [0, 1]}, 500);
    });
});
```

> textContent를 사용
> 하여 alt 속성 대입

각 이미지에 커서를 갖다 대면 상수
text 부분에 alt 속성의 텍스트가
표시됩니다.

페이지 배경 이미지로 표시   ▶ 예제   chapter7/col-hover-demo2

이미지의 **src** 속성으로 지정한 이미지 파일 경로를 다른 곳에서 사용해보겠습니다. 3.10절에서 소개한 **style** 속성 변경 방법을 활용하여 **\<body\>** 태그의 배경 이미지를 변경하도록 지정할 수 있습니다. 이 기능은 예를 들어 이미지 소재를 배포하는 사이트나 배경 이미지를 설정할 수 있는 웹 서비스 등에서 매우 유용하게 사용할 수 있습니다.

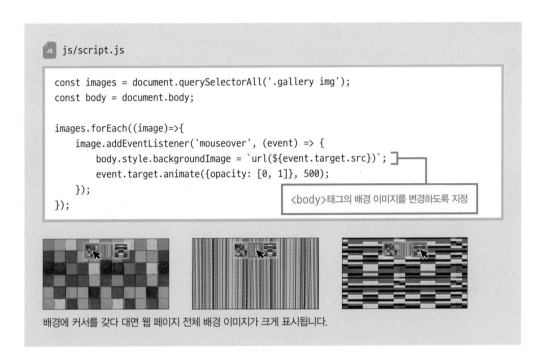

```
JS  js/script.js

const images = document.querySelectorAll('.gallery img');
const body = document.body;

images.forEach((image)=>{
    image.addEventListener('mouseover', (event) => {
        body.style.backgroundImage = `url(${event.target.src})`;
        event.target.animate({opacity: [0, 1]}, 500);
    });
});
```

<body>태그의 배경 이미지를 변경하도록 지정

배경에 커서를 갖다 대면 웹 페이지 전체 배경 이미지가 크게 표시됩니다.

7.9 슬라이드 메뉴

화면을 넓게 사용하고 싶을 때나 모바일 기기 등에서 표시되는 항목을 생략하고 싶을 때 가장 많이
사용하는 것이 바로 슬라이드 메뉴입니다. 이것도 지금까지 학습한 이벤트나 애니메이션을 조합하여
구현할 수 있습니다.

■ 이 부분의 완성 이미지   ▶ 예제   chapter7/09-demo

화면 오른쪽 위에 있는 아이콘을 클릭하면 오른쪽 끝에서 메뉴 패널이 나타납니다. 이때 메뉴 패널 안의 각 메뉴 리스트는 위에
서부터 순서대로 오른쪽에서 스윽 나타납니다.

■ 완성 코드

 index.html

```
<nav>
    <button id="menu-open" class="btn-menu">
        <svg height="24" viewBox="0 0 24 24" width="24" xmlns="http://www.w3.org/2000/svg">
            <title>메뉴 열기</title>
            <path clip-rule="evenodd" d="m4.25 8c0-.41421.33579-.75.75-.75h14c.4142 0
.75.33579.75.75s-.3358.75-.75.75h-14c-.41421 0-.75-.33579-.75-.75zm0 4c0-.4142.33579-
.75.75-.75h14c.4142 0 .75.3358.75.75s-.3358.75-.75.75h-14c-.41421 0-.75-.3358-.75-.75zm.75
3.25c-.41421 0-.75.3358-.75.75s.33579.75.75.75h14c.4142 0 .75-.3358.75-.75s-.3358.75-.75-
.75z" fill-rule="evenodd"/>
        </svg>
    </button>
    <div id="menu-panel">
        <button id="menu-close" class="btn-menu">
            <svg height="24" viewBox="0 0 24 24" width="24" xmlns="http://www.w3.org/2000/svg">
                <title>메뉴 닫기</title>
                <path clip-rule="evenodd" d="m7.53033 6.46967c-.29289-.29289-.76777-.29289-
1.06066 0s-.29289.76777 0 1.06066l4.46963 4.46967-4.46963 4.4697c-.29289.2929-.29289.7677
0 1.0606s.76777.2929 1.06066 0l4.46967-4.4696 4.4697 4.4696c.2929.2929.7677.2929 1.0606
0s.2929-.7677 0-1.0606l-4.4696-4.4697 4.4696-4.46967c.2929-.29289.2929-.76777 0-1.06066s-
.7677-.29289-1.0606 0l-4.4697 4.46963z" fill-rule="evenodd"/>
            </svg>
        </button>
        <ul class="menu-list">
            <li><a href="#">Online Shop</a></li>
            <li><a href="#">Twitter</a></li>
            <li><a href="#">Instagram</a></li>
            <li><a href="#">YouTube</a></li>
            <li><a href="mailto:hello@example.com">Contact</a></li>
        </ul>
    </div>
</nav>
```

JS js/script.js

```js
/*
슬라이드 메뉴
============================================== */
const menuOpen = document.querySelector('#menu-open');
const menuClose = document.querySelector('#menu-close');
const menuPanel = document.querySelector('#menu-panel');
const menuItems = document.querySelectorAll('#menu-panel li');
const menuOptions = {
    duration: 1400,
    easing: 'ease',
    fill: 'forwards',
};

// 메뉴 열기
menuOpen.addEventListener('click', () => {
    menuPanel.animate({translate: ['100vw', 0]}, menuOptions);

    // 링크를 하나씩 순서대로 표시
    menuItems.forEach((menuItem, index) => {
        menuItem.animate(
            {
                opacity: [0, 1],
                translate: ['2rem', 0],
            },
            {
                duration: 2400,
                delay: 300 * index,
                easing: 'ease',
                fill: 'forwards',
            }
        );
    });
});

// 메뉴 닫기
menuClose.addEventListener('click', () => {
    menuPanel.animate({translate: [0, '100vw']}, menuOptions);
    menuItems.forEach((menuItem) => {
        menuItem.animate({opacity: [1, 0]}, menuOptions);
    });
});
```

```css
/*
SLIDE MENU
=========================================== */
/* 열고 닫기 버튼 */
.btn-menu {
    position: fixed;
    right: 1rem;
    top: 1rem;
    z-index: 4;
    padding: .5rem 1rem;
    border: 1px solid var(--brown);
    border-radius: 50%;
    height: 4rem;
    width: 4rem;
    transition: .4s;
}
.btn-menu svg {
    fill: var(--brown);
    margin-top: .25rem;
    height: 2rem;
    width: 2rem;
}

/* 닫기 버튼 */
#menu-close {
    border: 1px solid var(--light-green);
}
#menu-close svg {
    fill: var(--light-green);
}

/* 슬라이드 메뉴 패널 */
#menu-panel {
    position: fixed;
    top: 0;
    right: 0;
    z-index: 4;
    padding: 8rem 2rem 2rem;
    width: max(32vw, 20rem);
    height: 100vh;
    background-color: var(--brown);
    box-shadow: 0 0 2rem var(--brown);
    font-family: var(--oswald-font);
```

```
        translate: 100vw;
}
.menu-list {
        list-style: none;
}
.menu-list li {
        margin: 1.5rem 0;
        opacity: 0;
}
.menu-list a {
        color: var(--light-green);
        text-decoration: none;
        font-size: 2rem;
}
```

7.10 슬라이드 메뉴 – 클릭해서 메뉴 열기

이벤트와 애니메이션을 조합한 움직임은 이미지 갤러리를 구현했을 때와 같은 순서로 작성하면 됩니다. 우선 화면 밖에 있는 메뉴 패널을 버튼 클릭으로 이동시켜봅시다.

■ 버튼과 메뉴 패널 꾸미기

HTML에는 button 요소로 여닫기 버튼을 구현합니다. 열기 버튼에는 menu-open, 메뉴 패널에는 menu-panel, 메뉴 패널 내 닫기 버튼에는 menu-close라는 아이디를 각각 할당했습니다.

🔲 index.html

```
<!DOCTYPE html>
<html lang="ko">
<head>
    (…생략…)
</head>
<body>
    <!-- 로딩 화면 -->
    <div id="loading">
        <p>Loading...</p>
        <div id="loading-screen"></div>
```

```
        </div>

        <!-- 내비게이션 메뉴  -->
        <nav>
            <button id="menu-open" class="btn-menu">          ┤ ── 열기 버튼
                <svg height="24" viewBox="0 0 24 24" width="24" xmlns="http://www.w3.org/2000/svg">
                    <title>메뉴 열기</title>
                    <path clip-rule="evenodd" d="m4.25 8c0-.41421.33579-.75.75-.75h14c.4142
0 .75.33579.75.75s-.3358.75-.75.75h-14c-.41421 0-.75-.33579-.75-.75zm0 4c0-.4142.33579-
.75.75-.75h14c.4142 0 .75.3358.75.75s-.3358.75-.75.75h-14c-.41421 0-.75-.3358-.75-.75zm.75
3.25c-.41421 0-.75.3358-.75.75s.33579.75.75.75h14c.4142 0 .75-.3358.75-.75s-.3358-.75-.75-
.75z" fill-rule="evenodd"/>
                </svg>
            </button>
            <div id="menu-panel">       ┤ ── 메뉴 패널          닫기 버튼
                <button id="menu-close" class="btn-menu">      ┤
                    <svg height="24" viewBox="0 0 24 24" width="24" xmlns="http://www.w3.org/
2000/svg">
                        <title>메뉴 닫기</title>
                        <path clip-rule="evenodd" d="m7.53033 6.46967c-.29289-.29289-
.76777-.29289-1.06066 0s-.29289.76777 0 1.06066l4.46963 4.46967-4.46963 4.4697c-
.29289.2929-.29289.7677 0 1.0606s.76777.2929 1.06066 0l4.46967-4.4696 4.4697
4.4696c.2929.2929.7677.2929 1.0606 0s.2929-.7677 0-1.0606l-4.4696-4.4697 4.4696-
4.46967c.2929-.29289.2929-.76777 0-1.06066s-.7677-.29289-1.0606 0l-4.4697 4.46963z" fill-
rule="evenodd"/>
                    </svg>
                </button>
                <ul class="menu-list">
                    <li><a href="#">Online Shop</a></li>
                    <li><a href="#">Twitter</a></li>
                    <li><a href="#">Instagram</a></li>
                    <li><a href="#">YouTube</a></li>
                    <li><a href="mailto:hello@example.com">Contact</a></li>
                </ul>
            </div>
        </nav>

        <section class="hero">
            <h1 class="title">WCB Fashion<br>Collection</h1>        추가
        </section>

        (…생략…)
</body>
</html>
```

CSS에서는 position: fixed;로 버튼과 메뉴 패널 위치를 고정하는 것 외에 색, 여백 등의 꾸밈도
추가할 수 있습니다.

css css/style.css

```
@charset 'UTF-8';
    (…생략…)

#loading p {
    font-size: 2rem;
    font-family: var(--oswald-font);
}

/*
SLIDE MENU
=============================================== */
/* 열고 닫기 버튼 */
.btn-menu {
    position: fixed;
    right: 1rem;
    top: 1rem;
    z-index: 4;
    padding: .5rem 1rem;
    border: 1px solid var(--brown);
    border-radius: 50%;
    height: 4rem;
    width: 4rem;
    transition: .4s;
}                                                          추가
.btn-menu svg {
    fill: var(--brown);
    margin-top: .25rem;
    height: 2rem;
    width: 2rem;
}

/* 닫기 버튼 */
#menu-close {
    border: 1px solid var(--light-green);
}
#menu-close svg {
    fill: var(--light-green);
}

/* 슬라이드 메뉴 패널 */
```

```css
#menu-panel {
    position: fixed;
    top: 0;
    right: 0;
    z-index: 4;
    padding: 8rem 2rem 2rem;
    width: max(32vw, 20rem);
    height: 100vh;
    background-color: var(--brown);
    box-shadow: 0 0 2rem var(--brown);
    font-family: var(--oswald-font);
}
.menu-list {
    list-style: none;
}
.menu-list li {
    margin: 1.5rem 0;
}
.menu-list a {
    color: var(--light-green);
    text-decoration: none;
    font-size: 2rem;
}

/*
HERO
============================================== */
.hero {
    height: 100vh;
    position: relative;
}

    (...생략...)
```

메뉴 패널이 고정된 상태로 표시됨

이와 같은 내용으로 구현하면 화면 오른쪽에 메뉴 패널이 고정된
상태로 표시됩니다. 이렇게 하면 메뉴 패널이 계속 열려 있는 상태
가 됩니다.

translate를 추가하여 웹 페이지를 열었을 때 화면 바깥에 배치해서 보이지 않게 합니다.

css css/style.css

```css
/* 슬라이드 메뉴 패널 */
#menu-panel {
    position: fixed;
    top: 0;
    right: 0;
    z-index: 4;
    padding: 8rem 2rem 2rem;
    width: max(32vw, 20rem);
    height: 100vh;
    background-color: var(--brown);
    box-shadow: 0 0 2rem var(--brown);
    font-family: var(--oswald-font);
    translate: 100vw;         ┐── 추가
}
```

메뉴 패널을 이미지의 100vw 오른쪽에 배치합니다. 화면 바깥에 있으므로 보이지 않습니다.

■ 버튼을 클릭했을 때 실행할 이벤트 작성

동작에 필요한 HTML 요소, 열고 닫기 버튼 및 메뉴 패널을 상수로 정의해둡니다.

JS js/script.js

```js
const menuOpen = document.querySelector('#menu-open');
const menuClose = document.querySelector('#menu-close');    ── 상수로 정의
const menuPanel = document.querySelector('#menu-panel');
```

다음에는 앞에서 정의한 열기 메뉴 버튼 `menuOpen`을 클릭하면 동작하도록 `addEventListener()` 메서드에서 `click` 이벤트를 지정합니다. 일단 콘솔에 텍스트를 표시하여 제대로 작동하는지 살펴 봅시다.

JS js/script.js

```js
const menuOpen = document.querySelector('#menu-open');
const menuClose = document.querySelector('#menu-close');
const menuPanel = document.querySelector('#menu-panel');
```

```
// 메뉴 열기
menuOpen.addEventListener('click', () => {
    console.log('메뉴 열기');
});
```

click 이벤트 추가

콘솔로 확인 가능

버튼을 클릭하면 콘솔에 '메뉴 열기'라고 표시됩니다.

▥ 메뉴 패널이 미끄러지듯이 나타나는 애니메이션

click 이벤트가 동작한다는 것을 알았으므로 console.log('메뉴 열기');를 주석 처리하겠습니다. 여기에 메뉴 패널 위치를 화면 밖에서 화면 오른쪽 끝으로 이동하도록 애니메이션을 추가합니다. 메뉴 패널 상수인 menuPanel에 animate()로 애니메이션을 설정합니다. 움직이는 내용에는 translate를 씁니다. 값의 경우 애니메이션이 시작할 때는 화면 밖인 100vw, 애니메이션이 끝날 때는 0으로 하여 CSS에서 지정해놓은 화면 오른쪽 끝으로 이동합니다. 움직임의 상세 내용은 다음에 설정하는 닫기 버튼을 클릭했을 때의 내용과 같으므로 상수 menuOptions를 만들어 정리해둡니다.

🟦 js/script.js

```
const menuOpen = document.querySelector('#menu-open');
const menuClose = document.querySelector('#menu-close');
const menuPanel = document.querySelector('#menu-panel');
const menuOptions = {
    duration: 1400,
    easing: 'ease',
    fill: 'forwards',
};

// 메뉴 열기
menuOpen.addEventListener('click', () => {
    //console.log('메뉴 열기');
    menuPanel.animate({translate: ['100vw', 0]}, menuOptions);
});
```

주석 처리

추가

마찬가지로 메뉴 닫기 이벤트도 준비합니다. 내용은 메뉴를 열 때와 거의 같지만 클릭 대상인 HTML 요소가 상수 menuClose인 점, 애니메이션이 시작할 때와 종료할 때의 값이 반대인 점은 다릅니다.

📄 js/script.js

```js
const menuOpen = document.querySelector('#menu-open');
const menuClose = document.querySelector('#menu-close');
const menuPanel = document.querySelector('#menu-panel');
const menuOptions = {
    duration: 1400,
    easing: 'ease',
    fill: 'forwards',
};

// 메뉴 열기
menuOpen.addEventListener('click', () => {
    //console.log('메뉴 열기');
    menuPanel.animate({translate: ['100vw', 0]}, menuOptions);
});

// 메뉴 닫기
menuClose.addEventListener('click', () => {
    menuPanel.animate({translate: [0, '100vw']}, menuOptions);
});
```

추가

메뉴 열기 버튼을 클릭하면 메뉴 패널이 화면 오른쪽 끝에서 미끄러지듯이 나타나고 닫기 버튼을 클릭하면 오른쪽 끝으로 사라집니다!

7.11 슬라이드 메뉴 – 위에서부터 순서대로 표시하기

이제 메뉴를 슬라이드로 기분 좋게 열었다 닫았다 할 수 있게 되었습니다. 다음에는 메뉴 패널 안의 텍스트가 등장할 때도 하나씩 지연되도록 아주 작은 움직임을 더해서 보다 매끄럽게 표시해봅시다.

■ 모든 메뉴 리스트 가져오기

먼저 menu-panel이라는 ID 중 순서대로 표시하고자 하는 메뉴 리스트인 li 요소를 querySelectorAll()로 가져와서 상수 menuItems로 정의합니다. 이 HTML 요소는 배열로 되어 있으므로 7.8절을 참고하여 forEach()로 하나하나 가져옵니다. 배열 menuItems 안에 있는 요소들을 각각 menuItem에 넣어 콘솔에서 확인해보겠습니다.

js/script.js

```js
const menuOpen = document.querySelector('#menu-open');
const menuClose = document.querySelector('#menu-close');
const menuPanel = document.querySelector('#menu-panel');
const menuItems = document.querySelectorAll('#menu-panel li');
consl menuOptions = {
    duration: 1400,
    easing: 'ease',
    fill: 'forwards',
};

// 메뉴 열기
menuOpen.addEventListener('click', () => {
    menuPanel.animate({translate: ['100vw', 0]}, menuOptions);

    // 링크를 하나씩 순서대로 표시
    menuItems.forEach((menuItem) => {
        console.log(menuItem);
        });
});

// 메뉴 닫기
menuClose.addEventListener('click', () => {
    menuPanel.animate({translate: [0, '100vw']}, menuOptions);
});
```

추가

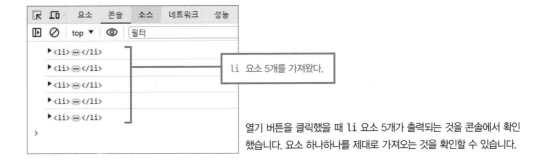

열기 버튼을 클릭했을 때 li 요소 5개가 출력되는 것을 콘솔에서 확인했습니다. 요소 하나하나를 제대로 가져오는 것을 확인할 수 있습니다.

애니메이션 추가

애니메이션을 사용하여 메뉴 리스트를 투명한 상태에서 불투명하게 바꾸려면 CSS에서 li 요소에 opacity: 0;을 추가하여 아무것도 조작하지 않을 때 투명한 상태가 되도록 만듭니다.

🅲🆂🆂 css/style.css

```css
.menu-list li {
    margin: 1.5rem 0;
    opacity: 0;
}
```

opacity: 0;을 추가하여 아무것도 조작하지 않을 때 투명한 상태가 되도록 만든다.

확인하기 위해 앞에서 작성한 console.log (menuItem);은 주석 처리하고 menuItem에 animate()로 애니메이션을 설정합니다. 움직이게 하려는 내용에는 투명한 상태에서 불투명하게 하는 opacity: [0,1]과 약간 오른쪽에서 이동하는 translate: ['2rem', 0]을 입력합니다.

🅹🆂 js/script.js

```js
const menuOpen = document.querySelector('#menu-open');
const menuClose = document.querySelector('#menu-close');
const menuPanel = document.querySelector('#menu-panel');
const menuItems = document.querySelectorAll('#menu-panel li');
const menuOptions = {
    duration: 1400,
    easing: 'ease',
    fill: 'forwards',
};

// 메뉴 열기
menuOpen.addEventListener('click', () => {
    menuPanel.animate({translate: ['100vw', 0]}, menuOptions);

    // 링크를 하나씩 순서대로 표시
```

```
menuItems.forEach((menuItem) => {
    //console.log(menuItem);
    menuItem.animate(
        {
            opacity: [0, 1],                    ┌─ 투명한 상태에서 불투명하게
            translate: ['2rem', 0],             │
        },                                      └─ 약간 오른쪽에서 이동
        {
            duration: 2400,
            easing: 'ease',
            fill: 'forwards',                              ── 추가
        }
    );
});
});

// 메뉴 닫기
menuClose.addEventListener('click', () => {
    menuPanel.animate({translate: [0, '100vw']}, menuOptions);
});
```

살짝 투명함 → 약간 불투명해짐 → 불투명해짐

브라우저로 확인해보면 메뉴 패널이 슬라이드될 때 메뉴 리스트도 살짝 투명한 상태에서 불투명하게 바뀌고 위치도 미묘하게 오른쪽에서부터 미끄러지듯이 나타난다는 것을 알 수 있습니다. 하지만 이러한 변화가 쉽게 파악되지 않으므로 항목 하나하나가 나타나는 타이밍을 바꿔봅시다.

■ 인덱스를 가져와서 늦추기

5.3절에서 설명한 대로 배열 요소에는 인덱스라고 불리며 0부터 시작하는 번호가 할당되어 있습니다. forEach() 메서드로 배열을 펼치는 경우 함수의 인수를 ',(쉼표)'로 구분하면 두 번째 인수에 인덱스가 대입됩니다.

```
배열명.forEach((각 배열의 요소, 인덱스) => {
    실행할 내용
});
```

리스트 항목의 인덱스를 가져올 수 있는지 확인해봅시다. 여기서는 index라는 이름으로 준비했는데 다른 이름을 붙여도 상관없습니다. 콘솔로 살펴보겠습니다.

JS js/script.js

```
const menuOpen = document.querySelector('#menu-open');
const menuClose = document.querySelector('#menu-close');
const menuPanel = document.querySelector('#menu-panel');
const menuItems = document.querySelectorAll('#menu-panel li');
const menuOptions = {
    duration: 1400,
    easing: 'ease',
    fill: 'forwards',
};

// 메뉴 열기
menuOpen.addEventListener('click', () => {
    menuPanel.animate({translate: ['100vw', 0]}, menuOptions);

    // 링크를 하나씩 순서대로 표시
    menuItems.forEach((menuItem , index) => {          ⟵ index라는 이름으로
        console.log(`${index}번째 리스트`);                 준비해서 콘솔로 확인
        menuItem.animate(
            {
                opacity: [0, 1],
                translate: ['2rem', 0],
            },
            {
                duration: 2400,
                easing: 'ease',
                fill: 'forwards',
            }
        );
    });
});

// 메뉴 닫기
```

```
menuClose.addEventListener('click', () => {
    menuPanel.animate({translate: [0, '100vw']}, menuOptions);
});
```

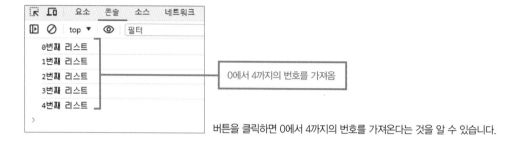

버튼을 클릭하면 0에서 4까지의 번호를 가져온다는 것을 알 수 있습니다.

이번에는 애니메이션의 시작을 지연시키는 delay와 가져온 인덱스를 사용하여 6.11절과 같은 방법으로 각 요소의 표시 시간을 조금씩 늦춰보겠습니다.

js/script.js

```
const menuOpen = document.querySelector('#menu-open');
const menuClose = document.querySelector('#menu-close');
const menuPanel = document.querySelector('#menu-panel');
const menuItems = document.querySelectorAll('#menu-panel li');
const menuOptions = {
    duration: 1400,
    easing: 'ease',
    fill: 'forwards',
};

// 메뉴 열기
menuOpen.addEventListener('click', () => {
    menuPanel.animate({translate: ['100vw', 0]}, menuOptions);

    // 링크를 하나씩 순서대로 표시
    menuItems.forEach((menuItem , index) => {
        //console.log('${index}번째 리스트');
        menuItem.animate(
            {
                opacity: [0, 1],
                translate: ['2rem', 0],
            },
            {
```

```
                duration: 2400,
                delay: 300 * index,  ]────────────────────────────── 추가
                easing: 'ease',
                fill: 'forwards',
            }
        );
    });
});

// 메뉴 닫기
menuClose.addEventListener('click', () => {
    menuPanel.animate({translate: [0, '100vw']}, menuOptions);
});
```

제일 위에 있는 요소부터 순서대로 하나씩 표시되는 것을 알 수 있습니다!

■ 닫을 때 투명하게 돌아가기

여기까지는 잘 동작하는 것 같은데 일단 한번 열린 메뉴를 닫고 다시 한번 메뉴를 열면 뭔가 움직임
이 이상해집니다.

한 번 본 메뉴 리스트는 이미 불투명해져 있으므로 다시 볼 때는 이미 표시되었던 텍스트가 확 사라지고 다시 부드럽게 나타나
면서 번쩍이는 것처럼 보입니다.

그래서 닫기 버튼을 클릭할 때 메뉴 리스트를 원래 투명했던 상태로 되돌리도록 설정해보겠습니다.

JS js/script.js

```javascript
const menuOpen = document.querySelector('#menu-open');
const menuClose = document.querySelector('#menu-close');
const menuPanel = document.querySelector('#menu-panel');
const menuItems = document.querySelectorAll('#menu-panel li');
const menuOptions = {
    duration: 1400,
    easing: 'ease',
    fill: 'forwards',
};

// 메뉴 열기
menuOpen.addEventListener('click', () => {
    menuPanel.animate({translate: ['100vw', 0]}, menuOptions);

    // 링크를 하나씩 순서대로 표시
    menuItems.forEach((menuItem , index) => {
        //console.log('${index}번째 리스트');
        menuItem.animate(
            {
                opacity: [0, 1],
                translate: ['2rem', 0],
            },
            {
                duration: 2400,
                delay: 300 * index,
                easing: 'ease',
                fill: 'forwards',
            }
        );
    });
});

// 메뉴 닫기
menuClose.addEventListener('click', () => {
    menuPanel.animate({translate: [0, '100vw']}, menuOptions);
    menuItems.forEach((menuItem) => {
        menuItem.animate({opacity: [1, 0]}, menuOptions);      ┐ 메뉴 리스트를 원래 투명했던
    });                                                         │ 상태로 되돌리도록 설정
});
```

이제 두 번 이상 클릭해도 애니메이션이 번쩍거리지 않고 부드럽게 나타납니다.

모달창 제작 방법 ▶ 예제 chapter7/col-modal

버튼을 클릭하면 화면이 조금 어두워지면서 화면 위에 패널이 뜨는 기능을 **모달창**이라고 합니다. 만드는 방법은 앞서 만든 슬라이드 메뉴와 크게 다르지 않으므로 여기서 간단히 소개하겠습니다.

이번 장에서 만든 슬라이드 메뉴는 Web Animations API의 움직이게 하려는 내용에 **translate** 속성으로 위치를 지정하고 화면 오른쪽 끝에서부터 스르르 움직여 표시하는 것이었습니다. 모달창은 부드럽게 보였다 안보였다 하도록 만들어야 하므로 **opacity**로 투명도를 지정하여 페이드 인, 페이드 아웃시킵니다. 화면이 어두워지는 부분에는 배경색을 반투명한 검정으로 설정한 하늘의 **<div>** 태그를 준비하여 화면 가득 퍼지도록 CSS로 설정합니다.

자바스크립트에서는 **click** 이벤트로 모달창을 여는 버튼과 닫는 버튼의 동작을 설정합니다. 반투명한 검정색 배경의 마스크 부분에는 **close.click();**을 설정함으로써 클릭했을 때 모달창을 닫도록 만듭니다. 이렇게 설정하면 **close.click();** 위에 있는 'close 버튼을 클릭했을 때의 이벤트'를 가리키며 동일하게 동작합니다.

HTML index.html

```html
<button id="open">상세 보기</button>

<section id="modal">
    <h1>경력</h1>
    <p>캐나다 밴쿠버에 있는 웹 제작 학교를 졸업했습니다. 캐나다와 호주, 영국 기업에서 웹 디자이너로 일했습니다.</p>
    <button id="close">닫기</button>
</section>

<div id="mask"></div>
```

CSS css/style.css

```css
#open,
#close {
    background: #ed8;
    border: 3px solid #eb8;
    border-radius: .5rem;
    padding: 1rem 2rem;
    cursor: pointer;
}
#mask {
```

```
        background: rgba(0, 0, 0, .6);
        position: fixed;
        inset: 0;
        z-index: 9998;
        opacity: 0;
        visibility: hidden;
    }
    #modal {
        background: #fff;
        max-width: 36rem;
        padding: 2rem;
        border-radius: .5rem;
        position: absolute;
        inset: 10rem 0 auto;
        margin: auto;
        z-index: 9999;
        opacity: 0;
        visibility: hidden;
    }
```

js js/script.js

```
const open = document.querySelector('#open');
const close = document.querySelector('#close');
const modal = document.querySelector('#modal');
const mask = document.querySelector('#mask');
const showKeyframes = {
    opacity: [0, 1],
    visibility: 'visible',
};
const hideKeyframes = {
    opacity: [1, 0],
    visibility: 'hidden',
};
const options = {
    duration: 800,
    easing: 'ease',
    fill: 'forwards',
};

// 모달창 열기
```

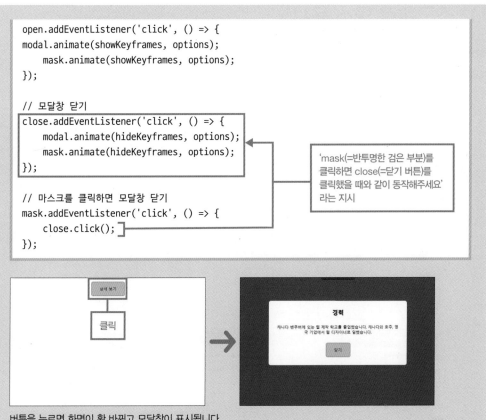

```
open.addEventListener('click', () => {
modal.animate(showKeyframes, options);
    mask.animate(showKeyframes, options);
});

// 모달창 닫기
close.addEventListener('click', () => {
    modal.animate(hideKeyframes, options);
    mask.animate(hideKeyframes, options);
});

// 마스크를 클릭하면 모달창 닫기
mask.addEventListener('click', () => {
    close.click();
});
```

'mask(=반투명한 검은 부분)를 클릭하면 close(=닫기 버튼)를 클릭했을 때와 같이 동작해주세요' 라는 지시

경력

캐나다 밴쿠버에 있는 웹 제작 학교를 졸업했습니다. 캐나다와 호주, 영국 기업에서 웹 디자이너로 일했습니다.

닫기

버튼을 누르면 화면이 확 바뀌고 모달창이 표시됩니다.

여기서는 Web Animations API를 이용하여 동작을 넣었지만 예시처럼 심플하게 꾸민다면 4.5절에서 소개한 것과 같이 **classList.toggle()** 메서드를 사용하여 CSS 클래스를 넣었다 뺐다 하는 것으로도 구현할 수 있습니다. 이처럼 다양한 작성법을 기억해두는 것이 좋습니다.

7.12 스크롤로 요소 표시

요소나 화면이 스크롤과 연동하여 움직이는 웹사이트를 한 번쯤 본 적 있을 것입니다. 뭔가 두근두근거리는 움직임이죠. 6장에서 배운 이 구현 방법을 좀 더 제대로 활용해보겠습니다.

■ 이 부분의 완성 이미지　▶ 예제　chapter7/Fashion

스크롤하여 표시 범위 안에 요소가 들어가면 조금 흐릿하고 투명했던 요소가 살짝 떠오르듯이 표시됩니다.

■ 완성 코드

 index.html

```
<section class="hero">
    <h1 class="title">WCB Fashion<br>Collection</h1>
</section>

<section class="concept">
    <div class="wrapper">
        <h2 class="title fadein">Concept</h2>
        <p class="fadein">
            매일 당연했던 날들을 조금 더 화려하게 꾸미고 싶다는 생각에서 새로운 패션 브랜드가 생겨났습니다.
            (…생략…)
        </p>
    </div>
    <img src="images/concept.jpg" alt="">
```

```
    </section>

    <section class="gallery">
        <div class="gallery-image">
            <img src="images/img1.jpg" alt="">
        </div>
        <div class="gallery-content wrapper">
            <h2 class="title fadein">Lookbook</h2>
            <ul class="gallery-thumbnails">
                <li class="fadein"><img src="images/img1.jpg" alt=""></li>
                <li class="fadein"><img src="images/img2.jpg" alt=""></li>
                (…생략…)
            </ul>
        </div>
    </section>

    <section class="shop">
        <div class="shop-content wrapper">
            <h2 class="title fadein">Shop</h2>
            <p class="fadein">언제나 무료 배송. 편리한 온라인 샵을 이용해주세요.</p>
            <a class="btn fadein" href="#">온라인 샵</a>

            <h3 class="fadein">롯폰기점</h3>
            <p class="fadein">
                도쿄도 미나토구 롯폰기2-4-5<br>
                영업일 : 금·토·일·휴일<br>
                영업시간 : 11:00~18:00
            </p>
        </div>
    </section>
```

[JS] js/script.js

```
/*
스크롤로 요소 표시
============================================= */
// 관찰 대상이 범위 안에 들어오면 실행하는 동작
const animateFade = (entries, obs) => {
    entries.forEach((entry) => {
        if (entry.isIntersecting) {
            entry.target.animate(
                {
                    opacity: [0, 1],
                    filter: ['blur(.4rem)', 'blur(0)'],
```

```javascript
                translate: ['0 4rem', 0],
            },
            {
                duration: 2000,
                easing: 'ease',
                fill: 'forwards',
            }
        );
        // 부드럽게 한 번 표시되었다면 관찰 중지
        obs.unobserve(entry.target);
    }
  });
};

// 관찰 설정
const fadeObserver = new IntersectionObserver(animateFade);

// .fadein을 관찰하도록 지시
const fadeElements = document.querySelectorAll('.fadein');
fadeElements.forEach((fadeElement) => {
    fadeObserver.observe(fadeElement);
});
```

css css/style.css

```css
.fadein{
    opacity: 0;
}
```

for와 forEach의 차이

지금까지 사용했던 for문과 이 장에서 등장한 forEach()의 차이를 구분하는 것이 조금 어려울 수 있으므로 여기서 다시 정리해보겠습니다.

사용할 수 있는 용도 차이

가장 큰 차이점은 for문이 어디서나 사용할 수 있는 반복 구문인 데 비해 forEach()가 반복할 수 있는 것은 배열 데이터뿐이라는 점입니다. 배열뿐만 아니라 다양한 상황에서 '이 처리를 ○○회 반복적으로 실행하고 싶다'인 경우에는 for문을 사용합니다. 반면 '배열의 각 요소에 대해 이 처리를 순서대로 처리하고 싶다'인 경우에는 forEach()를 사용할 수 있습니다.

반복 횟수 차이

for문은 한 번 지정하면 여러 번 반복해서 처리할 수 있습니다. 그래서 데이터가 존재하지 않는 경우에도 수행해버려 오류가 발생할 가능성도 있습니다. 5.6절에서 설명한 무한 루프에 빠져버리는 것도 이 때문입니다. forEach()는 배열이 가진 요소 개수만큼 반복하기 때문에 그런 오류가 발생하지 않습니다.

코드 길이 차이

forEach()의 경우 for문에서 쓴 것과 같은 반복 조건 등을 작성할 필요가 없기 때문에 효율적으로 작성할 수 있어 코드가 깔끔해 보입니다. 단, 간단한 처리라면 코드 길이에 큰 차이가 없습니다. 취향에 따라 다를 수도 있을 것 같습니다.

만약 forEach() 작성 방식이 불안하다면 for문으로만 작성해도 무방합니다. 조금씩 다양한 작성법에 익숙해지면 더 좋겠지요.

7.13 스크롤로 요소 표시
– fadein 클래스의 HTML 요소 가져오기

'페이지를 스크롤해서 관찰 대상인 HTML 요소가 화면 안으로 들어가면 동작을 수행한다'에 대해 6장에서 소개했습니다. 이번 절에서는 여러 요소를 가져오는 방법에 대해 알아보겠습니다.

■ 부드럽게 표시하고 싶은 HTML 요소에 클래스 부여

우선 HTML 파일에서 '부드럽게' 표시하고 싶은 요소에 fadein이라는 클래스를 붙여보겠습니다. 제목이나 문장, 이미지 등 모두 17군데에 설정했습니다.

 index.html

```html
<!DOCTYPE html>
<html lang="ko">
<head>
    (…생략…)
</head>
<body>
    (…생략…)
    <section class="hero">
        <h1 class="title">WCB Fashion<br>Collection</h1>
    </section>

    <section class="concept">
        <div class="wrapper">
            <h2 class="title fadein">Concept</h2>
            <p class="fadein">
            매일 당연했던 날들을 조금 더 화려하게 꾸미고 싶다는 생각에서 새로운 패션 브랜드가 생겨났습니다.
                (…생략…)
            </p>
        </div>
        <img src="images/concept.jpg" alt="">
    </section>

    <section class="gallery">
        <div class="gallery-image">
            <img src="images/img1.jpg" alt="">
        </div>
        <div class="gallery-content wrapper">
            <h2 class="title fadein">Lookbook</h2>
            <ul class="gallery-thumbnails">
                <li class="fadein"><img src="images/img1.jpg" alt=""></li>
                <li class="fadein"><img src="images/img2.jpg" alt=""></li>
                <li class="fadein"><img src="images/img3.jpg" alt=""></li>
                <li class="fadein"><img src="images/img4.jpg" alt=""></li>
                <li class="fadein"><img src="images/img5.jpg" alt=""></li>
                <li class="fadein"><img src="images/img6.jpg" alt=""></li>
                <li class="fadein"><img src="images/img7.jpg" alt=""></li>
                <li class="fadein"><img src="images/img8.jpg" alt=""></li>
```

```
            <li class="fadein"><img src="images/img9.jpg" alt=""></li>
        </ul>
    </div>
</section>

<section class="shop">
    <div class="shop-content wrapper">
        <h2 class="title fadein">Shop</h2>
        <p class="fadein">언제나 무료 배송. 편리한 온라인 샵을 이용해주세요.</p>
        <a class="btn fadein" href="#">온라인 샵</a>

        <h3 class="fadein">롯폰기점</h3>
        <p class="fadein">
            도쿄도 미나토구 롯폰기2-4-5<br>
            영업일 : 금·토·일·휴일<br>
            영업시간 : 11:00~18:00
        </p>
    </div>
</section>
</body>
</html>
```

> 밑줄 친 부분 17곳에 전부 fadein 클래스 지정

■ Intersection Observer 설정

6.14절을 다시 떠올리면서 Intersection Observer의 기본 설정을 작성해봅시다.

실행할 동작 내용을 함수로 정의

우선 **animateFade**라는 함수를 준비하여 동작할 내용을 정의합니다. 동작할 내용은 일단 콘솔에 '부드럽게'라고 출력하도록 작성합니다.

`JS` js/script.js

```
// 관찰 대상이 범위 안에 들어오면 실행하는 동작
const animateFade = () => {
    console.log('부드럽게');
};
```

관찰 내용 설정

Intersection Observer 기능을 사용하기 위해 상수 `fadeObserver`를 만들고 `new Intersection` `Observer()`라고 작성합니다. 괄호 안에는 동작 내용인 `animateFade` 함수를 작성합니다. 이제 관찰 대상이 화면에 들어가면 `animateFade` 함수를 실행하라고 지시할 수 있습니다.

`js/script.js`

```
// 관찰 대상이 범위 안에 들어오면 실행하는 동작
const animateFade = () => {
    console.log('부드럽게');
};

// 관찰 설정
const fadeObserver = new IntersectionObserver(animateFade);    추가
```

fadein 클래스가 붙은 HTML 요소를 관찰하도록 지시

다음으로 '무엇을 관찰할 것인가'를 지정하여 관찰을 시작합니다. fadein 클래스가 붙은 HTML 요소를 모두 가져오고 싶으므로 상수 `fadeElements`를 준비하여 `querySelectorAll()`로 가져옵니다.

`js/script.js`

```
// 관찰 대상이 범위 안에 들어오면 실행하는 동작
const animateFade = () => {
    console.log('부드럽게');
};

// 관찰 설정
const fadeObserver = new IntersectionObserver(animateFade);

// .fadein을 관찰하도록 지시
const fadeElements = document.querySelectorAll('.fadein');    추가
```

관찰 대상이 `fadeElements`이므로 6.14절에서 배웠던 것을 활용하여 다음과 같은 코드를 작성합니다.

`js/script.js`

```
fadeObserver.observe(fadeElements);
```

이제 관찰을 시작하려고 하는데 querySelectorAll()로 가져온 여러 요소가 배열로 되어 있습니다. 그래서 forEach()를 사용하여 개별적으로 관찰하도록 지정해야 합니다. 배열 요소 하나하나를 fadeElement로 가져와서 fadeObserver.observe(fadeElement);로 관찰하도록 작성합니다.

js/script.js

```js
// 관찰 대상이 범위 안에 들어오면 실행하는 동작
const animateFade = () => {
    console.log('부드럽게');
};

// 관찰 설정
const fadeObserver = new IntersectionObserver(animateFade);

// .fadein을 관찰하도록 지시
const fadeElements = document.querySelectorAll('.fadein');
fadeElements.forEach((fadeElement) => {
    fadeObserver.observe(fadeElement);                              추가
});
```

페이지를 로딩했을 때

부드럽게
> |

④ 부드럽게
>

페이지를 읽었을 때외 페이지를 스크롤해서 fadein 클래스가 붙은 요소가 화면 안에 들어갔을 때 콘솔에 '부드럽게'라는 텍스트가 출력됩니다(2번째 이후는 숫자 카운트가 증가합니다).

이제 지정한 클래스가 붙은 HTML 요소를 인식하여 화면 안에 들어갔을 때 동작하게 할 준비가 완료되었습니다. 다음 절에서는 여기에 움직임을 더해보겠습니다.

7.14 스크롤로 요소 표시 – 부드럽게 표시하는 애니메이션 설정

관찰 대상인 각 HTML 요소에 애니메이션을 추가하기 위해 정보를 각각 가져와서 애니메이션을 설정합니다.

■ 여러 관찰 대상 정보 가져오기

관찰 대상 정보를 가져오기 위해 구현하는 방법은 6.15절과 같습니다. 단, 이번에는 대상인 HTML 요소가 여러 개이므로 forEach()와 조합하여 작성해보겠습니다.

함수 animateFade의 소괄호 안에 entries라고 씁니다. 이 entries 안에 교차 상태의 정보가 배열로 전달된다고 설명했습니다. 배열이므로 배열명인 entries에 마침표로 연결하여 entries.forEach();라고 작성하면 됩니다. 그리고 그 소괄호 안에 관찰 대상인 HTML 요소를 각각 entry라는 이름으로 가져옵니다.

JS js/script.js

```
// 관찰 대상이 범위 안에 들어오면 실행하는 동작
const animateFade = (entries) => {
    entries.forEach((entry) => {               추가
        console.log(entry);
    });
};

// 관찰 설정
const fadeObserver = new IntersectionObserver(animateFade);

// .fadein을 관찰하도록 지시
const fadeElements = document.querySelectorAll('.fadein');
fadeElements.forEach((fadeElement) => {
    fadeObserver.observe(fadeElement);
});
```

그러면 콘솔에 관찰 대상인 fadein 클래스가 붙은 HTML 요소가 출력됩니다. 왼쪽에 있는 삼각형을 클릭하면 정보가 표시됩니다.

관찰 대상이 화면에 들어 있는지의 여부를 판정하는 isIntersecting은 바로 다음에 이용할 것이므로 확인해둡시다. fadein 클래스가 붙은 요소가 화면 밖에 있기 때문에 isIntersecting이 false일 것입니다. 관찰 대상인 요소를 가져오는 target 속성을 사용하여 콘솔에 출력하겠습니다.

js js/script.js

```
// 관찰 대상이 범위 안에 들어오면 실행하는 동작
const animateFade = (entries) => {
    entries.forEach((entry) => {
        console.log(entry.target);                                  추가
    });
};

// 관찰 설정
const fadeObserver = new IntersectionObserver(animateFade);

// .fadein을 관찰하도록 지시
const fadeElements = document.querySelectorAll('.fadein');
fadeElements.forEach((fadeElement) => {
    fadeObserver.observe(fadeElement);
});
```

fadein 클래스가 붙은 HTML 요소가 표시되었습니다.

■ 교차했을 때만 실행

Intersection Observer 기능을 사용하면 페이지를 불러오는 시점에 준비해둔 함수를 실행합니다. 이번에는 관찰 대상이 화면에 들어왔을 때 실행되도록 앞서 사용한 isIntersecting 속성을 이용해보겠습니다. if문을 사용해서 '만약 화면 안에 관찰 대싱이 들어왔다면'이라는 의미로 entry.isIntersecting을 조건절 안에 넣습니다. 이제 관찰 대상의 isIntersecting이 true면 그 안에 작성한 내용이 실행됩니다.

📄 js/script.js

```js
// 관찰 대상이 범위 안에 들어오면 실행하는 동작
const animateFade = (entries) => {
    entries.forEach((entry) => {
        if (entry.isIntersecting) {          ┐
            console.log(entry.target);         ├── 추가
        }                                    ┘
    });
};


// 관찰 설정
const fadeObserver = new IntersectionObserver(animateFade);

// .fadein을 관찰하도록 지시
const fadeElements = document.querySelectorAll('.fadein');
fadeElements.forEach((fadeElement) => {
    fadeObserver.observe(fadeElement);
});
```

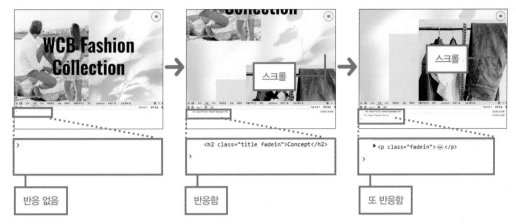

스크롤하여 관찰 대상인 HTML 요소가 화면 안에 들어 갔을 때에만 반응하도록 구현했습니다.

■ 애니메이션 설정

이제 애니메이션만 지정하면 완성됩니다. 우선 CSS로 fadein 클래스를 투명하게 만듭니다.

css css/style.css

```css
@charset 'UTF-8';

(…생략…)
.btn {
    color: var(--white);
    background: var(--brown);
    border: 1px solid var(--brown);
    text-decoration: none;
    padding: 1rem;
    display: inline-block;
    margin: 2rem 0;
    transition: .4s;
}
.fadein{
    opacity: 0;                                                         추가
}

/*
LAYOUT
=============================================== */
.wrapper {
```

```
    max-width: 38rem;
    margin: auto;
    padding: 0 1rem;
}
```

앞에서 작성한 콘솔 확인 부분은 주석 처리하고 가져온 요소인 `entry.target`에 `animate()` 메서드로 애니메이션을 설정합니다. 움직이게 하려는 내용은 '투명한 상태에서 불투명하게 만듦', '흐릿함 없애기', '아래에서 위로 이동'과 같이 지정합니다. 움직임의 상세에서는 '2초간 움직이기', '시작할 때와 끝날 때는 부드럽게 변화시킴'으로 지정하며 마지막으로 '키 프레임의 상태 유지'를 지정합니다.

🗎 js/script.js

```
// 관찰 대상이 범위 안에 들어오면 실행하는 동작
const animateFade = (entries) => {
    entries.forEach((entry) => {
        if (entry.isIntersecting) {
            //console.log(entry.target);                      ┐──────────────  주석 처리
            entry.target.animate(
                {
                    opacity: [0, 1],
                    filter: ['blur(.4rem)', 'blur(0)'],
                    translate: ['0 4rem', 0],
                },
                {                                                            추가
                    duration: 2000,
                    easing: 'ease',
                    fill: 'forwards',
                }
            );
        }
    });
};

// 관찰 설정
const fadeObserver = new IntersectionObserver(animateFade);

// .fadein을 관찰하도록 지시
const fadeElements = document.querySelectorAll('.fadein');
fadeElements.forEach((fadeElement) => {
    fadeObserver.observe(fadeElement);
});
```

fadein 클래스가 붙은 HTML 요소가 화면에 들어갔을 때 부드럽게 떠오르는 것처럼 움직이도록 구현했습니다!

애니메이션 구현 자체는 이로써 완성되었지만 스크롤할 때마다 애니메이션이 여러 번 반복되는 것은 조금 번거롭게 느껴질 수도 있을 것 같습니다. 다음에는 애니메이션이 한 번 재생되면 관찰을 중지하도록 설정해보겠습니다.

7.15 스크롤로 요소 표시 – 여러 번 실행되지 않도록 제어

교차할 때마다 함수가 실행되면 브라우저에 부하가 걸립니다. 또한 여러 번 움직이면 사용자에게 불쾌감을 줄 수도 있습니다. 그래서 요소를 한 번 표시하면 관찰을 멈춰보겠습니다.

■ unobserve( )로 관찰 중지

관찰 대상이 범위 내에 나타나면 실행하는 함수 animateFade는 두 번째 인수로 실행하고 있는 fadeObserver를 전달할 수 있습니다.

 예시

```js
// 관찰 설정
const fadeObserver = new IntersectionObserver(animateFade);    이 부분 전달 가능
```

혼란스럽지 않도록 상수명을 바꿔보겠습니다. 일반적으로 observer를 짧게 줄인 obs를 사용하는 경우가 많으므로 여기서도 obs라고 하겠습니다. unobserve() 메서드를 사용하여 관찰을 멈추도록 지시합니다. 소괄호 안에는 관찰을 멈추는 요소로 entry.target을 작성합니다.

js/script.js

```
// 관찰 대상이 범위 안에 들어오면 실행하는 동작
const animateFade = (entries, obs) => {                              추가
    entries.forEach((entry) => {
        if (entry.isIntersecting) {
            //console.log(entry.target);
            entry.target.animate(
                {
                    opacity: [0, 1],
                    filter: ['blur(.4rem)', 'blur(0)'],
                    translate: ['0 4rem', 0],
                },
                {
                    duration: 2000,
                    easing: 'ease',
                    fill: 'forwards',
                }
            );
            // 부드럽게 한 번 표시되었다면 관찰 중지
            obs.unobserve(entry.target);                            추가
        }
    });
};


// 관찰 설정
const fadeObserver = new IntersectionObserver(animateFade);

// .fadein을 관찰하도록 지시
const fadeElements = document.querySelectorAll('.fadein');
fadeElements.forEach((fadeElement) => {
    fadeObserver.observe(fadeElement);
});
```

언뜻 보기에 별로 변화가 없어 보이지만 페이지 하단까지 스크롤한 후 페이지 상단으로 돌아가면 애니메이션이 실행되지 않는다는 것을 알 수 있습니다. 이것으로 관찰이 멈춘 것을 알 수 있습니다. 이번처럼 간단한 프로그램에서는 별로 차이가 없겠지만, 예를 들어 실행하는 함수인 animateFade를 여러 개의 Intersection observer로 이용한다면 어디서 호출되었는지 모를 수 있습니다. 그래서 이번처럼 함수의 두 번째 인수로 어떤 Intersection observer를 호출할지 지정합니다. 조금 복잡한 작성법일 수도 있지만 가독성을 비롯해 작성의 효율성과 브라우저 부하에 대해 생각하면서 프로그램을 작성하는 것이 좋습니다.

가상 요소에 애니메이션 지정

CSS로 꾸밀 때 요소에 ::before나 ::after 같은 가상 요소를 사용해서 꾸미기도 합니다. 가상 요소에 애니메이션을 지정할 수도 있습니다. 스크롤에 맞춰 움직여보세요. Intersection Observer에서 관찰하려는 요소에 scroll이라는 클래스 이름을 할당합니다. CSS에서는 scroll 클래스의 가상 요소로 텍스트 전체를 뒤덮도록 배경색이 있는 띠를 준비합니다. 그리고 자바스크립트에서 translate로 값을 바꿔 가상 요소의 위치를 왼쪽 끝에서 오른쪽 끝으로 사라지도록 이동시킵니다. 이때 움직임의 상세 옵션에 pseudoElement를 지정할 수 있습니다. PseudoElement를 해석하면 '가상 요소'라는 의미입니다. 여기에 관찰 대상이 된 요소의 가상 요소를 지정할 수 있습니다. 이번에는 scroll 클래스가 관찰 대상이며 가상 요소인 scroll::before를 움직이게 하기 위해 pseudoElement 값에 ::before를 넣습니다.

▶ 예제   chapter7/col-scroll-demo

🔲 index.html

```html
<!DOCTYPE html>
<html lang="ko">
<head>
    <meta charset="UTF-8">
    <meta name="viewport" content="width=device-width, initial-scale=1.0">
    <title>가상 요소 배경색이 오른쪽으로 움직여서 제목 표시하기</title>
    <link rel="stylesheet" href="https://unpkg.com/ress/dist/ress.min.css">
    <link rel="stylesheet" href="css/style.css">
    <script src="js/script.js" defer></script>
</head>
<body>
    <div class="container">
```

```
        <h1 class="scroll">자바스크립트란 프로그램 언어 중 하나</h1>
        (…생략…)
      </div>
  </body>
</html>
```

css css/style.css

```
.scroll {
    position: relative;
    overflow: hidden;
    display: inline-block;
}
.scroll::before {
    background: #ed8;
    position: absolute;
    content: '';
    display: block;
    inset: 0;
}

.container {
    max-width: 800px;
    margin: auto;
    padding: 2rem;
}
h1, h2 {
    margin: 40rem 0 1rem;
}
```

scroll 클래스의 가상 요소 지정

JS js/script.js

```
// 관찰 대상이 범위 안에 들어오면 실행하는 동작
const animateScroll = (entries, obs) => {
    entries.forEach((entry) => {
        if (entry.isIntersecting) {
        entry.target.animate(
            {
                translate: [0, '100%',],
            },
            {
```

```
                    duration: 2000,
                    pseudoElement: '::before',    ┐──────────────── 가상 요소 지정
                    easing: 'ease',
                    fill: 'forwards',
                }
            );

            // 한 번 표시되었다면 관찰 중지
            obs.unobserve(entry.target);
        }
    });
};

// 관찰 설정
const scrollObserver = new IntersectionObserver(animateScroll);

// 관찰 지시
const scrollElements = document.querySelectorAll('.scroll');
scrollElements.forEach((scrollElement) => {
    scrollObserver.observe(scrollElement);
});
```

자바스크립트는 웹 페이지에 기능을 추가할 수 있는 프로그램 언어입니다. 브라우저에서 동작하는
언어로 1995년 탄생했습니다. 이제는 자바스크립트를 이용하지 않는 웹사이트를 찾기 어려울 정도로
전세계에서 사용중입니다.지금 이 책을 손에 들고 있는 여러분도 웹 사이트에서 매일 자바스크립트를
접하고 있을 것입니다.
웹사이트는 '콘텐츠를 표시하는 문서구조를 위한 HTML', '겉모습을 바꾸는 CSS', '웹 사이트에서 움직이
는 부분을 만드는 자바스크립트'로 이루어져 있습니다. 차로 비유하자면 '차체의 뼈대를 만드는 것이
HTML', '색상 등 외관을 만드는 것이 CSS', '악셀, 브레이크, 라이트 등의 기능적인 부분 만드는 것이 자
바스크립트'입니다.

↓

자바스크립트란 프로그램 언어

자바스크립트는 웹 페이지에 기능을 추가할 수 있는 프로그램 언어입니다. 브라우저에서 동작하는
언어로 1995년 탄생했습니다. 이제는 자바스크립트를 이용하지 않는 웹사이트를 찾기 어려울 정도로
전세계에서 사용중입니다.지금 이 책을 손에 들고 있는 여러분도 웹 사이트에서 매일 자바스크립트를
접하고 있을 것입니다.
웹사이트는 '콘텐츠를 표시하는 문서구조를 위한 HTML', '겉모습을 바꾸는 CSS', '웹 사이트에서 움직이
는 부분을 만드는 자바스크립트'로 이루어져 있습니다. 차로 비유하자면 '차체의 뼈대를 만드는 것이
HTML', '색상 등 외관을 만드는 것이 CSS', '악셀, 브레이크, 라이트 등의 기능적인 부분 만드는 것이 자
바스크립트'입니다.

↓

자바스크립트란 프로그램 언어 중 하나

자바스크립트는 웹 페이지에 기능을 추가할 수 있는 프로그램 언어입니다. 브라우저에서 동작하는
언어로 1995년 탄생했습니다. 이제는 자바스크립트를 이용하지 않는 웹사이트를 찾기 어려울 정도로
전세계에서 사용중입니다.지금 이 책을 손에 들고 있는 여러분도 웹 사이트에서 매일 자바스크립트를
접하고 있을 것입니다.
웹사이트는 '콘텐츠를 표시하는 문서구조를 위한 HTML', '겉모습을 바꾸는 CSS', '웹 사이트에서 움직이
는 부분을 만드는 자바스크립트'로 이루어져 있습니다. 차로 비유하자면 '차체의 뼈대를 만드는 것이
HTML', '색상 등 외관을 만드는 것이 CSS', '악셀, 브레이크, 라이트 등의 기능적인 부분 만드는 것이 자
바스크립트'입니다.

스크롤하여 관찰 대상인 scroll 클래스 요소가 표시되면 배경색
으로 칠해져 있던 제목이 스르르 표시됩니다.

오류와 해결 방법

———

한 번도 실수하지 않고 프로그램을 작성할 수 있는 사람은 없습니다. 만약
프로그램이 제대로 동작하지 않는다면 침착하게 원인을 찾아 해결해나갑
시다. 8장에서는 오류가 났을 때의 해결 방법과 도움이 되는 팁에 대해 간
단히 살펴보겠습니다.

CHAPTER

08

JavaScript

8.1 오류 확인 방법

프로그래밍에는 오류가 있기 마련입니다. 예상대로 작동하지 않을 때는 어떤 이유 때문에 제대로 움직이지 않는지 하나하나 확인해봅시다.

■ 오류 메시지를 무서워하지 말자!

새빨간 글씨로 오류가 발생했다고 알리는 메시지를 보면 새빨간 얼굴로 혼내는 것 같아 무섭게 느껴질 수도 있습니다. 하지만 오류 메시지로 제대로 작동하지 않는다는 것을 알 수 있으니 고마운 일입니다. 오류가 나오는 것은 당연하다고 생각하며 친하게 지내봅시다. 오히려 오류 메시지가 뜨지 않았는데 제대로 작동하지 않는 상황에 부딪히면 이를 해결하는 것이 더 어려울 수 있습니다. 이때는 아무 힌트도 없이 원인을 찾아야 합니다. 이런 경우에는 관련된 상수나 변수, 함수 등을 로그로 출력하여 하나씩 확인해야 합니다. 생각했던 값을 제대로 가져오고 있는지, 지시한 내용을 인식하고 있는지 등을 세세하게 검증해야 합니다.

■ 콘솔 체크

자바스크립트로 프로그래밍할 때는 2.5절에서 설명한 개발자 도구를 사용하여 반드시 콘솔에서 확인해야 합니다. 오류가 있다면 화면 오른쪽 위에 빨간색으로 × 표시가 나타나며 Console(한글에서는 '콘솔') 탭에 상세 내용이 표시됩니다. 또한 오른쪽에는 오류가 발생한 파일명과 행도 표시됩니다. 오류 메시지는 기본적으로 영어로 뜨기 때문에 영어를 잘 못하는 분들은 번역해서 확인하는 것이 좋습니다. 오류 메시지를 그대로 복사해서 검색해봐도 됩니다. 중요한 것은 무슨 오류가 발생했는지 제대로 파악하는 것입니다.

■ 샘플 데이터와 비교하기

이 책에는 샘플 데이터가 견본으로 준비되어 있습니다. '샘플대로 코드를 썼는데 오류가 난다'고 이야기하는 경우도 있는데 대부분은 샘플대로 작성하지 않아서 오류가 발생합니다. 실수는 스스로 알아차리기 어렵습니다. 그럴 때 편리한 것이 'diff(https://difff.jp/en/)'라는 서비스입니다. 여기에는 텍스트 영역 2개가 준비되어 있으며 입력된 텍스트의 차이를 표시합니다. 한쪽에는 본인이 작성한 코드를, 다른 한쪽에는 견본이 되는 샘플 코드를 복사 & 붙여넣기하여 [compare] 버튼을 클릭해보세요. 차이점이 있는 부분을 강조하여 알려줍니다.

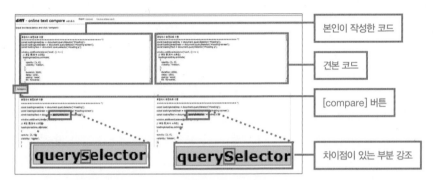

이 예시에서는 왼쪽에 오류가 난 코드를, 오른쪽에 견본 코드를 입력했습니다. 강조된 곳을 보면 'S'자가 대문자로 되어 있지 않다는 것, ',(쉼표)' 쓰는 것을 잊어버렸다는 사실을 알 수 있습니다.

■ AI 힘 빌리기

최근 저도 크게 주목하고 있고 가끔씩 도움받는 것이 있는데 바로 ChatGPT(https://chat.openai.com/)라는 대화형 AI입니다. 채팅처럼 이용할 수 있기 때문에 친구에게 묻는 듯한 느낌으로 입력란에 질문을 던지면 바로 대답해줍니다. 한국어로도 사용할 수 있습니다. 시험 삼아 다음과 같은 함수를 출력할 때 발생할 오류에 대해 질문해보았습니다.

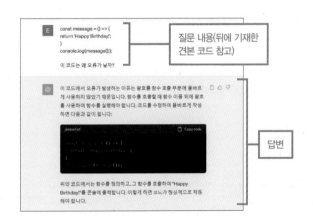

```
const message = () => {
    return 'Happy Birthday!';
}
console.log(message(););
```

세미콜론이 2개 붙어 있음

확인해보니 '괄호를 함수 호출 부분에 올바르게 사용하지 않았기 때문입니다.'라고 알려줍니다. 올바른 작성법까지 알려주다니 너무 감사하네요! 회원 가입은 필요하지만 현재까지는 무료로 사용할 수 있습니다. 덧붙이자면 AI는 아직 한창 개발 중인 단계입니다. 항상 올바른 답변을 준다고는 할 수 없으므로 판단하기 위한 도구 중 하나로 활용하는 것이 좋습니다.

■ 입력 오타를 줄이는 팁

프로그래밍에서는 괄호나 따옴표로 둘러싸는 경우가 많습니다. 익숙하지 않을 때는 잘못 쓰는 경우도 있고 특히 닫힌 괄호나 두 번째 따옴표, 끝날 때의 세미콜론을 잊기 쉽습니다. 기호가 딱 하나 없을 뿐인데 프로그램 전체가 움직이지 않을 때도 있습니다. 다음은 제가 자바스크립트 초보자였을 때 배운 입력 방법입니다. 프로그램을 왼쪽부터 순서대로 써가는 것이 아니라 닫힌 괄호나 세미콜론처럼 잊어버리기 쉬운 코드를 먼저 써두는 방법입니다. 이렇게 하면 실수를 줄일 수 있습니다. 예를 들어 console.log('실수를 줄이자');라고 입력할 경우 쓰는 순서를 살펴보겠습니다.

```
console.log()
```

우선 필요한 내용과 닫힌 괄호까지만 작성합니다.

```
console.log();
```

추가

행 끝에 세미콜론을 적어둡니다.

```
console.log('');
```

추가

이어서 소괄호 안에 작은따옴표 2개를 적습니다.

```
console.log('실수를 줄이자');    추가
```

마지막으로 작은따옴표 사이에 텍스트를 입력합니다. 저는 이렇게 작성하는 습관을 들인 후 확실히 입력 오류를 줄일 수 있었으므로 꼭 시도해보기 바랍니다.

8.2 자주 발생하는 오류 리스트

경험을 쌓을수록 서서히 오류가 발생하는 횟수가 줄어들 것이라고 생각하지만 어떤 이유 때문인지 제대로 표시되지 않는 경우도 있을 것입니다. 그럴 때는 이 체크리스트를 참고하여 원인을 하나하나 알아봅시다.

■ 코드 작성 관련 실수

처음에는 단순히 철자를 틀리게 입력하거나 필요한 것을 누락시켰을 때 오류가 발생하는 경우가 많습니다.

구현한 코드가 반영되지 않음

☐ 파일이 저장되었는가?

　☐ HTML에서 자바스크립트 파일을 제대로 불러오는가?
　☐ 자바스크립트 파일의 파일 경로가 맞는가?
　☐ 코드에 틀린 철자가 있지 않은가?
　☐ 자바스크립트 파일에 띄어쓰기가 있는가?
　　* 텍스트 에디터 화면에서 ⌘ + F (윈도우에서는 Ctrl + F) 키로 문자를 검색할 수 있다. 여기에 공백을 입력하면 찾을 수 있다.
　☐ 개발자 도구에서 자바스크립트 에러가 없는지 확인해보자(8.1절 참고)

☐ 개발자 도구에서는 에러가 발견되지 않는데 반영되지 않음

　☐ 자바스크립트 파일에서 지정한 클래스명, 태그명과 HTML 클래스명, 태그명이 일치하는가?

■ 개발자 도구의 오류 메시지

크롬의 개발자 도구에서 자바스크립트 오류를 확인할 수 있습니다. 페이지를 우클릭해서 '검사'를 선택하고 개발자 도구를 실행시켜보세요.

net::ERR_FILE_NOT_FOUND

원인 불러온 파일이 존재하지 않는다.

해결 방법
- 파일 경로를 수정한다.
- 저장한 파일명과 불러온 파일명이 일치하는지 확인한다.
- 파일명의 철자가 맞는지 확인한다.

Uncaught ReferenceError: ○○ is not defined

원인 오류가 발견된 곳의 내용이 잘못됐다.

해결 방법
- 철자가 틀리지 않았는지 확인한다.
- 불필요한 공백이 섞여 있는지 확인한다.

Uncaught SyntaxError: Unexpected token '○○'

원인 • ;이나 괄호 등 필요한 기호가 누락됐다.

해결 방법 • 부족한 기호를 추가한다.

찾아보기